Annekathrin Kohout / Wolfgang Ullrich (Hrsg.)
Digitale Bildkulturen

Schriftenreihe   Band 10616

Digitale Bildkulturen

Herausgegeben von
Annekathrin Kohout und Wolfgang Ullrich

Wolfgang Ullrich * Selfies
Kerstin Schankweiler * Bildproteste
Daniel Hornuff * Hassbilder
Annekathrin Kohout * Netzfeminismus
Paul Frosh * Screenshots

Angaben zum Herausgeber und zur Herausgeberin finden sich auf den Seiten 82 und 308

Diese Sonderausgabe für die Bundeszentrale für politische Bildung umfasst folgende zuvor beim Verlag Klaus Wagenbach, Berlin, einzeln erschienenen Bände:

Wolfgang Ullrich, Selfies. Die Rückkehr des öffentlichen Lebens
Kerstin Schankweiler, Bildproteste. Widerstand im Netz
Daniel Hornuff, Hassbilder. Gewalt posten, Erniedrigung liken, Feindschaft teilen
Annekathrin Kohout, Netzfeminismus. Strategien weiblicher Bildpolitik
Paul Frosh, Screenshots. Racheengel der Fotografie

Diese Veröffentlichung stellt keine Meinungsäußerung der Bundeszentrale für politische Bildung dar. Für die inhaltlichen Aussagen tragen die Autorinnen und Autoren die Verantwortung. Beachten Sie bitte auch unser weiteres Print- sowie unser Online- und Veranstaltungsangebot. Dort finden sich weiterführende, ergänzende wie kontroverse Standpunkte zum Thema dieser Publikation.

Bonn 2021
Sonderausgabe für die Bundeszentrale für politische Bildung
Adenauerallee 86, 53113 Bonn

Selfies © 2019 Verlag Klaus Wagenbach, Berlin
Bildproteste © 2020 Verlag Klaus Wagenbach, Berlin
Hassbilder © 2020 Verlag Klaus Wagenbach, Berlin
Netzfeminismus © 2019 Verlag Klaus Wagenbach, Berlin
Screenshots © 2019 Paul Frosh / Polity Press, Cambridge, für die deutsche Ausgabe © Verlag Klaus Wagenbach, Berlin
Sammelausgabe © 2020 Verlag Klaus Wagenbach, Berlin

Umschlaggestaltung: Michael Rechl, Kassel
Umschlagfoto: © Ira L. Black / Corbis via Getty Images

Satz: im Verlag
Druck und Bindung: Pustet, Regensburg

ISBN 978-3-7425-0616-0

www.bpb.de

Inhalt

Vorwort	7
Wolfgang Ullrich　SELFIES	13
Anhang	75
Kerstin Schankweiler　BILDPROTESTE	85
Anhang	146
Daniel Hornuff　HASSBILDER	157
Anhang	219
Annekathrin Kohout　NETZFEMINISMUS	233
Anhang	300
Paul Frosh　SCREENSHOTS	311
Anhang	362
Glossar	381

Vorwort

Infolge der Digitalisierung haben Bilder einen enormen Bedeutungszuwachs erfahren. Mit Smartphones lassen sie sich schneller, variabler und professioneller denn je herstellen und durch Soziale Medien nahezu beliebig verbreiten und teilen. Erstmals in der Geschichte kann man sich mit Bildern fast genauso selbstverständlich und vielfältig austauschen wie mit gesprochener oder geschriebener Sprache. Das führt nicht nur zur vielbeschworenen ›Bilderflut‹, sondern verleiht Bildern auch zahlreiche, zum Teil völlig neue Funktionen. Sie dienen nicht mehr nur der Illustration, sondern insbesondere der Kommunikation. Mit ihrer Hilfe wird Politik gemacht, werden Identitäten gebildet, Karrieren geschaffen oder auch zerstört. Der schon vor Jahren proklamierte ›Iconic Turn‹ ist mittlerweile Realität geworden: Stärker als je zuvor prägen Bilder Kultur, Gesellschaft und Politik.

Je mehr Funktionen digitale Bilder erhalten, desto mehr Bildmuster und -praktiken etablieren sich. Zum Teil haben sie Vorläufer in der analogen Welt, zum Teil sind sie nur aus den Mechanismen der Sozialen Medien heraus verständlich. Wegen ihrer Neuheit gibt es oft noch keine passenden Kriterien zur Beurteilung dieser Phänomene. So werden viele Bildformate der Sozialen Medien – von Selfies über Emojis bis hin zu GIFs und Memen – als banaler, oberflächlicher

Zeitvertreib abgetan oder erscheinen gar als Symptome eines Kulturverfalls. Dass digitale Bilder fast nie den Charakter von (Kunst-)Werken haben und oft anonym zirkulieren, lässt sie aus herkömmlicher Perspektive ebenfalls defizitär erscheinen. Tatsächlich ist die gegenwärtige Bildkultur Symptom eines umfassenden und durch die Digitalisierung angestoßenen kulturellen Wandels, der die etablierten Konzepte von Autorschaft, Produktion und Rezeption, Identität und Kollektivität, Öffentlichkeit und Privatheit großen Veränderungen unterzieht.

Daher ist es höchste Zeit, die digitalen Bildkulturen eigens in den Blick zu nehmen und neben den Bildern auch die Infrastrukturen zu analysieren, in denen sie eine Rolle spielen. Stärker als bisher ist zu würdigen, dass Bilder in den Sozialen Medien kaum einmal passiv rezipiert, sondern vielmehr aktiv weiterverwendet, adaptiert und variiert werden; sie sind hochmobil und, wie alle digitalen Dateien, sehr fluid. In den Sozialen Medien ist ein eigener öffentlicher Raum entstanden, der sich von analogen Formen von Öffentlichkeit zum Teil stark unterscheidet. So hinterlässt im digitalen Raum fast alles Spuren, wird gespeichert und kann noch nach Jahren Folgen haben. Ist der digitale öffentliche Raum damit einerseits riskanter als der analoge, so erscheint er andererseits aber auch sicherer und freier, da er keine physische Präsenz der Akteure verlangt und es ihnen erlaubt, sich hinter Inszenierungen zu verstecken.

Angesichts der neuen Bildgattungen und -funktionen, die das Denken und Handeln tiefgreifend beeinflussen, braucht es vermehrt Kompetenz im Umgang mit Bildern und ihren Kontexten. ›Digital natives‹ sollten ihre alltäglichen

Praktiken stärker reflektieren, ›digital immigrants‹ besser erkennen, wie sich die Welt geändert hat und weiter ändert. Zu beidem will die Reihe DIGITALE BILDKULTUREN einen Beitrag leisten.

Die ersten hier versammelten fünf Untersuchungen zu digitalen Bildkulturen widmen sich Selfies, Bildprotesten, Hassbildern, dem Netzfeminismus und Screenshots.

Selfies gehören zu den von Anfang an erfolgreichen Bildgattungen der Sozialen Medien. Mit ihnen ist die Mimik als Teil zwischenmenschlicher Kommunikation noch wichtiger geworden, oft zudem von digitalen Filtern und Masken unterstützt oder verfremdet. Selfies können damit stark expressive Qualitäten haben, aber auch dem Selbstschutz im digitalen öffentlichen Raum dienen. Mehr denn je lassen sie das Gesicht zu einer semantisch codierten Fläche und einem kulturell aufgeladenen Artefakt werden.

Der digitale öffentliche Raum wird für Bekenntnisse aller Art verwendet, dient aber auch zu Demonstrationen und zu politischem *Bildprotest*. Spätestens seit dem ›Arabischen Frühling‹ (2011) gelten die Sozialen Medium als entscheidend für den Erfolg eines Aufstands oder einer Oppositionsbewegung. Im Netz wird Widerstand organisiert und Sichtbarkeit zum Machtfaktor. Dass mehr Akteure denn je nicht nur Empfänger, sondern auch Sender von Nachrichten und Bildern sind, ermöglicht es, (Macht)monopole zu untergraben.

Politische Agitation wird in den Sozialen Medien nicht zuletzt mit *Hassbildern* betrieben. Sie sollen feindliche Gefühle, gar Gewalt gegen Andersdenkende oder ganze Menschengruppen stimulieren; oft bedient man sich dazu Formen der

Manipulation oder polemisch-verzerrenden Bild-Text-Kombinationen. Hassbilder nicht nur als solche zu erkennen, sondern möglichst auch zu entschärfen, hat sich erst noch als neue Kulturtechnik zu etablieren.

Waren die ersten Wellen des Feminismus vor allem text- und theorieorientiert und zum Teil sogar bildskeptisch, so hat sich in den Sozialen Medien ein bildstarker *Netzfeminismus* entwickelt. Erstmals entscheiden Frauen selbst darüber, wie sie abgebildet werden wollen. Das sensibilisiert für genderspezifische Darstellungsweisen und bringt eine Pluralisierung von Körperbildern mit sich, fungiert aber auch als Strategie des Empowerment: Mehr Sichtbarkeit führt zu mehr Gerechtigkeit.

Zu den alltäglichen Praktiken der Nutzung von Internet und Sozialen Medien gehören *Screenshots*. Mit ihnen hält man Chatverläufe sowie einzelne Momente aus Videos oder Streamings fest, dokumentiert aber auch Bilder, Tweets oder Postings, von denen man annimmt, sie könnten gelöscht werden. So erfüllen Screenshots in der digitalen Welt ähnliche Funktionen wie die Fotografie in der analogen Welt, und je mehr die Sozialen Medien ein Live-Medium werden, desto wichtiger werden sie.

Die Reihe DIGITALE BILDKULTUREN wird ergänzt durch die Website www.digitale-bildkulturen.de, durch den YouTube-Channel DIGITALE BILDKULTUREN sowie durch den Instagram-Account @bildkulturen.

Annekathrin Kohout & Wolfgang Ullrich
September 2020

Wolfgang Ullrich

SELFIES

Die Rückkehr des
öffentlichen Lebens

01

Wer ein Selfie macht, macht sich selbst zum Bild. Das ist etwas anderes, als nur ein Bild von sich selbst – ein Selbstporträt – zu machen. Ein Selfie zu machen heißt, ein Bild von sich zu machen, auf dem man sich selbst zum Bild gemacht hat. Ein Selfie ist also eigentlich ein Bild von einem Bild. Eine solche Beschreibung klingt paradox und spitzfindig; sie erweckt den Eindruck, die Analyse von Selfies sei höchst anspruchsvoll. Das aber widerspricht der üblichen Einschätzung von Selfies. Vielen erscheinen sie nämlich als besonders trivial; sie werden oft als etwas Defizitäres, sogar als dekadent beschrieben.

02

Der häufigste Vorwurf gegen Selfies lautet, sie seien schrille Symptome eines narzisstischen Zeitalters. Für den Autor und Journalisten Will Storr zeugt es von Selbstverliebtheit, dass die Smartphone-Technik so oft für Selfies genutzt wird – entsprechend nennt er ein Buch, in dem er der heutigen Mentalität in westlichen Ländern nachgeht, *Selfie*.[1] Immer wieder werden Studien vorgelegt, die beweisen wollen, »dass jene, die häufig inszenierte Selbstportraits in sozialen Netzwerken verbreiten, eher Narzissten sind, als Menschen, die sich damit zurückhalten«.[2] Manchen Studien zufolge gilt dies nur für Männer.[3] Oder man beweist (sogar in derselben Fachzeitschrift) das Gegenteil: Vor allem Frauen mit narzisstischen Eigenschaften wie Dominanzstreben und Gefallsucht hätten einen ausgeprägten Drang zu Selfies.[4] Oder es wird entdeckt, dass Selfies nicht nur von Narzissmus zeugen, sondern diesen noch weiter steigern.[5] Insgesamt gibt es kaum eine Publikation über Selfies, die ohne das Schlagwort ›Narzissmus‹ auskommt.[6]

Gerne wird auch unterstellt, der Narzissmus lasse bei immer mehr Menschen, die von ihrer Selfie-Sucht getrieben seien, das Bewusstsein für gefährliche Situationen schwinden. Geschichten über Selfie-Unfälle gehören zu den Topoi der Gegenwart; standardmäßig finden sich in der Boulevard-Presse und auf Online-Portalen Schlagzeilen wie diese: »Selfie-Irrsinn: Chinesin posiert zu nah am Gleis – tot!«;[7] »Hübsche Blondine will Selfie machen und stürzt in den Tod.«[8] Es wird sogar suggeriert, der Selfie-Tod gehöre mittlerweile zu den statistisch relevanten Todesarten: »Dieses Jahr schon 73 tödliche Selfie-Unfälle.«[9] Und die englischsprachige Version von *Wikipedia* listet in einem eigenen Artikel alle im Zusammenhang mit Selfies gemeldeten Unglücks- und Todesfälle auf.[10]

Fast immer bleibt es aber bei einer kurzen Meldung. Offenbar genügt es, ›Selfie‹ und ›Tod‹ in einen kausalen Zusammenhang zu bringen: Als sei der Tod die gerechte Strafe, zumindest aber das unvermeidliche Risiko, das Menschen eingehen, die Selfies machen. Damit hat das christliche Dogma der Todsünden eine weltliche Nachfolge gefunden: Der mit Selfies ausgelebte Narzissmus gilt heute als todeswürdig, so wie ehedem ›superbia‹ – Hochmut, Stolz, Eitelkeit. Die US-amerikanische Rundfunkredakteurin und (katholische) Lebensberaterin Teresa Tomeo warnt davor, dass der Selfie-Kult Beziehungen und Freundschaften ruiniere, das Familienleben (zer)störe, die Menschen besinnungslos mache und sie von Gott entfremde. Ein ganzes Buch widmet sie den »Lastern«, die durch Selfies entstünden, und gibt Ratschläge, was sich zu ihrer Vermeidung tun lasse.[11]

Die heftige Kritik an Selfies unterscheidet diese von anderen Bildgattungen, gerade auch von Selbstporträts. Zwar mochte es in der Kunstgeschichte vereinzelt Künstler gegeben haben, die Argwohn auf sich zogen, weil sie vor allem sich selbst zum Sujet wählten, doch gab es niemals einen Diskurs, in dem die Anfertigung von Selbstbildnissen als Laster verurteilt wurde. Das könnte daran liegen, dass immer nur wenige Menschen Selbstporträts schufen, diese also schon allein aus Gründen der Quantität nicht folgenreich für die Gesellschaft sein konnten. Aber vielleicht spielt auch der Umstand eine Rolle, dass ein Selfie, anders als ein Selbstporträt, nicht nur ein Bild ist, das eine Person von sich selbst macht, sondern dass es zugleich das Bild einer Person ist, die sich dafür selbst zum Bild macht.

03

Was aber heißt es überhaupt, sich selbst zum Bild zu machen? Und wie genau entsteht ein Selfie? Ganz allgemein sind Selfies Statusmitteilungen, die genauso schnell, wie sie entstehen, auch versendet werden können, sei es an einzelne Adressaten oder an die große Netz-Community. Mit Selfies wird – gerne live – mitgeteilt, wo man gerade ist, wie es einem geht und was man erlebt; mit ihnen lässt sich eine Botschaft oft schneller, witziger, subtiler, eindringlicher ausdrücken als mit Worten.

Selfies sind daher erst mit der Smartphone-Technik möglich geworden. Die Einführung von Rollfilm-, Polaroid- oder Digital-Kameras erlaubte es zwar bereits viel mehr Menschen als je zuvor, rasch und unkompliziert Bilder zu machen, doch erst dank der Smartphones kann man durch Bilder mit anderen Menschen in Verbindung treten, und erst dank der Sozialen Medien gibt es genügend Orte, um sie zu publizieren. Den Selfie-Boom mit einer technischen Entwicklung zu erklären ist allein deshalb plausibel, weil er sich andernfalls kaum so explosionsartig hätte ereignen können. Die Selfie-Kritiker, die einen psychosozialen Wandel für den Boom verantwortlich machen, tun sich hingegen schwer, zu erklären, warum dieser innerhalb weniger Jahre stattgefunden haben soll: Wieso sollten Millionen von Menschen schlagartig zu Narzissten geworden sein? Und das fast überall auf der Welt zur selben Zeit?

Es ist also ein großes Ereignis, dass sich erstmals in der Kulturgeschichte ganz alltäglich und in jedem Moment mit Bildern Nachrichten, Meinungen, Gefühle austauschen lassen. Auch früher schon mochten Bilder den Charakter von Signalen oder Botschaften besessen haben; sie sollten eine Stimmung ausdrücken oder etwas zugespitzt in Szene setzen, aber sie waren viel zu schwerfällig, zu fest an einen materiellen Bildkörper gebunden, um zwischen beliebig weit voneinander entfernten Orten in Echtzeit gesendet werden zu können.

Dass Bilder heute viel sichtbarer und mobiler sind als je zuvor, führt nicht zuletzt zu einem Phänomen, das oft mit Befremden wahrgenommen wird und für den schlechten Ruf von Selfies mitverantwortlich ist. So erscheinen ihre

Protagonisten häufig mit verzerrten, grimassenhaften, exaltiert-übertriebenen Gesichtszügen. Das aber ist oft ein Selbstschutz, denn wer immer ein Selfie postet, muss auch kritische Kommentare und mögliche Shitstorms fürchten, zumal sich nie kontrollieren lässt, wer sie sieht und wo überall sie zirkulieren. Eine eigens inszenierte Selfie-Grimasse aber kann unerwünschten Folgen vorbeugen, wird das Selfie damit doch nicht nur ironisch kommentiert und in seiner Bedeutung heruntergespielt, sondern auch alle Aufmerksamkeit gebunden, um von Dingen – etwa einer unreinen Haut oder unordentlichen Frisur – abzulenken, für die man sich geniert. Der gesamte Akt des Postens wird also ins Lustige und Groteske gezogen, und die Verzerrung erfüllt eine

#1a–d Typische Selfie-Grimassen und ein Neidgesicht

apotropäische Funktion – nicht anders als ehedem bei Skulpturen fratzenhaft-hässlicher Gesichter oder Tiere, die als Wasserspeier oder Neidköpfe an Gebäuden angebracht waren und böse Geister abwehren sollten. **(#1a–d)**

Andere extreme Gesichtsausdrücke hingegen entstehen aus dem Wunsch, sich mit einem Selfie unmissverständlich und prägnant in Erscheinung zu setzen und Adressaten zu einer direkten Reaktion herauszufordern. Der Impetus, sich beim Gesichtsausdruck keinesfalls zurückzuhalten, steigert sich zudem dadurch, dass man ganz allein für das Bild zuständig ist. Lässt sich sonst die Verantwortung für den richtigen Ausdruck und passenden Ausschnitt an die Person delegieren, von der man fotografiert wird, sind bei einem Selfie Autor und Gegenstand des Fotos unmittelbar – körperlich – miteinander verbunden. Anders als der Maler eines Selbstporträts kann der Produzent eines Selfies oft auch gar nicht genau erkennen und entscheiden, wie das Bild komponiert

ist. Wer aber unter Zeitdruck steht, sich für die Aufnahme verrenken muss oder das Display des Smartphones wegen eines Selfie-Sticks nur undeutlich sehen kann, wird sich umso mehr darauf konzentrieren, dass zumindest das eigene Gesicht möglichst ausdrucksstark erscheint. Der bildnerische

Ehrgeiz verlagert sich von der Fotografie auf das Gesicht. Gerade deshalb aber macht man nicht nur ein Bild, sondern macht sich selbst zum Bild. (Und auch wenn man das Selfie auf dem Display wie in einem Spiegel vorab sehen und überprüfen kann, gilt das Hauptaugenmerk dem Gesicht, nicht aber der Komposition des Bildes. Das Display wird so wenig wie ein Spiegel als Bildträger empfunden, auf ihm zeigt sich nur das Gesicht als Bild.)

Dass man im Bewusstsein seiner eigenen Bildwerdung Mimik und Gestik gezielt in Form bringt, lässt aus einem natürlichen Ausdruck eine gestalterische Leistung werden. Deshalb wirken Menschen auf Selfies oft künstlich. Ihr Gesicht wird in dem Maß, in dem es zu einem Bild wird, zu einem Artefakt. Aufgerissene Augen, eine herausgestreckte Zunge, ein gespitzter Mund – das und vieles mehr ist Standard bei Selfies. Und ebenso standardmäßig wird diese Künstlichkeit von Kritikern als Authentizitätsverlust verurteilt. Sie unterstellen beispielsweise, klar (wieder)erkennbare Posen (»clearly recognizable poses«) wie ein ›Duckface‹ – ein zur Schnute verzogener Mund in Verbindung mit eingezogenen Wangen – seien ein Indiz dafür, dass nichts Individuelles zum Ausdruck komme, sondern die jeweilige Person nur nachahme, was sie bei einer anderen, womöglich berühmten Person gesehen habe; es handle sich um bloße Angeberei (»sheer show-off-images«).[12]

Sich zum Bild zu machen heißt aber nicht nur, am eigenen Gesichtsausdruck zu arbeiten oder ihn an einem Vorbild zu orientieren, sondern auch, die eigene Sichtbarkeit zu vergegenwärtigen und zu steigern. Ausdrücklich sichtbar zu sein ist wiederum gleichbedeutend damit, sich auf ein Gegenüber hin auszurichten: auf diejenigen, die das Selfie sehen werden. Dies kann man als sozialen Akt würdigen, es liefert Kritikern aber einen weiteren Grund, einen Authentizitätsverlust zu beklagen. Oder ist es etwa nicht opportunistisch und damit eine Form von Selbstverleugnung, sich auf die Erwartungen derer einzustellen, an die das Selfie adressiert ist – und sich gewissermaßen zu ihrem Clown zu machen, nur um sie zum Lachen zu bringen?

Wer Selfies ablehnt, hat also ein Problem damit, dass Menschen sich selbst zu Bildern machen. Sobald sie vermehrt auf ihre Erscheinung und ihre Wirkung achten, sich nach außen wenden, ganz Ausdruck werden, reduzieren sie sich auf ihre Oberfläche und werden, aus der Sicht der Kritiker, zwangsläufig oberflächlich. Narzissmus ist nach diesem Verständnis nicht Folge eines zu starken Selbst, sondern im Gegenteil Zeichen einer Schwäche des Individuums, das sich nur deshalb zum Bild macht, weil es davon abhängig ist, geliebt zu werden und Gefallen zu finden. Den Selfies der Narzissten stellen sie die Selbstporträts der Künstler gegenüber, die sie dafür würdigen, sich aus Gründen der Selbsterkenntnis und der Selbstreflexion ins Bild zu setzen.

04

Wer sich selbst zum Bild macht, setzt sich in Szene, stellt sich zur Schau, adressiert sich, denkt und handelt in Kategorien des Ausdrucks. Sich in Szene zu setzen heißt immer auch, eine Bühne zu betreten. Wer sich ein Smartphone vor das Gesicht hält, um ein Selfie zu machen, verhält sich also wie ein

#2a–b   Wolfram Hahn, *Into the Light* (2009–2011)

Schauspieler. Und wie ein Schauspieler weiß der Produzent eines Selfies um seine Sichtbarkeit, weiß, dass jede Regung, jedes Detail der Mimik aufmerksam betrachtet wird und eine Bedeutung erlangt. Beide kontrollieren ihre Gesichtszüge genau. Ihnen ist bewusst, wie viel davon abhängt, welches Bild sie abgeben.

In einer Serie des Fotografen Wolfram Hahn wird deutlich, wie stark sich konzentriert, anspannt und sogar aus der Normalität des Alltags herausnimmt, wer für ein Selfie zum Bild werden will. Hahns Darsteller sind exponiert und vom Smartphone angestrahlt wie auf einer Bühne. Offenbar haben sie eine genaue Vorstellung davon, was auf dem Bild, das sie von sich machen, zu sehen sein soll.[13] **(#2a–b)**

Damit aber schlüpfen die Produzenten von Selfies auch jeweils in eine Rolle. Sie beziehen sich auf bestimmte Codes, um sich Dritten gegenüber verständlich zu machen. Wie ein Schauspieler nicht sich selbst, sondern eine Rolle verkörpert,

#3a–d Selfies mit dem Hashtag *#frischverliebt*

so zeigt auch ein Selfie den jeweiligen Akteur vor allem als Repräsentanten eines Milieus, einer Situation, einer Konstellation. Ein Selfie demonstriert das Im-Urlaub-am-Meer-Sein oder das Frisch-verliebt-Sein oder das Fit-Sein – das alles möglichst typisch, schnell erkennbar, daher oft von Emojis oder Hashtags unterstützt. (#3a–d)

Dass man sich dafür in eine Rolle begibt, lässt die Kritik, Selfies seien nicht authentisch, ins Leere laufen. Vielmehr sollten sie nach denselben Kriterien wie eine schauspielerische

#4a–b   Stills aus Stummfilmen: Fritz Murnau »Herr Tartüff« (1925) – Ernst Lubitsch »Die Puppe« (1919)

Leistung beurteilt werden – also danach, wie die jeweilige Rolle interpretiert und gestaltet wird. Erfährt sie eine Dramatisierung, wird sie ironisch gebrochen oder mit einer anderen Rolle verbunden? Wie für das Theater gilt für Selfies also in gesteigerter Weise, dass die Mimik »das Schauspiel [ist], das jemand mit seinem Gesicht aufführt«. So formuliert es der Kunstwissenschaftler Hans Belting in einem Buch über die »Geschichte des Gesichts« und führt aus, wie die Mimik bei Schauspielern, die ihre Rollen »mit dem echten Gesicht« spielen, selbst zum Kunstwerk werden kann, auf jeden Fall aber den Charakter einer »Maske« annimmt.[14] War das schon in Diskursen über Schauspieler im 17. und 18. Jahrhundert ein festes Motiv, so wurde es vor allem in der Phase des Stummfilms nochmals akut. In ihm musste immerhin das Fehlen von Sprache kompensiert werden, was häufig zu ähnlich übersteigert-maskenhaften Gesichtsausdrücken führte – und entsprechend als künstlich-überdreht kritisiert wurde – wie bei Selfies, die, sofern sie statische Fotos sind, ebenfalls ohne Worte in Umlauf kommen. **(#4a–b)**

Belting bezieht sich in seinen Ausführungen zu Gesicht, Mimik und Maske auf den Philosophen Helmuth Plessner, der in einem Aufsatz über die »Anthropologie des Schauspielers« (1948) die These vertritt, dass dieser eigens exponiere, was bei jedem Menschen stattfinde: Generell sei »menschliches Leben« als »Verkörperung einer Rolle nach einem mehr oder weniger feststehenden *Bildentwurf*« zu verstehen.[15] Beim Schauspieler sei die Aufmerksamkeit aber ganz »auf das Bild gerichtet«, zu dem er sich mache, während sonst bei Menschen »die Beherrschung der Rolle« alles andere vergessen lasse, den Betroffenen also ein Sinn für ihre eigene Sichtbarkeit fehle.[16]

In Zeiten von Selfies gilt diese Zweiteilung nicht mehr. Nun versuchen sich sehr viele Menschen in einer Praxis, die der von Schauspielern ähnelt. Ihren eigenen Leib – so könnte man Plessners Formulierungen auf Selfie-Produzenten übertragen – machen sie »zum Kunstmittel«, wobei die Ausdrucksqualität »dem bildschöpferischen Können des Darstellers anheimgegeben« ist.[17] Damit sind Menschen mit schauspielerischen Talenten im Vorteil, wie auch eine Studie aus dem Jahr 2016 behauptet. So posten Menschen mit besonderem Hang zu gesteigerter Selbstdarstellung und extrovertiertem Verhalten (»histrionic personality«) deutlich mehr Selfies als Menschen, denen ein schauspielerisch-theatralisches Auftreten fernliegt.[18]

Dazu passt, dass eines der berühmtesten Selfies eine ungewöhnliche Ansammlung von Schauspielern zeigt. Bei der Oscar-Verleihung im März 2014 gelang es der Moderatorin der Show, Ellen DeGeneres, zahlreiche Stars – von Meryl Streep und Julia Roberts bis zu Brad Pitt und dem damals noch wohlgelittenen Kevin Spacey – zusammen mit sich selbst auf ein Gruppen-Selfie zu bannen. Ihr Wunsch, damit einen Rekord aufzustellen und das Foto mit den meisten Retweets zu posten, erfüllte sich, war doch Twitter tatsächlich kurzzeitig lahmgelegt. Mehr als zwei Millionen Menschen leiteten dieses Selfie innerhalb von rund zwei Stunden weiter.[19]

Wüsste man es nicht besser, könnte man das Bild für eine Foto-Montage halten – und dies weniger wegen der hohen Star-Dichte als wegen der durchgängig prägnanten Gesichter. Sie sind jeweils so sehr Bild, mit so viel professioneller Routine Ausdruck, dass sie wie – gar als – Masken erscheinen. Es sieht so aus, als befänden sich die Selfie-Gesichter vor den eigentlichen – weicheren, in ihrem Ausdruck nicht so markanten – Gesichtern: Als seien sie vor diese montiert. Einige der erfolgreichsten und fotogensten Schauspieler der Welt

#5   Gruppenselfie von Ellen DeGeneres (2014)

demonstrieren also, was möglich ist, wenn man sich für ein Selfie zum Bild macht. (#5)

05

Viele Menschen, die Selfies von sich machen, verfügen aber weder über großes Talent noch über genügend Training, um überzeugend zum Bild werden zu können. Sie haben ihre Mimik nie ganz unter Kontrolle; schnell wird bei ihnen peinlich, was ernst gemeint und mit Willen zur Expression in Szene gesetzt ist. Sie bräuchten tatsächlich Masken, um ihre jeweilige Rolle gut zu spielen. Diese Marktlücke aber wurde längst erkannt: Eigene Apps erlauben digitale Maskenbildnerei, mit der sich nicht nur die Haut glätten oder der Teint verbessern, sondern auch der Gesichtsausdruck steigern und mit eindeutigen Codes versehen lässt. Filter überformen und verfremden das fotografische Bild oder überschreiben es sogar mit grafischen Elementen: Aus der Nase wird ein niedliches Katzen-Schnäuzchen, man bekommt einen Blumenkranz um die Stirn oder wird zum skelettierten Zombie. Statt behutsamer Korrekturen liefern die Filter schrille Überzeichnungen und verkürzen jedes Individuum auf einen plakativen Typus oder eine Karikatur mit Animationswert. Damit befreien sie den Selfie-Produzenten aber auch von der »Last des Bildentwurfs«, den Plessner noch für alle Menschen konstatierte, die nicht professionelle Schauspieler sind.[20] (#6a–d)

Dass eine App, die 2015 an den Start ging, den Namen *MSQRD* erhielt, der aus den Konsonanten von ›Masquerade‹ besteht und die Filter ausdrücklich als Masken begreift,

#6a–d   Selfies mit Filtern

zeugt von einem genauen Verständnis dessen, was bei Selfies passiert. Dienten Masken von jeher dazu, Gesichtsausdrücke zu verstärken und zu schematisieren, und setzte man sie schon immer dort ein, wo »man mehr Gesicht brauchte, als es der Körper hergab«, dann erfüllt eine App wie *MSQRD* diese Funktion für Menschen, die Selfies machen.[21] (Die App war deshalb sogar so erfolgreich, dass sie schon nach einem Jahr von Facebook aufgekauft wurde.) **(#7)**

Dass sich die Masken dank hochentwickelter Software sekundenschnell wechseln lassen, erhöht ihre Attraktivität.

Ein großer Teil der täglich millionenfach geposteten Selfies zeigt daher maskierte, oft bis zur Unkenntlichkeit veränderte Gesichter. An ihnen wird deutlich, wie wenig es bei Selfies um die Offenlegung des wahren Selbst geht, wie häufig hingegen ein Rollenspiel oder sogar das Verbergen der eigenen Gesichtszüge – der Schutz der Intimsphäre – beabsichtigt ist. Dass Apps wie Snapchat täglich neue Masken und Effekte anbieten, befreit User der Sozialen Medien zudem von dem Druck, der dadurch entsteht, regelmäßig etwas Originelles und Witziges senden zu müssen.

Sofern es aber üblich wird, dass sich Menschen bei einem Selfie nicht auf die eigene Mimik verlassen, sondern lieber eine Maske wählen, also den natürlichen durch einen

#7   Varianten der App MSQRD (2015)

artifiziellen Ausdruck ersetzen, kann man eine Entwicklung beobachten, die gegenläufig zu derjenigen ist, die in der Geschichte des Theaters stattgefunden hat. In der Antike trugen Schauspieler häufig Masken, mit denen sie die Eigenschaften der Figur, die sie verkörperten, (und nicht etwa ihre eigenen) zum Ausdruck brachten. Für Komödien gab es andere Masken als für Tragödien; einzelne Protagonisten waren dadurch

#8a–b Griechische und römische Theatermasken

schnell und zweifelsfrei erkennbar (#8a–b). Auch viele Formen des Theaters im 17. und 18. Jahrhundert folgten noch derselben Idee des bewusst Künstlichen. Erst nach und nach wurden die Masken durch Schminke ersetzt, bis schließlich der noch heute geltende Anspruch entstand, dass Schauspieler allein mit ihrer Mimik darstellen sollten, was ihre Rolle ihnen vorschreibt. Durch Film und Fernsehen verfestigte sich dieser Anspruch, und so wurde die Moderne zur Epoche der großen Charakterdarsteller, die eine Rolle ganz aus sich heraus – individuell – verkörpern, wobei Physiognomie und Mimik einander unterstützen. Doch nun, in Zeiten von Selfies, in denen zahllose Menschen zu Laienschauspielern werden, nähert man sich wieder der Praxis des alten Theaters an: Jeder kann in einem Moment ein Zombie und im nächsten eine Katze sein.

06

Mit der Selfie-Kultur kehrt zugleich eine Form von öffentlichem Leben zurück, dessen »Verfall und Ende« in der Moderne am genauesten von dem Soziologen Richard Sennett beschrieben wurde. Er arbeitete heraus, wie stark die Idee öffentlichen Lebens noch und gerade im 18. Jahrhundert davon bestimmt war, die Menschen als zur Schauspielerei befähigt anzusehen. Von Höflichkeitsfloskeln bis zur Kleidung, vom Darstellen von Affekten bis zum Tragen von Masken sollten sie formbewusst sein und alles als Inszenierung begreifen, so dass der Einzelne nicht als Individuum, sondern als vielseitiges soziales Wesen zur Geltung kam. Für das Rollenspiel, welches das öffentliche Leben bedeutete, lieferte das Theater Anregungen; die Menschen unterschieden sich weder in ihrem Habitus noch in ihrem Selbstverständnis von Schauspielern. Vielmehr wurde die schon in der Antike geläufige Metapher vom Welttheater (*theatrum mundi*) ganz wörtlich genommen. Deshalb bekleidete man die öffentlichen Rollen sehr engagiert, mit so großem expressivem Ehrgeiz, als stünde man auf einer Bühne. Alles drehte sich um die

»Darstellung von Emotionen«, womit jeweils »allgemeine Erlebnismuster« repräsentiert werden sollten, während die Idee der Authentizität gar nicht verstanden worden wäre.[22]

Dass es nicht um den Ausdruck von Eigenem ging, war nach Sennetts Interpretation darin begründet, dass man in Städten wie Paris und London im 18. Jahrhundert vornehmlich fremden Menschen begegnete. Es wäre deplatziert und riskant gewesen, sich mit Privatem zu offenbaren; zugleich galt das öffentliche Leben als Chance, den eigenen Status zu verbessern und Ansehen zu gewinnen. Statt das Rollenspiel nur als eitle, berechnende Selbstinszenierung abzuwerten, wurde es als anspruchsvolle Aufgabe angesehen, die es dem Einzelnen erlaubte, kreative und soziale Fähigkeiten zu demonstrieren. Erst in der Moderne kam es nach Sennett dazu, dass »Theatralität in einem [...] feindlichen Verhältnis zur Intimität steht«: In der anonymen Industriegesellschaft begab man sich auf den Weg zu »innen-geleiteten Verhältnissen« und verlagerte alle Hoffnungen auf ein sinnvolles Leben ins Private.[23]

Die Entstehung der Sozialen Medien aber verändert Erfahrung und Selbstverständnis derer, die aktiv daran teilnehmen. Dass die ›Freunde‹ auf Facebook meist viel zu viele sind, um ihnen allen im ›realen Leben‹ begegnen zu können, wird von Kritikern gerne angemerkt. Doch statt einfach nur über einen Niedergang ›echter‹ Freundschaft zu lamentieren, könnte man auch darüber nachdenken, was es bedeutet, auf den Plattformen der Sozialen Medien die Äußerungen und Handlungen von Leuten, die man persönlich gar nicht kennt, in den eigenen Timelines und Feeds tagtäglich zur Kenntnis zu nehmen. Fremdheit bedeutet dann gerade nicht mehr Anonymität, vielmehr weiß man über diejenigen, denen man folgt, zum Teil genauer Bescheid als über eigene nahe Freunde und Familienmitglieder – und umgekehrt können Fremde ein detaillierteres Bild von einer in den Sozialen Medien aktiven – und damit öffentlichen – Person haben als deren direkte Angehörige. Resultiert die Neigung zu Rollenspiel und Maskierung also nicht gerade daraus, dass man wieder einen viel stärkeren Anreiz verspürt, neben dem privaten gleichberechtigt ein öffentliches Leben zu führen?

Allerdings handelt es sich dabei um eine medial konstituierte Öffentlichkeit. Die Menschen betreten den öffentlichen Raum nicht wirklich; im Unterschied zu früher müssen sie den privaten Raum nicht verlassen, um öffentliche Rollen bekleiden zu können. Damit kehren aber auch nicht genau die Zustände wieder, die im 18. Jahrhundert herrschten, als das Öffentliche und das Private klar voneinander getrennt waren. Vielmehr ist es nun erstmals möglich, dass das Private selbst öffentlich wird. Statt es wie in der Moderne gegen jegliche Öffentlichkeit abzuschirmen, repräsentiert man es, ohne es deshalb preisgeben zu müssen. Das Rollenspiel im medialen Raum erlaubt vielfältige Inszenierungen – und dadurch auch einen Schutz – gerade des Privaten: Man lebt es für sich – gleichsam im Original – und demonstriert es zugleich – als stilisierte Reproduktion – auf diversen Accounts und Plattformen des Netzes.

Selfies fungieren dabei als perfekte Fassade des Privaten. Auf ihnen sieht man Menschen bevorzugt in privaten Situationen: mit dem Partner und ihren Kindern, im Urlaub und bei einem Ausflug, zusammen mit dem Essen, zuhause, vor dem Spiegel, gar in der Badewanne oder im Bett.

Dennoch wirken diese Bilder selten wie eine Entblößung oder Grenzüberschreitung. Dafür folgen sie zu deutlich Konventionen der Inszenierung: Die Menschen spielen eine Rolle, setzen jeweils eine Maske auf. Selfies verraten also oft wenig über einen Gemütszustand, sondern führen vielmehr etwas vor, das einer eigenen Logik gehorcht und einem Bedürfnis nach Typisierung, Überzeichnung und Pointierung folgt. Selfies sind mediale Doubles derer, die sich damit zum Bild machen. (#9a–d)

#9a–d Selfies mit dem Hashtag *#bedselfie*

07

Richard Sennett beschreibt ausführlich, wie insbesondere in der französischen Gesellschaft des 17. und 18. Jahrhunderts der gesamte Körper als Ort von Inszenierungen aufgefasst wurde. Das begann bei den Haaren und endete mit den Schuhen: »Nase, Stirn und Kinnpartien waren mit roter Schminke eingerieben. Es gab kunstvolle Perücken von erheblichen Ausmaßen. Zur Haartracht der Frauen gehörten mitunter genauestens gearbeitete Schiffsmodelle, die ins Haar geflochten wurden, Fruchtkörbe oder gar ganze, von kleinen Figuren dargestellte historische Szenen. Frauen wie Männer schminkten ihre Haut entweder kräftig rot oder matt weiß. Man trug Masken, aber nur um des Vergnügens willen, sie immer wieder abnehmen zu können. Der Körper schien zum Spielzeug geworden.«[24]

Gemälde aus derselben Zeit stützen Sennetts Behauptung. So spezialisierte sich etwa Claude Gillot, Lehrer des berühmteren Malers Antoine Watteau, auf Genrebilder, die das öffentliche Leben in zugespitzter Weise darstellen und die Überzeugung verraten, dass die gesamte Welt wirklich nur ein großes Schauspiel ist. Auf einem Gemälde aus der Zeit um 1720 sind Schauspieler der Commedia dell'Arte von ihrem Publikum – Repräsentanten der feinen Gesellschaft – kaum zu unterscheiden. (#10) Vielmehr sind alle Anwesenden aufwendig gestylt, geschminkt, maskiert, dekoriert, herausgeputzt; hier spielt jede und jeder eine Rolle. Das öffentliche Leben wird mit viel Witz zelebriert, indem man seine Hautfarbe verändert, phantasievolle Kopfbedeckungen wählt (bei rund dreißig Personen gibt es keine einzige

#10

#11a–c   Details aus #10

Doublette!) und Kostüme anlegt, mit denen verschiedene Berufsstände, Nationalitäten und Zeitalter zitiert werden. (#11a–c)

Heutige Filter, die das eigene Selfie mit Schmuckelementen ergänzen oder komplett verfremden, wirken vergleichsweise lieblos. Da sie sekundenschnell auszuwählen oder zu ändern sind und meist auch nicht weiterbearbeitet werden, bleibt ihr Applikationscharakter sichtbar. Oft erscheinen sie eher als Zeichen denn als Bilder und signalisieren wie Piktogramme einfache Botschaften, etwa ›Ich habe gute Laune‹ oder ›Ich bin liebesbedürftig‹. Sobald Maskenelemente nicht mehr fest mit dem Gesicht verbunden sind, können sie sich noch weiter lösen. Frei flottierend bewegen sie sich schließlich – als Sticker oder Emojis – über das gesamte Bild. Galt im Frankreich des 18. Jahrhunderts, dass »das Gesicht [...] zur Folie geworden [war], auf der man Abzeichen abstrakter Charaktereigenschaften anbrachte«,[25] so ist nun das Foto eine Fläche, auf die eine zusätzliche Schicht mit grafischen Symbolen aufgetragen wird, die von realen oder erwünschten Zuständen künden. (#12a–b)

Das Masken- und Rollenspiel verleitete aber auch früher schon dazu, die Verwandlungen auf Bildern noch weiter zu treiben. Statt nur bunte Federn und lange Nasen anzulegen, imaginierte man etwa, Menschen seien Tiere – am liebsten Affen. Das konnte gesellschaftskritisch gemeint sein, wurde aber viel häufiger als witzige oder komische Verfremdung zu Zwecken der Unterhaltung eingesetzt. Der Maler Christophe Huet etwa malte in den 1730er Jahren nicht nur Bilder von Tänzern, Musikern oder Künstlern, auf denen die Protagonisten die Körper von Affen haben, sondern schuf für

#12a–b Selfies mit Dekor

#13a–b Affen-Groteske (Grande Singerie) von Christophe Huet in Schloss Chantilly (um 1735), Selfie mit Affen-Filter

das Schloss in Chantilly auch groß angelegte Ornamente mit menschlich bekleideten und ausstaffierten Affenfiguren. Eine ähnlich groteske Anmutung haben heute Selfies, deren Akteure sich mit Filtern für einen Moment als Katzen, Eisbären oder Affen präsentieren. In beiden Fällen soll eine augenzwinkernde Geste diejenigen, an die sie gerichtet ist, dazu animieren, ihrerseits in Spiellaune zu geraten und eine unterhaltsam überspitzte Rolle einzunehmen. Ein Bild lockert also die Stimmung auf, ähnlich wie ein alkoholisches Getränk. (#13a–b)

08

Die vielen Filter mit neckischen und albernen Sujets liefern Kritikern zusätzlichen Stoff. Selfies sind aus ihrer Sicht nicht nur narzisstisch, sondern auch »trivial, banal, schlichte Wegwerfartikel«; sie würden jeglichen Begriff von Humanität und letztlich sogar die Idee von Menschenrechten untergraben. Dagegen komme in den großen Selbstporträts der Kunstgeschichte das wahre Selbst, der innerste (und beste?) Kern des Menschen zum Ausdruck.[26]

Die Selfie-Kritiker sind allerdings noch ganz in der von Sennett analysierten Logik der Moderne gefangen, der zufolge das Private und Innere das Eigentliche ist, das Äußere und Öffentliche hingegen einen sekundären, immer auch defizitären Status hat. Dabei gehört es zu den Pointen von Sennetts Theorie, gerade den Öffentlichkeitsskeptikern, die die Bildung des Selbst als wichtigste und damit zugleich intimste Angelegenheit deklarieren, Narzissmus zu unterstellen.

Narzissten nämlich würden, da sie sich ganz »auf die Authentizität ihres Fühlens« konzentrierten, letztlich unfähig, »expressiv zu sein«; fixiert auf ihr Selbst verkümmere bei ihnen das soziale Empfinden.²⁷

In Fortsetzung zu Sennett könnte man daher eher jemanden, der keine Selfies macht, unter Narzissmus-Verdacht stellen als eine Person, die viele Selfies postet, sich dafür in diverse Rollen begibt und damit viele Menschen erreichen will. »Wahre Narzissten«, so greift der Kunstkritiker Brian Droitcour diesen Gedanken auf, sähen ihr Selbst als »zu kostbar« an, um ein Bild davon mit anderen zu teilen (»The real narcissists are the ones who never take selfies. They imagine their self as autonomous, hermetic – too precious to be shared«).²⁸

Wer Selfies zu einem Symbol des Kulturverfalls erklärt, übersieht aber noch etwas. Selfies sind ein globales Phänomen; man trifft sie überall, wo Smartphones und Soziale Medien existieren. Nicht einmal dort, wo, wie in islamischen Ländern, das Zeigen des Gesichts in der Öffentlichkeit aus religiösen Gründen nur eingeschränkt erlaubt oder gänzlich tabuisiert ist, verzichten die Betroffenen darauf, Selfies zu machen. (#14a–c)

#14a–c Selfies mit Hijab und Niqab

Gerade hier zeigt sich, wie wenig Selfies damit zu tun haben, Privates und Intimes preiszugeben, und dass es vielmehr einer spezifisch westlich-modernen Einstellung geschuldet ist, wenn von ihnen etwas Authentisches, Individuelles erwartet wird. Damit aber läuft die Kritik derer, die im Zusammenhang mit Selfies Narzissmus und Banalität beklagen, umso mehr ins Leere, fordern sie doch Standards für Selbstbildnisse ein, die in anderen Kulturen vermutlich nie existiert haben – und die dort auch nur schwer plausibel zu machen wären.

Man könnte sogar spekulieren, dass der Selfie-Boom eher von nicht-westlichen Kulturen – von Ländern wie Japan und Südkorea – ausging, in denen es weniger Argwohn gegen eine Kultur inszenierter Selbstdarstellung gibt als in Europa. Da sich technische Entwicklungen aber weitgehend unabhängig von kulturellen Gegebenheiten durchsetzen, werden neue Phänomene auch dort virulent, wo sie zuerst unwahrscheinlich anmuten. So fungiert die Technik als Treiber kultureller Annäherung; Vorbehalte werden im globalen Maßstab schnell randständig und führen allenfalls noch zu ein paar Missverständnissen. Von all dem zeugen Selfies – und avancierten innerhalb weniger Jahre zu einer der ersten weltumgreifend relevanten Formen von Bildlichkeit.

09

Dass Selfies meist entstehen, um versendet zu werden und andere Menschen zu erreichen, führt aber auch zu Bildmustern, die sich weltweit ähneln. Das wird nicht zuletzt dadurch begünstigt, dass man in den Sozialen Medien auf Bilder oft mit anderen Bildern antwortet. Wer ein Selfie mit weit aufgerissenen Augen postet, um zu signalisieren, etwas Verrücktes erlebt zu haben, wird also kaum einmal nach Details des Erlebten gefragt oder mit Berichten der Erlebnisse anderer überhäuft; viel wahrscheinlicher ist eine Reaktion, die ihrerseits in einem Selfie besteht. Darauf sind die Augen entweder – als ironische oder triumphierende Geste – noch weiter aufgerissen, oder es zeigt ein freudiges Lächeln oder entspanntes Blinzeln, um Anteilnahme zu bekunden oder um die Übertreibung des ersten Selfies sanft zu entlarven. Alternativ lässt sich mit einem GIF oder, am einfachsten, mit ein paar Emojis antworten, die wie ein aufmunterndes Schulterklopfen wirken.

Dass auf Bilder wiederum mit Bildern, zumindest aber mit Bildzeichen wie Emojis geantwortet werden kann, ist eine historische Neuerung. Gewiss gab es in früheren Jahrhunderten Künstlerwettstreite, bei denen auf eine raffinierte Ikonografie mit einer noch gewitzteren Bildkomposition repliziert wurde oder die darin bestanden, dasselbe Sujet noch besser zu malen oder schlagfertig auf das Bild eines Kollegen zu reagieren. Doch ging es dann um Berufsethos und Künstlerstolz – und nicht um den alltäglichen Austausch eher beiläufiger Neuigkeiten. An Reaktionszeiten von wenigen Sekunden, also an Dialoge in der Geschwindigkeit, mit der sonst mit Sprache und Körpersprache kommuniziert wird, war ohnehin nicht zu denken. Erst seit einigen Jahren entsteht also ein weiteres System menschlicher Interaktion, das zwar ausschließlich durch Medien, dafür aber über beliebige Entfernungen hinweg funktioniert.

Da es neu ist, mit Bildern zu kommunizieren, spielen kulturelle Unterschiede nur dann eine hemmende Rolle, wenn Akteure sich auf Bildformen ihrer jeweils eigenen Traditionen berufen. Davon abgesehen jedoch entwickelt sich auf der Grundlage einer gemeinsamen Technik eine übergreifend gültige Art des Austauschs. Vergeblich hatte man davon in den Jahrtausenden geträumt, die von räumlicher Trennung zwischen den verschiedenen Kulturen geprägt waren und in denen nicht nur die Sprachen, sondern auch Mimiken und Gesten oft stark differierten. Nun aber konstituiert sich erstmals eine global verständliche Form des Kommunizierens: mit Bildern und Bildzeichen, jenseits babylonischer Sprachverwirrung.[29]

10

Selfies gehören wegen ihrer großen Beliebtheit zu den Bildgattungen, bei denen Kodifizierungen bereits gut erkennbar sind. Dass viele Menschen im Selfie-Modus auf ihren Ausdruck bedacht, vor allem aber um Reaktionen derer bemüht sind, an die sie sich adressieren, begünstigt Mimiken, die an Slapstick oder Karikaturen erinnern, die nachzuahmen Spaß macht oder die sich besonders gut variieren lassen. Und gibt es auf einen Gesichtsausdruck oder aufgrund eines bestimmten Filters viel Resonanz, wird man das erfolgreiche Format wiederholen, während man zugleich selbst ebenfalls verstärkt auf witzige oder aussagekräftige Mimiken reagiert. Nach und nach bilden sich auf diese Weise Kommunikationsmuster heraus – ähnlich wie in der Sprache, wo eine Redewendung aus Konvention – fest eingespielt – mit einer anderen Redewendung beantwortet wird.

Auf Selfies haben sich daher sogar Mimiken durchgesetzt, die es zuvor in der natürlichen Körpersprache nicht – und schon gar nicht global – gegeben hat. Zum Beispiel ist es beliebt, gleichzeitig mit einem Auge zu zwinkern und die Zunge herauszustrecken. Das wirkt herausfordernd, soll das Gegenüber oft auch veräppeln oder eine Situation ins Lustige und Alberne ziehen (und ist insofern mit der Verwendung eines Affen-Filters zu vergleichen). Innerhalb weniger Jahre verbreitete sich diese Mimik und taucht auf Selfies in Asien, in Europa, in der arabischen Welt oder in Afrika gleichermaßen auf, ohne dass regionale Verwendungs- oder Bedeutungsunterschiede zu bemerken sind. Und was für sich genommen so einfältig aussehen mag, wie es Kritiker Selfies generell unterstellen, erscheint im Zusammenhang, in dem ein solches Bild entsteht und gepostet wird, oft schlüssig. Um mit anderen in einen Dialog zu kommen, kann ein Selfie mit Augenzwinkern und herausgestreckter Zunge ähnlich wirken wie in der direkten Begegnung – je nach Kultur und Milieu – ein forscher Handschlag oder ein feixend intoniertes »Na, Du?!« (#15a–d)

Die erfolgreichsten Selfie-Posen führen sogar zu Veränderungen in der Alltagsmimik. Ein frühes Beispiel dafür lieferte 2015 der damalige US-Präsident Barack Obama. In einem Video mit dem Titel »Things everybody does but doesn't talk about«, das für seine Gesundheitsreform werben sollte, sieht man den vermeintlich sich unbeobachtet fühlenden Präsidenten, während er vor dem Spiegel eine Rede vorbereitet, aber auch herumalbert und Grimassen zieht. Immer wieder

#15a–d Eine typische Selfie-Pose

#16a–b Barack Obama in einem Buzzfeed-Video

mimt er dabei Gesichtszüge typischer Selfie-Posen – nicht zuletzt die mit herausgestreckter Zunge und Augenzwinkern. Schließlich hantiert er noch mit einer Selfie-Stange und macht Selfies von sich. Doch ob er beim Herstellen eines Selfies oder im (inszeniert) intimen Moment gezeigt wird, bedeutet keinen Unterschied: Die markante Mimik von Selfies prägt bereits insgesamt seine Körpersprache. (#16a–b)

Wie zwanghaft die Übernahme von Selfie-Posen werden kann, verdeutlicht ein Plakat (ebenfalls von 2015), das für einen Schnäppchenmarkt wirbt. Das Gesicht einer Frau ist auch hier verzerrt, weil sie ein Auge zukneift und ihren Mund weit aufreißt. Sosehr mit der Mimik eine appellative Wirkung erstrebt sein mag, die innerhalb eines lebendigen Austauschs – in den Sozialen Medien oder in der Alltagskommunikation – völlig angemessen sein mag, so absurd erscheint sie jedoch in einer Situation, in der Adressaten gar nicht reagieren können. Dass man sich über den Status einer aus der Selfie-Welt stammenden Mimik offenbar nicht bewusst war, zeigt, wie

#17   Werbeplakat im öffentlichen Raum (2015)

unvertraut viele noch mit Bildern als Mitteln der Kommunikation sind. Ein derartiges Plakat ist daher auch kaum Vorbote künftiger Bildpraktiken, sondern vielmehr Dokument einer Übergangszeit, in der erst gelernt werden muss, welche Mimiken an welcher Stelle passend sind. (#17)

11

Als Teil einer sich globalisierenden Bildkommunikation werden Selfies oft mit Emojis kombiniert und stehen mit diesen in einem engen Wechselverhältnis. Da auch Emojis Stimmungen signalisieren und animierend wirken sollen, haben sie eine ähnliche Funktion wie Selfies; zudem bestehen sie oft ihrerseits aus – zu Piktogrammen stilisierten – Gesichtern. Mit Emojis wird erklärtermaßen das Ziel globaler Kommunikation verfolgt, denn nachdem sie sich aus simplen Zeichenkombinationen (sowie aus Smileys und Emoticons) entwickelt haben, wurden sie 2010 von Unicode, einem Konsortium, das Standards für digitale Zeichen definiert, aufgenommen und zu einer global einheitlichen Sprache ausgebaut. Die alljährliche Kodifizierung neuer Emojis wird zunehmend zu einem Ritual mit großer Medienresonanz, gelten die Entscheidungen von Unicode doch als Urteil darüber, was globale Relevanz besitzt.[30]

Auch App-Funktionen, mit denen sich Selfies in Emojis umwandeln lassen, belegen die enge Verbindung zwischen beiden. Der jeweilige Gesichtsausdruck wird dann von einem Programm erfasst, das Foto auf diesen reduziert und in ein grafisches Bildsymbol übersetzt. (#18) Mit anderen Apps

#18 Die App *Animoji*

#19 Die App *Faceapp*

kann man im Gegenteil ein existierendes Foto in seinem Ausdruck verändern, indem es jeweils an ein Emoji angepasst wird. Ein ernstes Gesicht verwandelt sich so in ein lachendes oder wird traurig. (#19) Beliebt sind außerdem Selfies, die den Charakter eines Emojis nachbilden. Unter Hashtags wie #emojicontest oder #emojifacechallenge finden sogar Wettbewerbe statt, deren Teilnehmer demonstrieren, dass sie beliebige Emojis mühelos zu imitieren vermögen. (#20a–b) Dass eines der gerne nachgestellten Emojis ein Gesicht mit einem zwinkernden Auge und einer herausgestreckten Zunge zeigt, lässt die Vermutung zu, diese bei Selfies beliebte Mimik sei von Unicode zu

#20a–b *#emojicontest*

einem offiziellen Gesichtsausdruck erhoben worden, dort mit den Worten »Face with stuck-out tongue and winking eye« umschrieben.[31] (#21)

Tatsächlich jedoch kann man rekonstruieren, dass das Vorbild für das Emoji in diesem Fall nicht ein allgemein üblicher Gesichtsausdruck, sondern eines der Smileys war, mit denen in der Anfangszeit des Internets – ab den 1980er Jahren – kommuniziert wurde, um Missverständnisse über den Tonfall von Nachrichten – etwa in E-Mails – zu minimieren. Gerade wenn etwas ironisch, lustig oder spöttisch gemeint war, wollte man mit einfachen Zeichenkombinationen sicherstellen, dass die Adressaten das richtig auffassten. Und wer etwas

#21

Freches oder Unanständiges sagte, das aber vorsichtshalber gleich wieder relativieren wollte, wählte folgende Zeichenkombination:

;-P

Das ist ein schematisches Gesicht, um neunzig Grad nach links gedreht, mit einem zwinkernden Auge, Nase und Mund mit herausgestreckter Zunge. Aus dem Smiley wurde dann ab den 2000er Jahren ein Emoji, nun grafisch so umgesetzt, dass es als Gesicht unmittelbar zu erkennen ist. Erst dieses Emoji animierte Menschen dazu, Elemente davon nachzuahmen, um eine Aussage entsprechend zu konnotieren oder um, allgemeiner, in die Rolle eines Clowns zu schlüpfen, der sich über andere lustig macht, das aber nicht böse meint. Dabei verraten viele der so entstehenden Selfies noch den synthetischen Charakter des Smileys, das zwei Intentionen miteinander kombiniert. Auf ihnen wirkt der Gesichtsausdruck ziemlich angestrengt: als fehle es noch an Muskelbeherrschung.

Innerhalb einer Geschichte der Mimik böte dieser Fall gutes Anschauungsmaterial dafür, wie sehr Gesichtsausdrücke Artefakte sind: das Ergebnis kulturell bedingter Zeichensetzungen. Auch wenn sich dafür kein Autor identifizieren ließe, ist gerade die bei Selfies beliebte Mimik des Emojis mit der Unicode-Nummer 1F61C Folge und Anwendung eines Designs. Wenn aber aus einem bloßen Zeichencode eine allgemein übliche Mimik werden kann, zeugt das davon, wie stark das menschliche Gesicht ein Ort von Codes und Konventionen ist. Der Einfluss einer Institution wie Unicode ist daher kaum zu überschätzen, denn erstmals in der Geschichte der Menschheit ist die semantische Konditionierung der Mimik zu einer globalen Angelegenheit geworden. Mit Emojis werden künftig Mimiken von Selfies, die sich durch Resonanz in den Sozialen Medien ausbilden und verstärken, noch deutlicher definiert und in den Rang von Bildzeichen erhoben, die zu grenzüberschreitender Kommunikation geeignet sind. Ob ein solcher Beitrag zur Völkerverständigung nicht sogar einmal mit dem Friedensnobelpreis gewürdigt werden wird?

12

Geben Selfies einerseits alten Träumen einer grenzüberschreitenden Kommunikation neuen Auftrieb, so normieren sie andererseits Mimik und Gestik immer weiter. Dabei manifestieren sich in ihnen vor allem extreme Posen, besitzen diese doch die größte Eindeutigkeit, also den prägnantesten Signalcharakter, aber auch die stärkste Animationskraft. Beim Blick auf Selfies wie auf Emojis entsteht der Eindruck, mit ihnen werde der Raum möglicher Gefühlslagen von den Rändern her bestimmt. Zugleich erscheint vorstellbar, den gesamten Emotionsraum zu kartografieren. Könnte man nicht sämtliche auf Selfies in Szene gesetzten Gesichtsausdrücke erfassen, um daraus eine Art von Alphabet zu erstellen, das sich wiederum in Entsprechung zur Liste der Emojis bringen ließe? Und könnte man nicht sogar systematisch die Modifikationen einzelner Gesichtspartien aufschlüsseln und in all ihren Kombinationen entwerfen? Man würde dann einen weit aufgerissenen Mund einmal mit zusammengekniffenen

Augen verknüpfen, in einer anderen Konstellation hingegen mit starr geöffneten Augen oder einer in Falten gelegten Stirn. Schließlich ließen sich die Grenzen des mimisch Möglichen ausloten, könnte man doch untersuchen, welche Bewegungen mit den Gesichtsmuskeln man nicht gleichzeitig ausführen kann.

Solche von Selfies und Emojis inspirierten Versuche rücken auch Unternehmungen in ein neues Licht, die sich schon früher mit der Mimik befassten. Man denke etwa an die Experimente des Physiologen Guillaume-Benjamin Duchenne, der viele verzerrte Gesichter dokumentierte, als er in der Mitte des 19. Jahrhunderts systematisch die Gesichtsmuskulatur erforschte. Dazu reizte er die Muskeln einzeln mit Elektroden, um ihre jeweilige Funktion für die Mimik zu erkennen. (#22a–c)

Nicht überliefert ist hingegen, was der Bildhauer Franz Xaver Messerschmidt bezweckte, als er in den 1770er Jahren

#22a–c Experimente von Guillaume-Benjamin Duchenne

#23 Kopfstücke von Franz Xaver Messerschmidt

in rund fünfzig – an seiner eigenen Physiognomie orientierten – Charakterköpfen unterschiedliche, in ihren Extremen karikaturenhaft zugespitzte Ausdrucksweisen eines Gesichts festhielt. (#23) Die Köpfe mit herausgestreckter Zunge, gespitzten Lippen, aufgerissenen Augen oder in Falten gelegter Stirn könnten in Auseinandersetzung mit der Affektlehre entstanden sein, um in aufklärerisch-erkenntnisorientierter Absicht »die Komplexität der emotionalen Wirklichkeit« zu erfassen. Dabei reizte Messerschmidt die Spielräume der Gesichtsmuskeln voll aus und schreckte auch nicht davor zurück, »die Ausdrucksmöglichkeiten eines Gesichts [zu] überfordern«.[32] Gerade darin erinnern die Skulpturen an einige Typen von Selfies, wobei Messerschmidt auch Kombinationen mimischer Elemente ersann, für die sich bei Selfies (noch) kein (etabliertes) Pendant finden lässt.

#24a–b Selfies unter Anleitung von Messerschmidt

So gern Selfies zu Symbolen des Kulturverfalls deklariert werden, so oft erklärte man auch Messerschmidt für verrückt oder zumindest zu einem pathologischen Fall.[33] Und man deutete seine Skulpturen als Ausgeburten eines narzisstischen Künstlers.[34] Im Umgang mit ihnen sind also viele hilflose und aggressive Reaktionen auf Selfies bereits vorweggenommen. Und tatsächlich passten Messerschmidts Charakterköpfe nie so gut in die Zeit wie heute. Sie fungieren sogar als Übungsobjekte, vor denen sich Menschen mit Selfie-Ambitionen bemühen, die skulptierten Gesichtsausdrücke nachzuahmen. Sie begreifen diese als Herausforderung, der sie sich stellen wollen. **(#24a–b)** Darüber hinaus sind die Skulpturen Grundlage museumspädagogischer Workshops. Mit ihrer Hilfe will man vor allem Kinder und Jugendliche zu einem bewussteren Umgang mit ihren eigenen mimischen Möglichkeiten erziehen – und bereitet sie so auf eine erfolgreiche Selfie-Karriere vor. Mit großer Verspätung wird Messerschmidt also zum Designer allgemein praktizierter Mimiken. **(#25)**

#25 Museumspädagogik mit Messerschmidt – im Museum Kunstpalast Düsseldorf (2018)

Auch andere Werke aus der Geschichte der Kunst, die bislang eher im Schatten standen oder interpretatorische Probleme bereiteten, wirken auf Menschen, die an den täglichen

#26a–c Rembrandt, Courbet, Tanguy im mimischen Experiment

Anblick von Selfies gewöhnt sind, auf einmal frisch und schlüssig. Von Rembrandts radiertem »Selbstbildnis mit aufgerissenen Augen« (1630) über Gustave Courbets Selbstporträt als Verzweifelter aus den frühen 1840er Jahren bis hin zu fotografischen Selbstporträts von Surrealisten wie Yves Tanguy oder Wols lässt sich eine ganze Traditionslinie von Experimenten freilegen, bei denen Künstler ihr Gesicht extremen mimischen Bedingungen ausgesetzt haben. **(#26a–c)** Doch sollte die formale Ähnlichkeit zu Selfies nicht dazu verführen, jeweils dieselben Bildintentionen zu unterstellen. Vielmehr verdient jeder Fall eine eigene Betrachtung. Künstler der Moderne wollten sich etwa als gesellschaftliche Außenseiter in Szene setzen oder durch die Darstellung extremer Affekte an das Unbewusste herankommen, also einen Akt der Selbsterkenntnis initiieren. So soll eine Serie von »Automatenfotos« (1968/69), die Arnulf Rainer, übrigens als Hommage an Franz Xaver Messerschmidt, in einem Fotoautomaten am Wiener Westbahnhof machte, das Aussehen des Künstlers während

#27a–c   Arnulf Rainer: o. T. (Automatenportraits, ca. 1968–1970)

rauschhafter, exzessiver Stimmungen dokumentieren. Nach eigener Aussage versetzte Rainer sich dafür zuerst künstlich in Erregung, konsumierte Drogen und bemühte sich dann, den Höhepunkt seiner Affektiertheit zu fixieren. Der Moment, in dem er seine Gesichtszüge nicht mehr kontrollieren konnte, verhieß ihm Einblick in die menschliche Psyche.[35] Ein größerer Gegensatz zu den Absichten, mit denen Selfies gemacht werden, ist kaum vorstellbar, die Ähnlichkeit zu verzerrten Gesichtszügen auf diesen somit rein zufällig. (#27a–c)

13

Vermutlich würde sich heute auch der Kunstwissenschaftler Aby Warburg für Selfies interessieren. Dass sich in ihnen extreme Formen von Mimik ausprägen, die ähnlich markante Reaktionen provozieren und sogar zu einer Veränderung des Repertoires an Gesichtsausdrücken führen, bestätigt und erweitert sein Konzept der »Pathosformeln«. Warburg prägte den Begriff im Jahr 1905 und bezeichnete damit zur Konvention gewordene Ausdrucksformen starker Emotionen. Er rekonstruierte, wie einzelne Mimiken und Gesten in der Antike verbildlicht wurden und dadurch weiter wirksam sein konnten, bei Rezipienten also, selbst über große Zeiträume hinweg, ebenfalls starke Affekte hervorzurufen sowie als gestalterische Herausforderung zu fungieren vermochten. Beispielsweise bestand die Renaissance in der Deutung Warburgs darin, dass in der Antike verbildlichte Körperausdrücke aufgegriffen und variiert – und damit umso mehr zu festen

#28a–c Griechische Vase aus Nola (5. Jh. v. Chr.), Umkreis von Andrea Mantegna (um 1470), Albrecht Dürer (1494)

Bildmustern – wurden. Hätte es in antiken Bildwerken nicht schon eine »pathetisch gesteigerte Mimik« gegeben, so Warburgs Pointe, hätten sie auch nicht ansteckend sein können: Die Renaissance wie jeder weitere »Wiedereintritt der Antike in die moderne Kultur« wäre ausgeblieben.[36]

Mit seinem Pathosformel-Konzept bot Warburg einen Gegenentwurf zur spätestens seit Johann Joachim Winckelmann üblichen Vorstellung, vor allem die Griechen seien in ihren Bildwerken auf ›edle Einfalt‹ und ›stille Größe‹ – auf einen über jeglichen Affekt erhabenen Ausdruck – bedacht gewesen. An Motiven wie dem ›Tod des Orpheus‹ zeigte Warburg, wie eine antike Pathosformel bei Künstlern, etwa Andrea Mantegna und Albrecht Dürer, in Variationen neu wirksam sowie auf andere Sujets übertragen wurde und eine einmal bildhaft gefasste Dramatik und Expressivität, »Superlative der Gebärdensprache«, also noch zwei Jahrtausende später ihren normativen Charakter behaupteten.[37]

(#28a–c) In Zeiten digitaler Medien ist es leichter denn je möglich, die von einer bildlich fixierten starken Emotion ausgelöste Empfindung wiederum in Form von Bildern zum Ausdruck zu bringen. Wer von einem Selfie mit extremen Gesichtszügen affiziert wird, kann binnen Sekunden mit einem eigenen Selfie darauf reagieren oder das Bild mit einem Kommentar versehen und weiterposten. So erweist sich auch viel schneller als bisher, welche Mimik oder

#29a–c Selfieproteste gegen unfaire Wahlkampffinanzierung (»pork barrel«) auf den Philippinen (2013)

Geste die suggestive Kraft einer Pathosformel besitzt, zumal nicht mehr nur Künstler und einige wenige bildnerisch begabte Menschen, sondern alle Besitzer von Smartphones Affekte auf Formeln bringen können. Statt zu erforschen, wie sich eine Pathosformel über Epochen hinweg entfaltet, könnte man heute im Geiste Warburgs nachverfolgen, auf welche Weise eine bestimmte Mimik kulturelle Grenzen überschreitet und schließlich globale Präsenz erlangt.

Aber auch im Kleineren lässt sich analysieren, wie animierend und prägend bestimmte Posen – gerade auf Selfies – sein können. So hat die Kunstwissenschaftlerin Kerstin Schankweiler gezeigt, dass sich Menschen mit gemeinsamen politischen Anliegen nicht zuletzt dank besonders affizierender Selfies überhaupt erst als Gemeinschaft konstituieren: Starke Mimiken, dazu prägnante Ikonografien und die Pointierung durch passende Hashtags erzeugen »eine *affective community*«.

Wer sonst zu träge wäre, sich politisch zu engagieren, wird also durch eine »Affektzeugenschaft« in den Sozialen Medien emotionalisiert und dazu gebracht, sich so nachdrücklich in Szene zu setzen, dass das wiederum zur »Affizierung weiterer Personen« führt, »die unter Umständen weitere Bilder produzieren«.[38] »Selfie-Proteste« haben sich daher als relevante Spielart politischen Aktivismus' etabliert. In ihnen werden Pathosformeln zu schlagkräftigen Instrumenten. (#29a–c)

14

Anders als Warburg könnte man heute oft gar nicht mehr untersuchen, wie einzelne Bilder über einen längeren Zeitraum – und seien es nur ein paar Jahre – hinweg wirksam werden. Diverse Apps beziehen ihre Attraktivität für die Nutzer nämlich daraus, dass sie, was gepostet wird, nicht (oder nur per Sondereinstellung) speichern. Man hinterlässt keine dauerhaften Spuren und muss nicht damit rechnen, noch nach Jahren wegen eines Postings zu Rechenschaft gezogen zu werden. Vielmehr entspricht das schnelle Verschwinden der Inhalte ihrer situationsbezogenen Entstehung: Bilder können wie gesprochene Worte sogleich zu Schall und Rauch werden, um bestenfalls noch in der Erinnerung derer fortzuleben, die sie einmal gesehen haben. Aber selbst dort, wo Bilder sichtbar bleiben, werden sie oft nie wieder angeschaut, sondern verlieren sich in den Tiefen von Seiten mit Infinite-Scroll-Funktion. Ein aus einer Laune heraus entstandenes Selfie hat für Urheber wie Rezipienten schon nach kürzester Zeit so wenig Belang wie ein alter Einkaufszettel oder eine bereits abgehörte Nachricht auf dem Anrufbeantworter.

Aber nicht nur wegen der kurzen Halbwertszeit vieler Bildnachrichten ähneln Bildtypen wie Selfies einer mündlichen Sprechkultur. Noch maßgeblicher hierfür ist, dass sie mittlerweile ohne größere Voraussetzungen – ohne spezifische Begabung und ohne nennenswerten Zeitaufwand – herzustellen sind und sich dank diverser Apps und Filter fast beliebig modifizieren lassen. Deshalb kann man sich mit ihnen ähnlich vielseitig, spontan und geschmeidig artikulieren wie mit Sprache. Mit Bildern (und Bildzeichen wie Emojis) lassen sich Dialoge führen, Komplimente machen, andere Leute beleidigen oder politische Botschaften platzieren.

Waren die bisherigen Bildkulturen dadurch definiert, dass sich diejenigen, die Bilder produzierten, mit ziemlich großem Aufwand Traditionen und Tricks aneigneten, so hat man es in der mündlichen Bildkultur mit schnell wechselnden Konventionen, insbesondere aber mit stark milieuabhängigen Praktiken und Effekten zu tun. An die Stelle von Stilen, die sich oft wenigen herausragenden Künstlern verdankten, die damit ganze Epochen prägten, tritt eine Vielzahl von Dialekten und Soziolekten auf den Bildern, die in den Sozialen Medien zirkulieren. Und für Bildmuster, die in einer ›vermündlichten‹ Bildkommunikation unzählig oft variiert werden, passt wohl weniger der Begriff ›Pathosformel‹, der, ähnlich einer physikalischen Formel, eine zeitüberdauernde Gültigkeit und Anwendbarkeit suggeriert, als vielmehr ein Begriff wie ›Bildwendung‹. In ihm steckt – wie in der Vokabel ›Redewendung‹ – die Vorstellung, eine konventionelle Form könne je nach Anlass angepasst werden, ja sei flexibel genug, um vielfältig zum Einsatz zu gelangen. Jeder, der sich angewöhnt hat, mit Bildern zu kommunizieren, hat derartige Bildwendungen im Kopf und greift je nach Situation darauf zurück.

Da sich mit Bildern nur dank digitaler Medientechnik kommunizieren lässt, ist es nicht nur möglich, sondern geradezu notwendig, dass sich die jeweiligen Akteure an unterschiedlichen Orten befinden. Der wechselseitige Austausch von Bildern ist also eine Spielart fernmündlicher Kommunikation. Technisch bedeutet es keinen Unterschied, ob man mit jemandem telefoniert, Textnachrichten austauscht oder sich gegenseitig Bilder schickt: Alles geht entfernungsunabhängig gleichermaßen schnell.

Aber so vermündlicht der Austausch von Bildern auch stattfinden mag, gibt es doch einen folgenreichen Unterschied zu anderen Formen von Mündlichkeit. Auch er ergibt sich daraus, dass man mit Bildern nicht direkt, sondern nur mithilfe von Medientechnik kommunizieren kann. Jedes Bild ist erst einmal eine Datei und daher speicherfähig. Es muss absichtlich gelöscht werden, während gesprochene Sprache nicht fixiert ist – außer sie wird absichtlich aufgezeichnet. Bilder besitzen in den Sozialen Medien also oft eine Doppelexistenz; sie sind sowohl flüchtig-momenthaft – also ›mündlich‹ – als auch gespeichert-dauerhaft – also ›schriftlich‹. Das Changieren zwischen diesen beiden Polen dürfte künftig den Charakter der Bildkultur prägen und zu neuen Formaten und Praktiken führen. Man kann mit der Dauer oder mit dem Verschwinden kokettieren, ein Bild kann für das eine wie für das andere oder beides gleichermaßen disponiert sein – seinen Zweck also erfüllt haben, wenn es schon nach wenigen Sekunden verschwindet, es zugleich aber aushalten, lange und immer wieder betrachtet zu werden. Vor allem diejenigen, die sich als professionelle Bildproduzenten verstehen, werden durch die Realitäten einer mündlichen Bildpraxis angeregt und herausgefordert sein.

15

Dass auch Bilder, die nur für einen flüchtigen Anlass – in ausschließlich mündlicher Absicht – gepostet werden, als Datei existieren und zudem über einen Screenshot erneut fixiert werden können, liefert viel Stoff für Missverständnisse – und für alle, die Selfies ablehnen, Gelegenheit zu polemischen Vergleichen. Sie können jedes mündliche Bild aus seinem Zusammenhang auf einer Timeline oder einem Feed nehmen und auf einmal wie ein Bild behandeln, das auf Dauer angelegt ist. Sie können es einem Bild gegenüberstellen, das tatsächlich als Werk konzipiert wurde und unabhängig von einem bestimmten Anlass entstanden ist. Steht dann ein

Selfie – bevorzugt ein feixendes Gesicht mit verzerrten Zügen – erst einmal neben einem Selbstporträt aus der Kunstgeschichte, kann ein Kulturpessimist auf einfache Weise Evidenz für seine These erzeugen, dass die Kultur im Verfall begriffen sei und dass Selfies Symptome oder sogar Treiber dafür seien.

Als etwa der englische Kunstkritiker Julian Spalding 2015 auf einem Symposium über Selbstporträts und Selfies Dürers »Selbstbildnis mit dem Pelzrock« (1500), das wegen des ernsten Gesichtsausdrucks und seiner strengen Achsensymmetrie ein zeitloses Ideal des Menschen zu repräsentieren scheint, mit einem beliebigen Selfie verglich, nutzte er die Chance zu einer Abrechnung mit der Gegenwart. Süffisant merkte er an, heute könne jemand wie Dürer gar nicht mehr berühmt werden, sei dieser doch außerordentlich begabt gewesen, zudem habe er hart an seinen Fähigkeiten gearbeitet und Tiefgründiges zu sagen gehabt. Selfies hingegen, so der Umkehrschluss aus dieser Bemerkung, seien Zeugnisse unbegabter, fauler und oberflächlicher Menschen. Im Grunde wolle sie auch niemand anschauen; sie seien lediglich eine Markierung, doch könne man sich damit den jeweiligen Moment so wenig aneignen wie ein Tier den Baum, den es anpinkle.[39]

Dabei hätte Spalding gerade auch bei Dürer etwas finden können, das nicht auf Ewigkeit angelegt war, sondern eine frühe Form (fern-)mündlichen Bildgebrauchs darstellt. Auf einem nicht genau datierten Blatt, das vermutlich einem Brief beigefügt war, zeigt der Künstler sich als kranker Mann: mit nacktem Oberkörper, den Finger auf eine eigens markierte Stelle am Oberbauch gerichtet. (#30) Begleitend dazu vermerkt Dürer, dass es ihm dort wehtue (»Do der gelb fleck ist vnd mit dem finger drawff dewt do ist mir we«). Das Blatt diente wohl der Kommunikation mit einem Arzt. Heute posten viele Leute Selfies, auf denen sie ebenfalls Wunden oder Leiden zeigen. Sie wollen ihren Followern demonstrieren, wie hart im Nehmen sie sind oder was ihnen Schlimmes zugestoßen ist; sie hoffen auf ein wenig Mitleid und Trost. (#31a–c)

#30 Albrecht Dürer ersucht per Bild um Ferndiagnose

Gab es also auch früher schon Bilder, deren Funktion sich ähnlich wie bei Selfies darin erschöpfte, etwas möglichst anschaulich mitzuteilen, so suggerierte Spalding, man könne vollkommen unterschiedliche Bildtypen miteinander vergleichen. Damit benahm er sich jedoch wie jemand, der einen zufällig aufgeschnappten Alltagsdialog mit einem Dialog aus einem Theaterstück von Shakespeare oder Schiller vergleicht. Auch das kann man tun, doch nicht, um daraus auf einen Kulturverfall zu schließen, sondern eher, um beispielsweise die Unterschiede zwischen gesprochener und geschriebener Sprache zu analysieren. Und so wie für Theaterstücke, Gedichte und Romane die Literaturwissenschaft zuständig ist, ein Alltagsdialog hingegen in das Feld der Sprachwissenschaft gehört, sollte man sich künftig, geht es um Bilder, nicht mehr mit einer Kunstwissenschaft begnügen, sondern eine Bildwissenschaft entwickeln, die sich auf vermündlichte Bilder und ihren Gebrauch spezialisiert.

Die beliebten Vergleiche zwischen Selbstporträts und Selfies zeugen aber nicht nur von einem Ignorieren der Unterschiede zwischen mündlichen und werkhaften Bildern, ihnen liegt vielmehr auch eine Missachtung der gesellschaftspolitischen Dimension der digitalen Bildkultur zugrunde. Da diese Vergleiche mit der Absicht stattfinden, Bildtypen wie Selfies zu diskreditieren und als trivial und dilettantisch zu entlarven, wird auch die Demokratisierung geringgeschätzt, die es bedeutet, dass erstmals eine Mehrheit der Menschen Bilder produzieren und – vor allem – publizieren kann. Es ist also ein elitärer Impuls, aus dem heraus Selfies und andere in den Sozialen Medien ausgetauschte Bildwendungen abgelehnt

#31a–c Selfies mit dem Hashtag #autsch

werden: Man wünscht sich die Zeiten zurück, als nur eine kleine begabte und privilegierte Minderheit Bilder machen und veröffentlichen konnte und als es Bilder allein in fixierter

Weise, mit dem Anspruch auf Dauer gab. Das aber ist so, als würde ein Enthusiast hoher Literatur den meisten Menschen das Sprechen verbieten wollen, weil sie doch nur banale und oberflächliche Dinge sagen – und das oft auch noch grammatikalisch inkorrekt und in schlechter Aussprache.

Im Gegenzug zu solchen reaktionär-undemokratischen Polemiken sollte man umso lebhafter herausstellen, was es bedeutet, dass sich eine vollkommen neue, mündliche Bildkultur entwickelt und der aktive Umgang mit Bildern zu einer ebenso grundlegenden Kulturtechnik avanciert wie das Beherrschen einer Sprache. Mit derselben Sorgfalt, mit der man einem Kind das Sprechen – und später das Lesen und Schreiben – beibringt, wird man künftig auch seine bildpraktischen Fertigkeiten schulen. Im Begriff ›digital native‹ steckt bereits die Botschaft, das Vermögen zum Umgang mit den Formaten der Sozialen Medien als angeboren zu begreifen: als etwas, das sich durch frühe, gezielte und professionelle Förderung fast beliebig und wie eine Muttersprache entwickeln lässt.

Ihr Buch *Selfies* beginnt die estnische Medienwissenschaftlerin Katrin Tiidenberg damit, dass sie von einem Gespräch über Selfies berichtet, das sie mit ihrem achtjährigen Sohn führte. Sie wundert sich, wie differenziert er, obwohl noch kaum über eigene Erfahrung verfügend, Selfie-Praktiken wahrnimmt und wie gut er die Zusammenhänge durchschaut, wann oder warum Menschen Selfies machen. Seine Antworten auf ihre Fragen unterscheiden sich kaum von den Aussagen, die sie nach siebenjähriger Forschungsarbeit treffen kann. So bleibt ihr nichts anderes, als mit aufgerissenen Augen und offenem Mund (»with wide eyes and open mouth«) zu staunen, mit welcher Selbstverständlichkeit die nächste Generation bereits auf die neuen Kulturtechniken eingestellt ist.[40]

16

Ist eine mündliche Bildkultur wirklich etwas Neues? Genau genommen ist nur die Existenz von technisch generierten Bildwendungen neu, die in Medien zirkulieren. Denn Menschen haben sich, unabhängig von Selfies, schon immer zu Bildern gemacht oder wurden als Bilder wahrgenommen: als Wesen mit Gesicht und Gesichtsausdruck, mit Mimik und Gestik. »Unsere Gesichter erwachen sofort zu Bildern, wenn wir blicken und sprechen« – so formuliert es Hans Belting.[41] Sich mit jemandem auszutauschen hieß also noch nie, nur miteinander zu sprechen. Die Veränderungen in den Gesichtszügen und im gesamten Ausdruck sind vielmehr genauso mündlich (und genauso bedeutsam) wie die Worte, die jemand spricht. Eine Mimik, die in einem Moment präsent ist, ist schon im nächsten unwiederbringlich vorbei. Was gerade auch wegen dieser Mündlichkeit als Körpersprache bezeichnet wird und zu jeder Artikulation gehört, kann auch als Abfolge bewegter Bilder beschrieben werden, die ähnlich viel zur Gesamtheit einer Kommunikation beiträgt wie die Sprache. Deshalb kann es auch provozieren, dass in einigen islamisch geprägten Ländern Frauen öffentlich ihr Gesicht nicht zeigen dürfen, lässt sich das doch als eine Art Zensur interpretieren: Wie man jemanden durch ein Sprechverbot mundtot macht, wird hier durch die Verschleierung von Gesicht und Körper ein wichtiger Teil der Mündlichkeit verboten; die Betroffenen werden bildtot gemacht. Selfies mit Filtern sind ihre erste und einzige Möglichkeit, dieses Verbot ein wenig aufzuweichen.

Als natürlicher mündlicher Bildausdruck sind Mimik und Gestik die Grundlage und Referenz für jegliche mediale Bildkommunikation. Damit aber besitzen Selfies – im weiteren Sinne: alle Körperbilder – innerhalb der Sozialen Medien eine herausgehobene Stellung, setzen sie doch die natürliche Bildsprache unter technischen Bedingungen fort. In Selfies manifestiert sich der Wunsch der Menschen, auch über die reale Begegnung hinaus so umfassend wie möglich mit anderen zu kommunizieren. Anfangs waren sie oft noch ein Ersatz dafür, dass man nicht live miteinander sprechen und sich zugleich sehen konnte. Doch auch wenn es mittlerweile immer mehr zum Standard wird, sich in den Sozialen Medien in Form von Live-Videos auszutauschen, bedeutet das nicht, dass Selfies an Stellenwert einbüßen. Immerhin besteht die Chance, mit Filtern, Stickern sowie weiteren Elementen und Effekten das jeweilige Live-Bild in Echtzeit so zu verändern, dass die Ausdrucksqualitäten, die mit Mimik und Gestik zu erreichen sind, noch gesteigert werden. Der Ausdruck lässt sich pointieren, semantisch verdichten oder anreichern, vielleicht sogar paradox brechen. In jedem Fall verwandelt er sich in ein komplettes Artefakt.

Es wird künftig nicht nur viel mehr Selfie-Videos als Selfie-Fotos geben, sondern vor allem dürften sich die Möglichkeiten, das Gesicht als Maske in Szene zu setzen, noch vermehren und erweitern. Zu erwarten ist eine insgesamt expressivere Gesichtskultur, für die die natürliche Mimik nur noch Ausgangspunkt – gleichsam Inspiration – für diverse Formen ambitionierten digitalen Gesichtsdesigns ist. Man wird die eigene Mimik und Gestik mit Vorbildern aus der Kunstgeschichte, der Pop- und Celebrity-Kultur, der Welt der Comics und Animes kurzschließen und so jeweils anders semantisch codieren, ausschmücken und dramatisieren. Und sobald Gesichtserkennungstechniken perfektioniert sein werden, kann man Mimik-Verstärker und die Transformationen des Ausdrucks automatisiert einsetzen. Die natürliche Mimik und Gestik werden dann zunehmend in Spielarten der digitalen Bilderzeugung – in ›augmented reality‹ – ausgelagert.

Schließlich erscheint es als denkbar und möglich, dass die diversen Formen einer digital angereicherten Körpersprache, mit der sich Menschen in den Sozialen Medien begegnen, dazu führen werden, dass der Blick in ein bloßes Gesicht, jenseits aller Medien und Mimik-Verstärkung, als befremdlich wahrgenommen wird. Vielleicht wird man seine Natürlichkeit bewundern, vielleicht es aber auch als nackt empfinden – und entsprechend mit Scham besetzen. Daher könnte es üblich werden, sich generell – auch jenseits der Sozialen Medien – nicht mehr ohne Maskierung und Verkleidung öffentlich zu zeigen. Analog etwa zu den Perücken früherer Jahrhunderte könnte man, angeregt von digitalen Dekors, das natürliche Erscheinungsbild aufwerten, das zudem durch Tattoos, Piercings und andere dauerhafte Zusätze überformt ist. Sich ganz natürlich gegenüber anderen zu präsentieren hieße dagegen, sich eine Blöße zu geben.

Doch selbst ohne Maskerade wird die Mimik infolge der expressiveren Gesichtskultur anders sein als bisher. Sie dürfte sich aufgrund der fortwährenden Konkurrenz gegenüber digitalem Gesichts-Tuning ihrerseits bis an die Grenzen des physiologisch Möglichen intensivieren – wenn man nicht sogar mit mikrochirurgischen oder anderen medizinischen Eingriffen dafür sorgt, dass die Gesichtsmuskeln mehr können als von Natur aus. Dann wird jedes Lächeln, jeder Unmut, jedes Staunen markant und präzise zum Ausdruck gebracht; es wird Diskurse über die Professionalisierung der Mimik geben. Und soweit die Menschen besser denn je gelernt haben, sich fortwährend zu Bildern zu machen, werden sie nicht nur ihre jeweiligen Empfindungen und Stimmungen, sondern vielleicht auch ihre Haltungen und Werte allein mit mimischen Mitteln zum Ausdruck bringen. Neben Kleidungs-Codes gibt es dann mimische Konventionen für bestimmte politisch-weltanschauliche Einstellungen. Nie zuvor wird so viel Kultur in jedem einzelnen Gesichtsausdruck gewesen sein.

17

Die Aussage, dass auch Mimik und Gestik Artefakte sind und sich historisch wandeln wie Stile, wird eine Plattitüde sein. Entsprechend wird man genauer darauf achten, wann, wo und wie sich einzelne Gesichtsausdrücke geändert haben, in welchen Fällen es sich um regionale oder milieuspezifische Ausprägungen handelt, wann hingegen um globale Verschiebungen. Man wird vielleicht sogar versuchen, individuelle Urheber einer Mimik oder Geste ausfindig zu machen, um sie in einer Geschichte der Körpersprache – die es dann selbstverständlich geben wird – eigens zu würdigen und gar wie Künstler, wichtige Gründungsfiguren oder wie Dichter und Übersetzer zu feiern, denen eine Wortschöpfung gelungen ist.

Aber man wird auch einen Blick für Menschen entwickeln, die überdurchschnittlich begabt darin sind, sich bildhaft darzustellen – sei es auf einem Selfie oder in der direkten Begegnung. Sie werden als Nachfolger von Pantomime-Künstlern gelten, dabei aber, zumal sie auf Sprache als Ausdrucksmittel nicht verzichten müssen, weniger künstlich wirken. Während bisher vor allem Menschen mit viel Sprachgefühl und verbaler Intelligenz Vorteile hatten, werden bildmächtige Personen künftig ähnlich viele Chancen auf sozialen Erfolg und Anerkennung haben.

Gab es Zeiten, in denen Künstlern zugetraut wurde, mit ihren Werken auf das Aussehen der nächsten Generationen einzuwirken, da sie Schönheitsideale definierten und so die Fortpflanzungschancen einzelner äußerer Merkmale beeinflussten, so wird man künftig weniger die Physiognomie als die Mimik und Gestik als eine künstlerische Schöpfung ansehen. Die Entwickler von Apps, mit denen Selfies bearbeitet werden, die Gestalter von Emojis oder Menschen, die mit einer besonderen Geste oder einem überraschenden Gesichtsausdruck viral gehen, dürfen dann den Anspruch erheben, eine neue Pathosformel oder Bildwendung geschaffen und das Gebärdenverhalten der Menschen verändert zu haben.

Doch sosehr es sich bei einzelnen Mimiken oder Gesten um Artefakte mit benennbaren Urhebern handeln mag, so wenig werden sie doch als Werke angesehen werden. Vielmehr emanzipieren sie sich in dem Maße, in dem sie sich verbreiten und durchsetzen, von ihren Urhebern. Sie werden zu Gemeingut, die Urheber haben keine Rechte darauf. Eine neue Mimik lässt sich so wenig wie eine neue Redewendung patentieren oder unter Urheberschutz stellen.

Ohnehin dürfte ein herkömmlicher Werkbegriff in den Sozialen Medien keine Zukunft haben. Da sie eine neue Kultur der Mündlichkeit etablieren, geht es nicht darum, etwas von Anlässen und Adressaten Unabhängiges zu tun oder auf Dauerhaftigkeit zu spekulieren, sondern darum, schlagfertig und gewitzt zu sein und andere mit gewandtem Rollenspiel zu unterhalten. Gestalterische Fähigkeiten werden vornehmlich dazu eingesetzt, den eigenen Ausdruck zu perfektionieren, andere zu affizieren und zu animieren, auf vielen Ebenen der Kommunikation – mit Gesten ebenso wie mit Worten – lebendig zu wirken und die jeweils neuesten Apps geschickt einzusetzen. Noch sind die Sozialen Medien ganz in ihren Anfängen, und gerade in der ersten Zeit werden sie noch große Veränderungen erfahren. Doch dürfte man im Nachhinein vermutlich anerkennen, dass in den Praktiken, die sich für Selfies innerhalb weniger Jahre entwickelt haben, bereits vieles von dem angelegt war und erstmals sichtbar wurde, was schon bald grundsätzlich das soziale Leben der Menschen prägen sollte. Als Millionen über Millionen weltweit damit anfingen, sich selbst zum Bild zu machen, begann nicht weniger als eine neue Phase der Kulturgeschichte.

Anmerkungen

1. Will Storr: *Selfie. How we became so self-obsessed and what It's doing to us*, London 2018.
2. http://www.faz.net/aktuell/gesellschaft/menschen/studie-selfie-sucht-entlarvt-narzissten-13360922.html.
3. Vgl. Piotr Sorokowski et al.: »Selfie posting behaviors are associated with narcissism among men«, in: Personality and Individual Differences 85 (2015), S. 123–127.
4. Vgl. Eric B. Weiser: »#Me: Narcissism and its facets as predictors of selfie-posting frequency«, in: Personality and Individual Differences 86 (2015), S. 477–481.
5. Vgl. Daniel Halpern et al.: »'Selfie-ists' or 'Narci-selfiers'?: A cross-lagged panel analysis of selfie taking and narcissism«, in: Personality and Individual Differences 97 (2016), S. 98–101.
6. Vgl. z.B. Harry Eyres: »The Unselfknowing Self«, in: Roger Scruton (Hg.): *Self Expression in the Age of Instant Communication*, Venedig 2015, S. 16–23. – Elsa Godart: *Je selfie donc je suis. Lés metamorphoses du moi à l'ère du virtuel*, Paris 2016, S. 74 ff. – Ilan Stavans: *I Love My Selfie*, Durham 2017, S. 14 f. – Marion Zilio: *Faceworld. Le visage au XXIe siècle*, Paris 2018, S. 90 ff. – Eine sehr gute und kritische Auseinandersetzung mit dem Narzissmus-Topos liefert Michael Bauer: »#selfie #Narzissmus #ethische_Debatte?_Argumente«, in: Tanja Gojny/Kathrin S. Kürzinger/Susanne Schwarz (Hgg.): *Selfie – I like it. Anthropologische und ethische Implikationen digitaler Selbstinszenierung*, Stuttgart 2016, S. 73–101.
7. https://www.bild.de/news/ausland/selfie/maedchen-china-zug-erfasst-beim-selfie-tot-45324212.bild.html.
8. https://www.tag24.de/nachrichten/london-sie-wollte-selfies-schiessen-und-verunglueckte-dabei-toedlich-fotos-sturz-fenster-tot-381840.

9   https://www.bild.de/news/ausland/selfie/toedliche-gefahr-durch-selfies-opfer-48834628.bild.html.
10 Vgl. https://en.wikipedia.org/wiki/List_of_selfie-related_injuries_and_deaths.
11 Teresa Tomeo: *Beyond Me, My Selfie and I. Finding Real Happiness in a Self-Absorbed World*, Cincinnati 2016.
12 Katharina Lobinger/Cornelia Brantner: »In the Eye of the Beholder: Subjective Views on the Authenticity of Selfies«, in: International Journal of Communication 9 (2015), S. 1848–1860, hier S. 1853 f.
13 Vgl. http://www.wolframhahn.de/projects/into-the-light/.
14 Hans Belting: *Faces. Eine Geschichte des Gesichts*, München 2013, S. 35, 64.
15 Helmuth Plessner: »Zur Anthropologie des Schauspielers« (1948), in: Ders.: Ausdruck und menschliche Natur. Gesammelte Schriften VII, Frankfurt am Main 2003, S. 399–418, hier S. 414.
16 Ebd., S. 407.
17 Ebd., S. 408, 416.
18 Vgl. Piotr Sorokowski et al.: »Sex differences in online selfie posting behaviors predict histrionic personality scores among men but not women«, in: Computers in Human Behavior 59 (2016), S. 368–373.
19 Vgl. https://twitter.com/TheEllenShow/status/440322224407314432/photo/1.
20 Helmuth Plessner, a. a. O. (Anm. 15), S. 411.
21 Hans Belting, a. a. O. (Anm. 14), S. 43.
22 Richard Sennett: *Verfall und Ende des öffentlichen Lebens. Die Tyrannei der Intimität* (1974), Frankfurt am Main 1986, S. 143 f.
23 Ebd., S. 58, 18.
24 Ebd., S. 93 f.

25 Ebd., S. 99.
26 Jenny Judge: »Rembrandt's lessons for the selfie era: why we must learn to look again«, in: The Guardian, 16. Oktober 2014, auf: https://www.theguardian.com/technology/2014/oct/16/rembrandt-selfie-era-self-portrait.
27 Richard Sennett, a.a.O. (Anm. 22), S. 49.
28 Brian Droitcour: »Selfies and Selfiehood« (2013), auf: https://culturetwo.wordpress.com/2013/04/26/selfies-and-selfiehood/.
29 Vgl. Wolfgang Ullrich: *Bilder auf Weltreise. Eine Globalisierungskritik*, Berlin 2006.
30 Vgl. dazu in dieser Reihe: Joachim Bessing: *Emojis*, Berlin 2019 (in Vorbereitung).
31 Vgl. http://www.get-emoji.com/face-with-stuck-out-tongue-winking-eye/.
32 Thomas Kirchner: »Franz Xaver Messerschmidt und die Konstruktion des Ausdrucks«, in: *Die phantastischen Köpfe des Franz Xaver Messerschmidt*, hg. v. Maraike Bückling, Ausst.-Kat. Liebieghaus Skulpturensammlung, Frankfurt 2006, S. 266–281, hier S. 272.
33 Vgl. Maria Pötzl-Malikova: *Franz Xaver Messerschmidt 1736–1783*, Weitra 2015, S. 139–182.
34 Vgl. Ulrich Pfarr: »Experimente eines Bildhauers. Die Köpfe Franz Xaver Messerschmidts«, in: Heidi Eisenhut/Anett Lütteken/Carsten Zelle (Hgg.): *Heilkunst und schöne Künste*, Göttingen 2011, S. 182–199, hier S. 185f.
35 Arnulf Rainer: *Self-Portraits*, Wien 1986, o.S.
36 Aby Warburg: »Dürer und die italienische Antike«, in: *Verhandlungen der 48. Versammlung deutscher Philologen und Schulmänner in Hamburg vom 3. bis 6. Oktober 1905*, Leipzig 1906, S. 55–60, hier S. 55, auf: http://archiv.ub.uni-heidelberg.de/artdok/volltexte/2011/1630.

37 Ebd., S. 60.
38 Kerstin Schankweiler: *Selfie-Proteste. Affektzeugenschaften und Bildökonomien in den Social Media* (2016), S. 8, 14, auf: https://refubium.fu-berlin.de/bitstream/handle/fub188/18775/Schankweiler_SelfieProteste_workingpaper.pdf.
39 Julian Spalding: »The Light in Dürer's Eyes«, in: Roger Scruton, a. a. O. (Anm. 6), S. 10–13, hier S. 10.
40 Katrin Tiidenberg: *Selfies. Why We Love (and Hate) Them*, Bingley 2018, S. 1.
41 Hans Belting, a. a. O. (Anm. 14), S. 26.

Bildnachweis

Frontispiz: © Renke Brandt

#1a	https://www.instagram.com/p/BiaBM8Rn7Cn/
#1b	https://www.instagram.com/p/BpZGMq9D1Wc/
#1c	https://www.instagram.com/p/BsIW-C2gLvu/
#1d	https://www.instagram.com/p/BmiGx7MHY8E/
#2a	https://www.instagram.com/p/BTnvG7nDmIb/
#2b	https://www.instagram.com/p/BSmJJhqDd-a/
#3a	https://www.instagram.com/p/BlyTGuWAMlD/
#3b	https://www.instagram.com/p/BlhlNb3hygB/
#3c	https://www.instagram.com/p/BlVdG8mDmi2/
#3d	https://www.instagram.com/p/Bi4yDd9Bcet/
#4a	https://www.youtube.com/watch?v=Rw3vBPx96bU
#4b	https://www.8ung.info/6986/stummfilm-die-puppe-von-ernst-lubitsch-mit-livemusik
#5	https://twitter.com/theellenshow/status/440322224407314432
#6a	https://www.instagram.com/p/BmJB5BiAxC2/
#6b	https://www.instagram.com/p/BM-UStlBwYW/
#6c	https://www.instagram.com/p/BfmMm2RnVSF/
#6d	https://www.instagram.com/p/BtGDuNuAEAL/
#7	https://www.youtube.com/watch?v=zYg_UaGclW4
#8a	https://commons.wikimedia.org/wiki/File:3304_-_Athens_-_Stoà_of_Attalus_Museum_-_Theatre_mask_-_Photo_by_Giovanni_Dall%27Orto,_Nov_9_2009.jpg
#8b	http://www.museivaticani.va/content/museivaticani/de/eventi-e-novita/iniziative/Eventi/2017/el-mito-de-roma-coleccion-museos-vaticanos-chile.html#&gid=1&pid=10
#9a	https://www.instagram.com/p/BmRNFo1lm3q/

#9b	https://www.instagram.com/p/BsG7BedH_U9/
#9c	https://www.instagram.com/p/Bs-4OoNAMHk/
#9d	https://www.instagram.com/p/BskwvF7FOGI/
#10, 11a–c	http://www.sothebys.com/en/auctions/ecatalogue/2016/master-paintings-sculpture-day-sale-n09461/lot.540.html
#12a	https://www.instagram.com/p/BmwYXdIHVGu/
#12b	https://www.instagram.com/p/BmS-EoyAjc2/
#13a	https://www.instagram.com/p/BZgmoQsnsjA/
#13b	https://www.instagram.com/p/BKQu1wsjRvq/
#14a	https://www.instagram.com/p/BkdB6xoFb6B/
#14b	https://www.instagram.com/p/Bj1lUfphIoJ/
#14c	https://www.instagram.com/p/Bl5ZA7lgu9S/
#15a	https://www.instagram.com/p/BmSZWOgA8Fb/
#15b	https://www.instagram.com/p/BknxvvKAoLw/
#15c	https://www.instagram.com/p/Bjy96p6H_lI/
#15d	https://www.instagram.com/p/BmpVg1ngFaV/
#16a/b	https://www.youtube.com/watch?v=rX1b2UCWohg
#17	Aufnahme des Autors
#18	https://www.instagram.com/p/BsF8oA9nDCm/
#19	https://www.instagram.com/p/BmpAIaeHTmf/
#20a	https://www.instagram.com/p/BjPpM1Alr_f/
#20b	https://www.instagram.com/p/BjKQFpWF_a8/
#21	https://www.instagram.com/p/BXRDTxUlryn/
#22a–c	https://mashable.com/2017/02/11/mechanism-of-human-facial-expression/?europe=true#uJ.rfTtOWSqt
#23	https://www.instagram.com/p/BhBzZU2l3w2/
#24a	https://www.instagram.com/p/BfV6rUNHNJF/
#24b	https://www.instagram.com/p/BHEolH-F2Lh/

#25	https://www.facebook.com/stiftungmuseumkunstpalast/photos/a/ https://www.facebook.com/stiftungmuseumkunstpalast/photos/a.174901235897938.58349.166260113428717/1641137685940945 /?type=3&theater
#26a	https://artblart.files.wordpress.com/2012/05/4_yves_tanguy-web.jpg
#26b	https://arthistoryproject.com/artists/gustave-courbet/the-desperate-man/
#26c	https://artblart.com/tag/yves-tanguy/© VG Bild-Kunst, Bonn 2019
#27	© Arnulf Rainer, Courtesy Galerie m Bochum https://www.m-bochum.de/presentation/dwnld/37/Susanne%20Regener.pdf
#28a	http://www.perseus.tufts.edu/hopper/image?img=1990.01.1131&redirect=true
#28b	https://www.hamburger-kunsthalle.de/sammlung-online/meister-der-e-serie-der-sogenannten-tarockkarten-des-mantegna-meister-von-ferrara
#28c	http://www.zeno.org/Kunstwerke/B/Dürer,+Albrecht%3A+Tod+des+Orpheus
#29a	https://www.instagram.com/p/dYhKYJNQ82/
#29b	https://www.instagram.com/p/dZYCFmCl-o/
#29c	https://www.instagram.com/p/dcrURcs-9X/
#30	https://d-nb.info/112344711X/34
#31a	https://www.instagram.com/p/Bj24bBDhaJH/
#31b	https://www.instagram.com/p/BtEo_EuHJnf/
#31c	https://www.instagram.com/p/BjkyTpbjo

Alle angegebenen Links wurden am 3. Januar 2019 abgerufen.

Wolfgang Ullrich, geboren 1967, studierte Philosophie, Kunstgeschichte, Logik/Wissenschaftstheorie und Germanistik in München. Von 2006 bis 2015 war er Professor für Kunstwissenschaft und Medientheorie an der Staatlichen Hochschule für Gestaltung Karlsruhe. Seither ist er freiberuflich tätig und lebt als Autor und Kulturwissenschaftler in Leipzig.

Mehr von/über Wolfgang Ullrich unter www.ideenfreiheit.de.

Als Beitrag zu *#JeSuisCharlie* postete die syrische Journalistin Zaina Erhaim dieses Foto vom 8.1.2015 aus dem kriegsversehrten Aleppo auf ihrem Blog.

Kerstin Schankweiler

BILDPROTESTE

Widerstand im Netz

1 | Bildproteste – Eine Einführung

Am 18. Januar 2011 postete die damals 25-jährige ägyptische Aktivistin Asmaa Mahfouz ein einfaches, aber eindringliches Video auf Facebook.[1] Im Selfie-Format aufgenommen, zeigt es die junge Frau, wie sie vor einer weißen Wand frontal in die Kamera, vermutlich eine Webcam, spricht. (#1)

#1 Videostandbild aus »Meet Asmaa Mahfouz and the vlog that helped spark the Revolution«

Sie beginnt mit energischer Bestimmtheit zu berichten, dass vier Ägypter sich aus Protest selbst angezündet hätten, in der Hoffnung, eine ähnliche Bewegung auszulösen, wie sie kurz zuvor in Tunesien nach der Selbstverbrennung des Gemüsehändlers Mohammed Bouazizi begonnen hatte. Heute sei einer dieser vier gestorben, berichtet sie aufgebracht, und sie habe daraufhin gepostet, dass sie auf dem Tahrir-Platz protestieren würde, doch nur drei Leute seien gekommen. »Ich mache dieses Video, um euch eine einfache Nachricht zu übermitteln: Wir wollen am 25. Januar auf den Tahrir-Platz gehen! […] Wir werden unsere Rechte einfordern, unsere grundlegenden Menschenrechte.« Sie fordert dazu auf, die Nachricht zu verbreiten und Nachbarn, Freunde und Familie mitzubringen. »Anstatt uns selbst anzuzünden, lasst uns etwas Positives machen!« Zum Schluss hält sie ein Schild in die Kamera, das bereits für den Protestmarsch vorbereitet zu sein scheint. Darauf steht in arabischer Schrift: »Nein zur Korruption, Nein zu dieser Regierung!«

Es ist sicherlich nicht allein auf Mahfouz' Aufruf zurückzuführen, doch am 25. Januar füllte sich der Tahrir-Platz in Kairo tatsächlich mit Protestierenden, die die Absetzung des damaligen Staatschefs Husni Mubarak forderten. Dies war der Beginn der Ägyptischen Revolution, der heute legendären »18 Tage« bis zum Rücktritt Mubaraks. Das Datum dieses ersten Tages und der Hashtag #Jan25, der um die Welt ging, wurden namensgebend, denn in Ägypten nannte man die Proteste die »Revolution des 25. Januar« – in der westlichen Welt eher bekannt unter dem Namen »Arabischer Frühling«, womit eine ganze Reihe von Aufständen in Nordafrika und dem Nahen Osten, beginnend mit der Revolution in Tunesien 2010, gemeint ist. Der Aktivistin Asmaa Mahfouz wurde im Dezember 2011 der Sacharow-Preis für geistige Freiheit des EU-Parlaments verliehen, ein Preis für die Verteidigung der Meinungsfreiheit und der Menschenrechte.[2]

Es gibt zahlreiche visuell ähnliche Videos im Netz, die im Selfie-Format zum Protest aufrufen. Welch unterschiedliche politische Motivationen und Ziele dahinterstehen können, verdeutlichen zwei weitere Beispiele:

Auf den Seiten von Facebook-Gruppen wie »Wir für Deutschland WfD e. V.« oder »Aufwachen Deutschland«, hinter denen rechte Bündnisse stehen, die sich selbst als »patriotischer Widerstand« bezeichnen, wurde im September 2018 mit Videos zu Demonstrationen in Köthen aufgerufen. In der kleinen Kreisstadt in Sachsen-Anhalt war ein junger herzkranker Mann an einem Infarkt gestorben, nachdem er schlichtend in einen Streit zwischen mehreren Afghanen eingegriffen hatte und ins Gesicht geschlagen worden war. Daran entzündeten sich, wie kurz zuvor in Chemnitz, Demonstrationen gegen die Flüchtlingspolitik der Bundesregierung. »Kai« von »Wir für Deutschland e. V.« postete am 19. September 2018 ein 1:24 Minuten langes Video, in dem er in einem vertraulichen Ton, mit leiser, eindringlicher Stimme seine Sicht auf den Fall darlegt.[3] Das Selfie-Video wurde mit einer Handykamera aufgenommen, erkennbar am ausgestreckten Arm, der die Kamera in typischer Entfernung hält. Der Mann beginnt mit einem Verweis auf seine Arbeitskleidung – er trägt T-Shirt und Blaumann – und auf den »Pausenraum«, in dem er sich befinde, ein etwas heruntergekommener Raum mit einer einfachen Küchenzeile. Er zähle zur arbeitenden Bevölkerung und zahle Steuern, die die Bundesregierung für eine »verfehlte Asylpolitik« herausschleudere, erklärt er mit leicht zusammengekniffenen Augen. Den verstorbenen Mann stellt er als Opfer ebenjener Politik dar und sagt, sichtlich bewegt: »Markus aus Köthen musste seine Zivilcourage mit dem Leben bezahlen.« Er hebt die Hand zum Mund und räuspert sich, um sich wieder zu fangen. Daraufhin stellt er eine Reihe von Forderungen (»Schluss mit diesem Wahnsinn«, »Sicherheit«, »dass sich die Menschen wieder frei, ohne Angst auf den Straßen bewegen können«), bevor er am Ende dazu aufruft, am 29. September um 15 Uhr zur Demonstration auf dem Marktplatz in Köthen zu kommen. Nach zahlreichen bereits stattgefundenen Kundgebungen und Trauermärschen seit Anfang September fanden sich auch am 29. September wieder Menschen auf dem Marktplatz ein. Die Demonstration war von der rechten Partei *Die Republikaner* organisiert worden.

Die liberianisch-amerikanische Moderatorin und Fotografin Shoana Cachelle hatte mit einem emotionalen Video die vielbeachtete Kampagne #IamALiberianNotAVirus gegen die Stigmatisierung von Westafrikaner*innen während der Ebolafieber-Epidemie im Oktober 2014 gestartet.[4] Darin berichtet sie, ihre neun Jahre alte Tochter sei in ihrer amerikanischen

#2   Videostandbild aus »I AM A LIBERIAN, NOT A VIRUS«

Schule von anderen Kindern damit konfrontiert worden, dass sie eine Krankheit habe, weil sie aus Liberia komme. Wie Asmaa Mahfouz hält auch Shoana Cachelle gegen Ende des Videos ein Protestschild mit dem Slogan der Kampagne in die Kamera. (#2) Daraufhin werden eine ganze Reihe von Protestselfies anderer Personen eingeblendet, die ihrem Beispiel bereits gefolgt sind, und es schließt sich der Aufruf »Stoppt die Stigmatisierung!« an.

Zwar scheint auch dieses Video in einem privaten Wohnzimmer aufgenommen zu sein, im Vergleich zu den Aufrufen von Mahfouz und »Kai«, die bereits durch ihre Schlichtheit eine gewisse Authentizität erzeugen, wirkt der Aufruf von Cachelle jedoch professioneller. Das Video ist geschnitten und stärker ediert, mit eingeblendeten Texten und Fotos sowie unterlegter Klaviermusik, die die emotionale Wirkung noch verstärken soll. Die amateurhafte Ästhetik des *self-made* und des Spontanen bei den anderen beiden Beispielen ist hier einem stylischen Look gewichen, der aber weiterhin das Persönliche in den Vordergrund stellt. Denn auch Cachelle beginnt ihre Erzählung mit einem persönlichen Schicksal, einer individuellen Erfahrung, die sie bewegt hat, und leitet davon den strukturellen Missstand ab, gegen den sich die Kampagne richtet.

Bereits jetzt wird deutlich: Was im Folgenden als Bildproteste beschrieben werden wird, ist äußerst plural. Bildproteste werden sowohl von Mehrheiten als auch von Minderheiten angestoßen, von allen politischen Lagern genutzt, mal mit mehr, mal mit weniger Popularität, Aufmerksamkeit und Verbreitung, und mit unterschiedlichen Graden an Professionalisierung. Gemeinsam ist den drei Videobeispielen, dass die

Emotionen der jeweilign Protagonist*innen aufgeführt und mit Fokus auf das Gesicht inszeniert werden, das heißt, man soll ihre Empörung, Wut, Trauer und Enttäuschung beim Anschauen der Clips wahrnehmen. Mehr noch, man soll sich davon anstecken und bewegen lassen und sich dem Protest bestenfalls anschließen – sei es, indem man auf die Straße geht oder im virtuellen Raum an Kampagnen teilnimmt.

Bild und Protest in den Sozialen Medien
Sowohl Bilder als auch Protestbewegungen haben in den Sozialen Medien Konjunktur. Grundsätzlich sind Bilder – damit sind digitale Fotografien und Grafiken ebenso gemeint wie Bewegtbilder – heute für die Kommunikation so zentral wie nie zuvor. Durch die Verbreitung digitaler Bildtechnologien, die wachsende transnationale Vernetzung durch Kommunikationssysteme und die zunehmende Anzahl von Bildern, die rund um den Globus zirkulieren, ist die menschliche Erfahrung insgesamt visueller geworden. Das Bildermachen und das Teilen von Bildern beeinflusst immer stärker, wie vor allem eine jüngere Generation soziales Leben überhaupt denkt. Allein auf Facebook werden jeden Tag circa 350 Millionen Fotos hochgeladen, das sind über 4000 Fotos in der Sekunde.[5] Anbieter wie Instagram und Snapchat setzen ganz auf Bilder und folgen damit einem allgemeinen Trend. Damit soll nicht gesagt sein, dass Sprache und Text keine Rolle mehr spielen, denn im Gegenteil hat man es heute im Internet häufig mit multimedialen Bild-Text-Kombinationen und deshalb mit einem komplexen Zusammenspiel zu tun, das eine Abgrenzung schwierig macht.[6] Die Rede von Bildprotesten bedeutet also keineswegs, Sprache und Text die Relevanz abzusprechen

oder sie nicht zu berücksichtigen – doch die Perspektive dieses Buches ist eine bildwissenschaftliche und der Fokus wird auf dem Visuellen liegen.

Die Sozialen Medien sind zu den wahrscheinlich wichtigsten Kanälen für politischen Protest geworden, denn nicht nur der Alltag und die Kommunikation, sondern auch politisches Handeln hat sich digitalisiert. Die Revolution in Ägypten 2011 etwa wurde als »Facebook-Revolution« dargestellt und der syrische Konflikt als der »erste YouTube-Krieg«[7] bezeichnet. Dies deutet darauf hin, dass den Sozialen Medien heute eine privilegierte Rolle in politischen Konflikten zugeschrieben wird. Diese Rolle drückt sich auch darin aus, dass zahlreiche Bewegungen mit jenen Hashtags bezeichnet werden, die sich im Zusammenhang mit den Protesten online durchgesetzt haben. Das ist zum Beispiel der Fall bei *#BlackLivesMatter*, *#MeToo* und *#NoDAPL* (No Dakota Access Pipeline).

Vor dem Hintergrund der »Allgegenwart digitaler Fotografie«[8] verwundert es nicht, dass das Visuelle auch in diesen Protestbewegungen im Netz dominant ist. Bilder sind für die Koordination, die Mobilisierung und Solidarisierung von großen Personengruppen unerlässlich geworden. Videos wie das von Asmaa Mahfouz, die zum Aufstand und zu Demonstrationen aufrufen, sind eines der vielen Formate von Bildprotesten, wie sie in den Sozialen Netzwerken relevant geworden sind – natürlich nicht ohne Vorläufer, denn auch vor dem Zeitalter der Sozialen Medien wurde zu Revolutionen und Protesten aufgerufen, etwa durch Reden, Flugblätter oder Plakate. Doch heute kann praktisch jede*r eigene politische Botschaften verbreiten und eine große Öffentlichkeit erreichen, man braucht dazu lediglich eine Kamera, einen

Zugang zum Internet und einen Account in einem der Sozialen Netzwerke.

Wir leben in einer Ära des ständigen Beglaubigens und Bezeugens,[9] in der es leicht geworden ist, nicht nur die eigene Meinung kundzutun, sondern auch zu jeder Zeit mit der Handykamera Ereignisse zu dokumentieren und diese zu öffentlichen Zeugnissen mit politischer Relevanz zu machen. Auf das Video von Asmaa Mahfouz folgte eine Welle an Bildzeugnissen aus den Demonstrationen in Kairo und anderen Städten des Landes. Dank Tausender Handykameras konnte die ganze Welt in einem zuvor unbekannten Umfang Anteil an den Geschehnissen in Ägypten nehmen, denn Bilder der Aufstände wurden massenhaft in den Sozialen Medien geteilt.

Was mich im Folgenden vor allem interessiert, sind diese Fotografien und Handyvideos von Bürger*innen, die als Zeugnisse in Umlauf gebracht werden.[10] Die politischen Konflikte der letzten Jahre gingen mit einer immens gestiegenen Zahl von Bildzeugnissen einher. Sie sind im Internet zu einem übergreifenden Genre avanciert und bilden einen zentralen Bestandteil zeitgenössischer Protestkulturen. Die Produzent*innen dieser Bilder wurden Zeug*innen von Demonstrationen, Akten der Unterdrückung, der Gewalt, aber auch des Widerstands und nahmen diese Ereignisse mit ihren Handykameras auf. Sie sind Teil eines Phänomens, das die Medien- und Kommunikationswissenschaftlerin Kari Andén-Papadopoulos als »citizen camera-witnessing« bezeichnet hat, eine Kamera-Zeugenschaft der Bürger*innen.[11]

Der Begriff der Bildproteste betont jedoch nicht nur die zentrale Rolle von Bildern für aktuelle Protestkulturen im Netz. Er will gleichzeitig darauf hinaus, dass es die Bilder selbst sind, die protestieren. Zwar sind es immer noch Menschen, die diese Bilder gemacht und hochgeladen haben, aber man kann nicht von der Hand weisen, dass die Bilder dann eine Art Eigenleben führen. Ohne eine Allmacht der Bilder heraufbeschwören zu wollen,[12] muss man im Zeitalter der Sozialen Medien doch konstatieren, dass sich die Wanderung der Bilder im Netz, ihr appellativer Charakter, die emotionale Wirkung relativ losgelöst von jenen Personen entfalten, die die Bilder einst gepostet haben. Bilder sind insofern mächtig, als sie zu zentralen Knotenpunkten in einem potenziell globalen Netzwerk von Beziehungen werden. Deshalb brauchen wir im digitalen Zeitalter ein neues Verständnis von aktuellen Protestformen als *Bildproteste*.

Ich möchte sogar noch einen Schritt weitergehen: In den Bildprotesten geht es auch um die Bilder selbst, um die Möglichkeit und das Recht, überhaupt Bilder zu machen und diese in Umlauf zu bringen. Denn die Bildproteste sollen etwas sichtbar machen und an die Öffentlichkeit bringen, was zuvor nicht öffentlich sichtbar war. Zugespitzt könnte man formulieren: Wo es keine Bilder gibt, gibt es auch keinen Protest und keine öffentliche Diskussion.

Als im Juni 2009 nach den Präsidentschaftswahlen im Iran während Straßenprotesten in Teheran eine junge Frau erschossen wurde, mutmaßlich von einem Mitglied der iranischen Basij-Miliz, hielten die Kameras mehrerer Mobiltelefone den Tod der Frau fest. (#3) Die entstandenen Videos fanden über Facebook, Twitter und YouTube globale Verbreitung, sie wurden millionenfach angeklickt, geteilt und kommentiert. Durch diese schockierenden Bilder erregte der Fall »Neda« (mit vollem Namen Neda Agha-Soltan) international

Aufsehen. Prominent kommentierte Barack Obama die Aufnahmen im Rahmen einer Pressekonferenz als »heartbreaking«.[13]

#3 Videostandbilder aus »Basij shots to death a young woman June 20th«

#iranelection gilt als erster politischer Hashtag internationaler Solidarität, der massenhaft in Tweets Verwendung fand. »Neda« wurde zur Märtyrerin und zur Protestikone des Widerstands der iranischen Opposition. Dabei war weder klar, auf welcher Seite die Frau eigentlich gestanden hatte, noch ob sie überhaupt an den Protesten teilgenommen hatte oder einfach zufällig am Ort des Geschehens gewesen war. Der Fall »Neda« zeigt exemplarisch, welche Resonanzen Videos dieser Art hervorrufen können und wie sie in manchmal höchst unterschiedlichen und widersprüchlichen emotional grundierten Meinungsbildern gerinnen. Es ist vielsagend, dass wir Nedas Namen kennen, jedoch keinen der anderen der mindestens neun Menschen, die bei diesen Protesten getötet wurden – weil es von ihnen keine vergleichbaren Bilder gibt.

Bildproteste sind also auch *Bildpolitiken*, mit ihnen verbinden sich Strukturen, Prozesse und Strategien des Zu-sehen-Gebens auf dem Feld des Politischen. Wie umkämpft dieses Feld ist, machen diverse Angriffe auf das Sehen, das Bildermachen, das Veröffentlichen von Bildern und auf die Bilder selbst deutlich. Syrische Aktivist*innen berichten zum Beispiel, dass während der syrischen Revolution immer zuerst auf Personen, die Kameras in den Händen hielten, geschossen wurde.[14] Und natürlich werden Protestbilder auch allerorten zensiert. Auf das von dem ägyptischen Medienkollektiv Mosireen aufgebaute Archiv bürgerjournalistischer Videos aus der Revolution 2011[15] kann man von Ägypten aus aktuell nicht zugreifen.

Eine grausame Taktik während gewaltvoller Straßenschlachten in Kairo im November 2011 stellte einen gezielten Angriff auf das Sehen dar: Zahlreiche Demonstrierende wurden durch Heckenschützen verletzt, die mit Gummigeschossen speziell auf die Augen zielten (sogenannte »eye-sniper«). Dies deutete man auch als Angriff auf den Bildaktivismus der Protestbewegung.[16] In der Folge wurde das verbundene Auge ikonisch und etablierte sich als Formel des Widerstands und der Solidarität. Es erschien in zahlreichen Fotos oder Graffitis, sogar an einer berühmten Löwenstatue an der Kasr-El-Nile-Brücke wurde eine Augenbinde angebracht. (# 4–7) Damit war der Angriff auf die Bildproteste der Aktivist*innen in Ägypten gleich wieder bildpolitisch gewendet worden. Die Bildformel des verbundenen Auges wurde ein neuer Bildprotest.

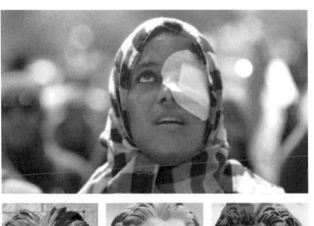

#4 (oben)   Die Aktivistin Zinab al-Saghier, die während der Straßenschlachten ihr linkes Auge verloren hat. **#5–7** (unten, v. l. n. r.): Eine der Löwenstatuen an der Kasr-El-Nile-Brücke in Kairo mit Augenbinde; eine digitale Collage, die im Netz zirkulierte; Graffiti in Kairo

Der Bildaktivismus wird vielerorts von staatlicher Seite bekämpft, weil die vielen Handykameras im öffentlichen Raum eine regelrechte Überwachung des Staates darstellen. Sie dokumentieren den Aufstand gegen das herrschende System ebenso wie Versuche, diesen niederzuschlagen, was oftmals mit Gewalt gegen die Bürger*innen durch Polizei und Militär einhergeht. »Sousveillance« heißt dieses Phänomen, eine Beobachtung und Bewachung der Staatsgewalt »von unten«, als Umkehrung der Überwachung (surveillance). Der Informatiker Steve Mann hat den Begriff geprägt, als Kritik an der Tendenz moderner Staaten, sich zu Überwachungsstaaten zu entwickeln.[17] Der Allgegenwart von Überwachungskameras im öffentlichen Raum steht heute eine Allgegenwart von Handykameras gegenüber.

Clicktivism – Kritik der Bildproteste
Wird mit dem Begriff der Bildproteste nicht sowohl die Rolle von Bildern als auch die von Sozialen Medien in Protestbewegungen überschätzt? Sind der sogenannte Hashtag-Aktivismus und die neuen Formen politischen Widerstands, die sich in die digitale Sphäre verlagert haben, überhaupt wirksam? Der Zweifel daran, dass Online-Aktivismus politische Veränderungen herbeiführen kann, drückt sich in abwertenden Begriffen wie »Clicktivism«, »Slacktivism« oder »Feel Good Activism« aus. Demnach stehe weniger die Unterstützung einer politischen Sache im Vordergrund als vielmehr der eigene Wohlfühlfaktor, denn mit einem bequemen Klick vom heimischen Sofa aus vermittele sich das gute Gefühl, nicht tatenlos zugesehen zu haben.[18]

Daneben tritt die generelle Skepsis gegenüber den Sozialen Netzwerken, denn diese sind ohne Frage stark von Algorithmen, Filtern und Infrastrukturen bestimmt. Hinter manchen Accounts in den Sozialen Medien stecken zudem gar keine Menschen, sondern *social bots*. Das sind Programme, die wie echte Nutzer*innen agieren und automatisiert Botschaften versenden, um Kommunikationsprozesse zu beeinflussen. Wie andere Bereiche medialer Kommunikation ist auch das Internet keineswegs frei von Manipulation. Man darf außerdem nicht vergessen, dass die verschiedenen Dienste und Plattformen ökonomischen Interessen folgen. Facebook ist ein global agierender Konzern, keine gemeinnützige Organisation zur Etablierung demokratischer Partizipation.

Die Rede von der »Facebook-Revolution« oder der »Social-Media-Revolution«, wie sie zum Beispiel im Zusammenhang mit den Aufständen in Ägypten immer wieder bemüht wurde, ist aus guten Gründen kritisiert worden.[19] Vor allem angesichts der massiven Straßenkämpfe und der vielen Menschen, die dabei ihr Leben riskierten oder verloren, greift die Bezeichnung »Facebook-Revolution« sicherlich zu kurz. Bereits am 4. Oktober 2010 hatte der Journalist Malcolm Gladwell in *The New Yorker* einen mittlerweile berühmt gewordenen Artikel publiziert, in dem er erklärte, dass »die Revolution nicht getweetet« werde.[20] Er bezog sich auf Aufstände in Moldawien, die als »Twitter-Revolution« bezeichnet worden waren, und auf die Proteste im Iran 2009, und lehnte seine Formulierung an das berühmte antirassistische Gedicht und den Song von Gil Scott-Heron *The Revolution will not be televised* (1969/70) an. Gladwell vertrat die Meinung, dass Aktivismus auf starken Beziehungen zu Gleichgesinnten beruhe und dass die Verbindungen in den Sozialen Medien überwiegend zu schwach seien, um tatsächlich in einen gemeinsamen und risikoreichen Kampf zu münden.

Wie berechtigt auch immer die Kritik an zu einseitigen Interpretationen heutiger Protestbewegungen sein mag: Es ist nicht mehr von der Hand zu weisen, dass digitale Kommunikation integraler Bestandteil von Protesten ist. Oftmals formieren diese sich in den Sozialen Medien und entfalten dort ihre Dynamik. Dabei können sich auch kleinformatige Arten politischer Teilhabe kollektiv zu größeren Formaten entwickeln.[21] Sie schaffen ein öffentliches Bewusstsein und können Aufmerksamkeit auf gesellschaftliche Probleme und Debatten lenken. Die Frage nach den Auswirkungen von Online-Kampagnen und politischen Hashtags kann letztlich nur für den Einzelfall beantwortet werden, und ihre Resonanzen und Effekte sind äußerst vielfältig. Jenseits der Frage nach der politischen Durchschlagskraft bedeuten Bildproteste aus der bildwissenschaftlichen Perspektive jedoch vor allem das Entstehen einer visuellen Kultur mit spezifischen Bildrepertoires und -ästhetiken, die sich global und transkulturell ausprägen. Dieses Phänomen soll hier näher betrachtet werden.

2 | Praxis und Theorie der Bildproteste

Wenn man heute auf die Straße geht, um zu demonstrieren, zählt das Smartphone zur unverzichtbaren Ausrüstung, das Festhalten der Geschehnisse in Fotos und Videos gehört dazu wie in anderen Lebensbereichen auch. Die entstandenen Bilder werden nur selten lediglich als privates Andenken aufbewahrt, sondern in Sozialen Netzwerken hochgeladen, kommentiert und geteilt.[22] Protestierende auf der ganzen Welt lassen so ihr Netzwerk von ihrem politischen Aktivismus wissen und verbreiten den eigenen Blick auf die Ereignisse quasi hautnah. Häufig geht es dabei auch darum, die offizielle Berichterstattung zu konterkarieren, weil sie regimekritische politische Bewegungen beispielsweise verschweigt, nicht dokumentiert, herunterspielt oder verurteilt. Dies ist insbesondere in repressiven Staaten der Fall. Die Handykamera ist zum vielleicht wichtigsten Protestwerkzeug avanciert.

Bilder von Straßendemonstrationen sind neben den eingangs erwähnten Aufrufen ein weiteres virulentes Genre digitaler Bildproteste. Analoge Proteste werden ins Bild gesetzt und ins Netz eingespeist. Indem die User*innen mit den Bildern Handlungen vollziehen (liken, weiterleiten, kommentieren, aneignen, bearbeiten et cetera), entfalten die Bildproteste ihre Wirkung. Diese Wirkung basiert im Wesentlichen auf der spezifischen Form von Zeugenschaft, die durch digitale Protestbilder vermittelt wird.

Mediale Ereignisse des Bezeugens
Ein Beispiel für ein Bildzeugnis aus einer Demonstration ist ein aufwühlendes Video, das am 25. Januar 2011 in Kairo

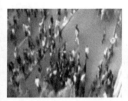  

#8 Videostandbilder aus »Tiananmen-like courage in Cairo: Egypt's 25 Jan protests«

entstanden ist, an genau jenem Tag, für den Asmaa Mahfouz zum Protest aufgerufen hatte. Das Video wurde noch am selben Tag hochgeladen und verbreitete sich viral unter den Titeln »Tiananmen-like courage in Cairo« und »Egyptian Tank Man«. (#8) Das verwackelte und pixelige Handyvideo hält zunächst die sich formierenden Proteste fest, in denen Schwärme von Menschen auf einer Straße hin und her laufen, die auf der einen Seite vom Militär abgeriegelt wird. Es ist aus der erhöhten Perspektive eines Balkons aufgenommen. Am Bildrand erscheinen für einen kurzen Moment Hände, die ein Smartphone auf die Straße unter dem Balkon richten. Dort entwickelt sich eine spektakuläre Szene, als ein Mann sich einem näherkommenden Wasserwerfer entgegenstellt.

Zu Beginn des Videos kommentiert ein Mann auf Arabisch: »Seid vorsichtig, sie werden Gasbomben auf Euch werfen!«[23] Aber im Verlauf des Ereignisses werden die Personen auf dem kleinen Balkon immer aufgeregter, bejubeln und unterstützen den heldenhaften »Tank Man« verbal, feuern ihn an, dass er stehenbleiben soll. Bewegtbild und Audiospur entfalten eine regelrechte Dramaturgie, die sich nicht nur durch das Ereignis selbst ergibt, sondern auch durch die Reaktionen derer, die es vor Ort erleben und dies mit der Kamera bezeugen. Es sind in erster Linie diese spontanen und mitreißenden Reaktionen, die sich mit dem Video vermitteln und über die die Zuschauer*innen vor den Bildschirmen den Eindruck gewinnen, sie seien selbst dabei und würden das Ereignis *unmittelbar* erleben, obwohl dies natürlich nicht der Fall ist.

Bilder wie diese werden zu Bild*ereignissen*, zu medialen Ereignissen des Bezeugens. Denn die Personen auf dem Balkon bezeugen nicht nur die Geschehnisse, sie legen ein Zeugnis ab, das wiederum von anderen, die nicht präsent waren, bezeugt werden kann. Im Modus einer Augenzeugenschaft zweiter Ordnung machen sie die Betrachter*innen beim Anschauen der Bilder und Videos ebenfalls zu Zeug*innen der Ereignisse.[24] Es gibt unzählige Videos wie dieses aus Kairo, die Proteste auf der Straße zeigen und vor Augen führen, welch dramatische Szenen sich dabei abspielen können. Ein Grund für die Identifikation mit den aufgebrachten Zuschauer*innen am Ort des Geschehens ist die Gleichzeitigkeit von Erleben und Bezeugen. Direkter Zeuge eines Vorgangs zu sein und ein Zeugnis darüber abzulegen, das von anderen Personen gesehen oder gehört werden kann, waren vor dem Zeitalter der mobilen Kameras in der Regel zwei getrennte Prozesse, die zeitlich weit auseinanderliegen konnten. Zeugenschaftstheorien, die sich etwa mit den Zeugnissen von Überlebenden des Holocaust auseinandersetzen, betonen diesen Umstand, denn viele »Holocaust Testimonies« entstanden mit großer zeitlicher Verzögerung. Obwohl die Anzahl von Zeug*innenberichten schon in den 1950er-Jahren groß war, begann die systematische Aufzeichnung von Video-Interviews mit Überlebenden des Holocaust erst gegen

Ende der 1970er-Jahre.[25] Dabei wird die »Fragilität des Zeugnisses«[26] vor allem mit dieser Nachträglichkeit begründet, mit der Kluft, die sich zwischen Erfahrung und Sehen auf der einen Seite und Zeugnis-Ablegen und Sprechen auf der anderen Seite auftut. In Zeiten der Sozialen Medien und des Bürgerjournalismus verringert sich diese Distanz jedoch: Die Person, die das Video der Tank-Man-Szene in Kairo aufgenommen hat, hält und bedient die Handykamera unmittelbar im Moment des Erlebens, aufgeregt und affiziert von dem Gesehenen. Es ist der Moment, in dem die Person selbst zum Zeugen wird. Das Videozeugnis bezeugt also das Bezeugen selbst und die damit verbundenen starken Affekte.[27]

Das allein ist noch nicht neu, denn solche Bildzeugnisse gab es auch schon vorher. Der französische Kunsthistoriker Georges Didi-Huberman hat zu vier der wenigen Aufnahmen aus Konzentrationslagern der NS-Zeit, die Häftlinge heimlich aufgenommen haben, um die systematische Ermordung der Juden zu belegen, ein Buch geschrieben.[28] Er betont ihre spezifische Ästhetik und Phänomenologie, »all das, was sie von der Situation des Fotografen festhält. [...] Dieses Bild ist buchstäblich außer Atem: als reine Geste, als bloße ›Aussage‹ [...] ermöglicht es einen Zugang zu den Bedingungen, unter denen der Hölle von Auschwitz vier Fetzen entrissen wurden.«[29] Doch während die Zeugnisse damals einen langen Weg an die Öffentlichkeit zurücklegen mussten, ermöglichen die kommunikativen Strukturen der Sozialen Netzwerke, die Bilder sehr schnell hochzuladen und zu teilen, sodass sie anderen Nutzer*innen nahezu in Echtzeit zur Verfügung stehen. Dies reduziert die Entfernung in Zeit (und Ort) zusätzlich, denn die beschleunigte Rezeption suggeriert eine Gleichzeitigkeit:

Während ich am heimischen Bildschirm sitze oder auf mein Smartphone schaue, ereignen sich diese Dinge und ich kann die Bildzeugnisse hier und jetzt anschauen. Mehr noch, diese Bilder erreichen mich über mein eigenes Netzwerk, weil es Menschen geteilt haben, die meine Freunde oder Bekannte sind oder denen ich aus Interesse folge – ein Netzwerk von (vermeintlich gleichgesinnten) Personen also, mit denen ich mehr oder weniger lose in Verbindung stehe. Wie die ebenfalls mitgelieferten Klickzahlen belegen, sehe ich diese Bilder nicht allein, ich bin *Co-Zeugin* und kann mich dem Ereignis als solche noch näher fühlen. Die geteilten Bilder vermitteln eine geteilte Gegenwart der Gemeinschaft der Augenzeug*innen – jenen vor Ort und jenen an den Bildschirmen. Es ist diese Gleichzeitigkeit und die Vernetzung, die Bande zwischen den Ereignissen, den Zeug*innen und den Bildern knüpfen und eine Affektgemeinschaft konstituieren.

Ikonische Bildformeln
Entscheidend für ein Nachdenken über die Rolle von Bildern in Protesten ist auch das wiederholte Auftreten solcher Szenen. Die Aktion in Kairo erinnert an den ikonischen Tank Man vom Tiananmen-Platz in Peking 1989, auf den sich bereits die Titel der Videos beziehen. Hier hatte sich einen Tag nach der gewaltsamen Niederschlagung eines Volksaufstands auf dem Platz ein einzelner Mann einer Panzerkolonne entgegengestellt. Die Bilder des Vorfalls erlangten internationale Bekanntheit. (#9)

Der chinesische und der ägyptische Tank Man sind nicht die einzigen Beispiele, man findet vergleichbare Motive in zahlreichen Kontexten des Protests. Ein frühes ikonisches Bild

#9 »Tank Man«, 5. Juni 1989, Tiananmen-Platz, Peking

einer solchen Protestaktion stammt aus dem Prager Frühling 1968: Ein Mann stellte sich mit entblößter Brust einem Okkupationspanzer entgegen, der seine Kanone auf den Mann richtete. Bekannt ist auch der palästinensische Junge Faris Odeh, der am 29. Oktober 2000 einem israelischen Panzer im Gaza-Streifen einen Stein entgegenschleuderte und später erschossen wurde. Zwei aktuelle Beispiele kommen aus Johannesburg und Paris. Bei Studierendenprotesten in Südafrika seit 2015, die mit Hashtags wie *#RhodesMustFall* (bezogen auf die Statue des britischen Kolonialisten Cecil Rhodes auf dem Gelände der Universität in Kapstadt) und *#FeesMustFall* die nachwirkenden Folgen des Kolonialismus, den anhaltenden Rassismus nach Ende des Apartheidregimes sowie die ungerechte Ressourcenverteilung anprangerten, war es

#10, 11 »Tank Man« als Bildformel des Widerstands, Johannesburg 2016 und Paris 2018

immer wieder zu Straßenschlachten gekommen. Bei einer dieser Demonstrationen auf dem Campus der Witwatersrand-Universität in Johannesburg hatten sich Studierende auf das Gelände einer Kirche geflüchtet, an dessen Eingang sich ein Priester einem schweren Einsatzfahrzeug der Polizei entgegengestellt hatte. (#10) Am 1. Dezember 2018 im Rahmen der Proteste der sogenannten »Gelbwesten« ist in Paris ein weiteres Beispiel entstanden. Die Straßendemonstrationen und die Auseinandersetzungen mit der französischen Polizei wurden hier von Handys live gestreamt. In einem fast sechsstündigen Video findet sich eine vergleichbare Szene, bei der sich eine Frau vor einem Wasserwerfer der Polizei in Position brachte – diesmal also eine »Tank Woman«.[30] (#11)

Die David-gegen-Goliath-Bildformel, in der sich eine einzelne heldenhafte Person einer Übermacht entgegenstellt, ist äußerst stabil und gehört regelrecht zum Repertoire der Protestkulturen. Es ist charakteristisch für die digitalen Bildkulturen, dass diese ikonischen Bildformeln immer wieder aufgeführt und verkörpert werden und gleichsam zum

#12 Videostandbild aus »1989: Man vs. Chinese tank Tiananmen square«

Reenactment (das heißt so viel wie Wiederaufführung oder Nachstellung) animieren. Dieser *Reenactment*-Effekt scheint sich im Zeitalter der Sozialen Medien potenziert zu haben. Er führt dazu, dass es immer weniger spezifische Einzelbilder sind, die wir wiedererkennen, vielmehr ist uns der Bildtypus selbst als *Formel des Widerstands* vertraut geworden. Die Tank-Man-Formel bezieht sich somit auf ein ganzes Cluster ähnlicher Bilder, die auf das gleiche Motiv rekurrieren, bei denen aber Akteur*innen, Orte oder Situationen wechseln können. In diesem Cluster kann ein Bild stellvertretend für die anderen stehen und diese sogar hervorbringen.

Interessant ist in diesem Zusammenhang, dass später selten die Videos, sondern viel eher die Standbilder erinnert werden. Auch von der berühmten chinesischen Tank-Man-Szene gab es eine Videoaufnahme.[31] Diese ist jedoch heute sicherlich weniger bekannt als die Fotografie, obwohl das Video spektakulär ist. Darin sieht man, wie der erste Panzer versucht, um den Mann herumzufahren, dieser sich jedoch erneut in den Weg stellt. Panzer und Mann veranstalten eine Art kuriosen, aber bedrohlichen Tanz, der einem den Atem stocken lässt. Das Video zeigt außerdem, wie der Widerständige auf den Panzer hinaufklettert und offensichtlich mit dem Panzerfahrer Kontakt aufzunehmen sucht, woraufhin sich tatsächlich eine Luke öffnet und ein Soldat hinausschaut, mit dem sich der Mann, auf dem Panzer kauernd, kurz unterhält. **(#12)**

In das kollektive Gedächtnis hat sich jedoch die Konfrontation »Mann gegen Panzer« eingebrannt, ein einzelnes symbolisches Bild, mit dem die Szene auf den Punkt gebracht wird. Mit dem ägyptischen Tank Man verhält es sich ähnlich. Bereits beim Hochladen setzt die Betitelung des Videos (»Egyptian Tank Man«) einen Fokus auf die besagte Szene: einzelner Mann gegen Panzer. Und es ist das Standbild dieser Szene, das sich durchsetzt und überall auftaucht. Wie auch in dem historischen Beispiel geschieht in dem Video wesentlich mehr als diese Konfrontation, die genau genommen nur einen kurzen Moment andauert, bevor dem Mann recht schnell weitere Personen zur Seite springen. Doch es ist der einzelne anonyme Mann, der zum Helden, ja zur Ikone des Protests *gemacht* wird. Susan Sontag schreibt in *Das Leiden anderer betrachten*: »Nonstop-Bilder (Fernsehen, Video, Kino) prägen unsere Umwelt, aber wo es um das Erinnern geht, hinterlassen Fotografien eine tiefere Wirkung. Das Gedächtnis arbeitet mit Standbildern, und die Grundeinheit bleibt das einzelne Bild.«[32] Ikonisch werden also Standbilder, und wir können mit diesem Video und seiner Verbreitung eine Ikone in ihrer Entstehung verfolgen, die natürlich nicht zuletzt durch die einprägsame Referenz an den Helden von 1989 ihre Dynamik entfaltet. Im Umkehrschluss heißt das aber auch, dass die Zunahme von Bewegtbildern in der digitalen Kommunikation der Ikonenbildung entgegenwirkt, weil eingängige Bildformeln nicht immer leicht zu identifizieren und einzelne Standbilder nicht leicht herauszustellen sind.

Die politische Ambivalenz von Bildprotesten
Die politischen Entwicklungen, die auf die Verbreitung solcher Videos von Demonstrationen folgen können, sind für die Produzent*innen der Bilder oftmals nicht vorherzusehen. Sich anschließende öffentliche Diskussionen können sich sogar gegen sie richten. Das zeigt der Fall eines Videos aus der Demonstration in Chemnitz vom 26. August 2018, zu der rechte und rechtsextreme Gruppen aufgerufen hatten. Das nur 16 Sekunden lange Video provozierte eine mehrere Wochen andauernde kontroverse Debatte in Deutschland und führte zur Entlassung des Präsidenten des Bundesamtes für Verfassungsschutz Hans-Georg Maaßen. Offensichtlich von einer Teilnehmerin der Demonstration aufgenommen (man hört sie sagen: »Hase, du bleibst hier«, vielleicht an ihren Partner gerichtet, damit dieser sich nicht einmischt), zeigt es eine unübersichtliche und bedrohlich wirkende Szene, in der eine Gruppe von Männern zwei andere Männer, die sie für Migranten halten, aggressiv beschimpft, ein Mann läuft einem der beiden hinterher. Rassistische Ausrufe wie »Haut ab«, »Was ist denn, ihr Kanaken?« und »Ihr seid nicht willkommen« sind zu hören. Nachdem die Initiative »Antifa Zeckenbiss« das Video in einer rechten Telegram-Gruppe namens »Bewegwas Deutschland« entdeckt und mit dem

Kommentar »Menschenjagd in #Chemnitz Nazi-Hools sind heute zu allem fähig« verbreitet hatte,[33] wurde die Szene öffentlich als »Hetzjagd« verurteilt, unter anderem von der Bundeskanzlerin Angela Merkel. Andere dagegen hielten das Video für überinterpretiert, denn die kurze Szene lässt die Rekonstruktion der Ereignisse kaum zu. Hans-Georg Maaßen merkte an, das Video könne keine »Hetzjagd« belegen. Später musste er aufgrund seiner Äußerungen in der Folge der Debatte sein Amt abgeben.[34]

Auch jenseits von Demonstrationen werden gewalttätige Übergriffe und Fälle von Menschenrechtsverletzungen durch Handybilder öffentlich. Neben dem »Hetzjagd-Video« aus Chemnitz erlangte ein weiteres Video im Jahr 2018 große Bekanntheit und schlug hohe Wellen in der deutschen Politik: Am 17. April 2018 ereignete sich in Berlin ein Vorfall, der unter der Bezeichnung »Gürtelattacke« als Beispiel von Antisemitismus diskutiert wurde. Ein junger Mann mit Kippa, der jüdischen Kopfbedeckung, war von einem anderen jungen Mann auf Arabisch als »dreckiger Jude« beschimpft und mit einem Gürtel geschlagen worden, als er mit einem Freund durch

#13   Videostandbilder aus »Angriff in Berlin: Kippa tragender Israeli wird mit Gürtel attackiert«

den Stadtteil Prenzlauer Berg ging.[35] Das 47 Sekunden lange Video hat der Angegriffene selbst aufgenommen, denn als der junge Mann mit dem Gürtel auf ihn losging, hielt er sein Mobiltelefon gerade in der Hand. Die Aufnahme setzt in dem Moment ein, in dem der Angreifer mit seinem Gürtel weit und schwungvoll ausholt. (#13) Man hört die noch ruhig vorgebrachte dreimalige Warnung »Ich filme Dich!«, als sei die Aufnahme ein Schutz vor der Gewalt, doch den Angreifer scheint das nicht zu interessieren, er schlägt weiter zu. Dann herrscht Durcheinander, die Kamera wird umhergewirbelt, filmt nach oben und nach unten auf den Bürgersteig, der Ton wird dumpf – Orientierungslosigkeit. Ein weiterer Mann taucht auf und zerrt den Angreifer weg, während eine Frauenstimme auf Englisch schreit, sie würde die Polizei rufen. »Wir werden sehen! Du wirst sehen! Jude oder nicht Jude – Du musst damit klarkommen!«, ruft der Angegriffene dem Angreifer mit ausgestrecktem Zeigefinger hinterher, während er ihn weiter filmt. Dann sieht man sekundenlang lediglich den Boden des Bürgersteigs, bis er die Kamera schwer atmend auf seine Taille richtet. Sein T-Shirt ist hochgezogen und man sieht einen dunklen Striemen, der wohl von den Gürtelschlägen herrührt. Er legt seinen Finger darauf, zeigt uns die Blessur wie einen Beweis dessen, was gerade stattgefunden hat, bevor er an seinen Freund gerichtet sagt, er solle die Polizei rufen.

Die Intensität dieses Videos speist sich vor allem aus der Tatsache, dass die Kamerabilder das Erleben des Angriffs aus der Perspektive des Opfers wiedergeben. Sie resultiert in einer direkten Identifikation und lässt einen beim Anschauen regelrecht zusammenzucken, wenn der Gürtel niedersaust. Die Intensität des Moments, die anfängliche Beherrschung

(»Ich filme Dich!«), die weitere Eskalation des Übergriffs bis hin zum kurzen Innehalten und dem Begutachten der Verletzung, all das vollzieht die Kamera nach, all das ist in die Ästhetik der Bilder eingegangen. Die Bilder entsprechen den chaotischen und aufgeregten Ereignissen visuell – es sind affizierte Bilder, die wiederum die Betrachter*innen des Videos affizieren.

Der Attackierte lud das Video anschließend in der geschlossenen Facebook-Gruppe »Israelis in Berlin« hoch, einer Gruppe also, von deren Solidarität er ausgehen konnte. Dort sah es ein Repräsentant der Jüdischen Gemeinde in Berlin. Dieser nahm Kontakt auf und teilte es später öffentlich, woraufhin es millionenfach auf der ganzen Welt angeklickt wurde. Das Video löste in Deutschland eine Debatte aus und provozierte Kommentare aus dem Ausland, der Vorfall führte auch zu Solidaritätskundgebungen unter dem Motto »Berlin trägt Kippa«, bei der Juden und Nicht-Juden sich Kippa tragend auf der Straße versammelten. Doch die Diskussionen und Dynamiken, die der Fall und das Video in Gang setzten, sind diffus und weisen in viele, teilweise gegensätzliche Richtungen. Die Politikerin Alice Weidel von der Partei *Alternative für Deutschland* (AfD) etwa reagierte ihrerseits mit einem Video, das sie auf Facebook postete.[36] Darin spricht sie von einem »jüdischen Mitbürger«, der von einem »arabischen Jugendlichen« auf offener Straße angegriffen worden sei. Der Fall ist eigentlich wesentlich komplizierter, denn der angegriffene Mann ist kein Jude, er gehört der christlich-arabischen Minderheit in Israel an und trug die Kippa, weil er sie kurz zuvor von einem jüdischen Freund geschenkt bekommen hatte und sich an diesem Tag auf dem Weg zu einem anderen jüdischen Freund befand, den er damit überraschen wollte.[37] Weidel spricht vom »antisemitischen, islamischen Hass«, den man in Deutschland importiert habe, und von »asozialen Marokkanern«. Das entbehrt nicht einer gewissen Ironie, denn der Freund des Opfers, der den Angriff hautnah miterlebte, ist Deutsch-Marokkaner. Er hatte dabei geholfen, das Video zu verbreiten, ohne zu ahnen, dass sich die rechtspopulistische Vereinnahmung des Videos nun gewissermaßen gegen ihn selbst richten würde. Und auch der Angegriffene erfuhr neben Solidaritätsbekundungen Drohungen und Hasskommentare auf Facebook.

Beide Beispiele, das Video aus Chemnitz und das der sogenannten Gürtelattacke, zeigen, dass Bildpolitiken nicht nur von den Produzent*innen der Bilder ausgehen. Auch im Nachhinein wird mit solchen Videos Politik gemacht. Die von ihnen ausgelösten Proteste entwickeln ihre eigenen Dynamiken, die kaum zu kontrollieren sind. Spätestens jetzt dürfte deutlich werden: Bildproteste sind politisch ambivalent. Ebenso ambivalent prägt sich die Emotionalisierung durch die Bilder aus, denn sie können Emotionen wie Angst, Empörung, Wut und Trauer, aber auch euphorische Zustimmung, Lust und Genuss speisen.

Bildzeugnisse als Leak
Womit haben wir es beim Video der sogenannten Gürtelattacke zu tun? Das Video dokumentiert keine Demonstration, sondern einen Vorfall, den lediglich eine kleine Gruppe von Augenzeug*innen vor Ort verfolgt hat und auf den spontan die Handykamera gerichtet wurde. Ganz ähnlich wie andere Beispiele von gewalttätigen Übergriffen und Menschen-

rechtsverletzungen sind es gerade solche Videos, die in aktuellen Protestbewegungen relevant geworden sind. Sie haben den Charakter eines *Leaks*, das heißt, sie bringen etwas an die Öffentlichkeit, was nicht hätte öffentlich werden sollen. Es sind Bilder, deren Entstehung so nicht geplant war. Diese Gruppe von Videos hat ein hohes explosives Potenzial. Die Bilder zeigen häufig Gewalt, was die Betrachtenden in besonderem Maße zu affizieren und zu bewegen vermag. Gerade dieses Potenzial wirkt regelrecht als Katalysator für Proteste. Wenn auch mehr oder weniger zufällig aufgenommen, werden diese Videos oft gezielt in Umlauf gebracht, das heißt die Videograf*innen beschließen, etwas mit den Bildern zu *tun*. Das Filmen und Veröffentlichen wird zum politischen Akt und zum *Bildprotest*.

Solche Videos sind meist nicht von den Betroffenen oder Opfern selbst aufgenommen, das ist eher die Ausnahme. Häufig sind bei solchen Vorfällen zufällig weitere Personen anwesend, die zu Augenzeug*innen werden und ihre Handykameras auf das richten, was sich gerade zuträgt. Eindrückliche Beispiele sind Videos von Polizeigewalt, die zu einem vieldiskutierten eigenen Genre geworden sind und in digitalen Bildkulturen des Protests eine wichtige Rolle spielen.[38]

Die bekanntesten Videos kommen sicherlich aus den USA und sind untrennbar mit der Bewegung *#BlackLivesMatter* verknüpft, die sich an rassistisch motivierter Gewalt gegen schwarze US-Amerikaner*innen entzündet hat. Die *New York Times* führt auf ihren Webseiten eine Liste der Fälle von Polizeiwillkür, von denen viele für die schwarzen Opfer tödlich endeten.[39] Sie dokumentiert nicht weniger als 32 solcher schockierenden Videos (Stand 19. April 2018), die von

Bürger*innen in Umlauf gebracht wurden und Wellen von Protest auslösten. Das Video der Festnahme von Eric Garner am 14. Juli 2014 durch mehrere Polizisten, die den Asthmatiker derart auf den Boden drückten, dass dieser erstickend wiederholte: »I can't breathe«, und an den Folgen starb, ist eines der furchtbarsten Bildzeugnisse, dessen Brutalität und Gewalt man nicht mehr vergisst. Die eindringlichen Worte, die Garner mit dem Tode ringend hervorstieß, ohne dass die Polizisten darauf eingingen, wurden zu einem symbolischen Schlachtruf und vielfach verwendeten Hashtag, der bald für die gesamten Lebensumstände der afro-amerikanischen Bevölkerung in der rassistischen Gesellschaft stand.

Solche Bilder von brutalen Übergriffen oder sogar Tötungen sind – wie Polizeigewalt selbst – ein globales Phänomen, und sie haben als Medienikonen Tradition. Bekannte Beispiele sind die Fotos von Benno Ohnesorg, der am 2. Juni 1967 während Studentenprotesten in West-Berlin von einem Polizisten mit einer Schusswaffe tödlich verletzt wurde, oder das Foto des südafrikanischen Schülers Hector Pieterson, der im Rahmen des Soweto-Aufstands am 16. Juni 1976 erschossen und infolgedessen zur Ikone der schwarzen Bevölkerung Südafrikas in ihrem Kampf gegen das Apartheidregime wurde. Die Aufnahmen stammen in beiden Fällen von professionellen Fotografen: im Fall Benno Ohnesorgs von Pressefotografen verschiedener Zeitungen (Bernard Larsson, Uwe Dannenbaum); den sterbenden Pieterson nahm der Fotograf Sam Nzima auf. Bis zur Omnipräsenz mobiler Kameras findet man Polizeigewalt nur selten von Bürger*innen dokumentiert. Doch heute erregen vor allem Aufnahmen unbeteiligter Beobachter*innen oder aktiv involvierter Aktivist*innen Aufsehen.

#14 Videostandbilder aus: »Horrifying moment Mouhcine Fikri is crushed by a rubbish truck«

Amateurästhetik und Affektzeugenschaft

Den gewaltsamen Tod von Mouhcine Fikri, einem Fischhändler aus Al Hoceïma in Marokko, zeigt ein Video, das im Oktober 2016 im Netz zirkulierte. (#14) Es löste landesweit Proteste aus, die sich zur sogenannten Rif-Bewegung oder *Hirak Chaabi* (Volksbewegung) entwickelten. Was mit Fikri geschah, wurde als Ausdruck der staatlich forcierten Marginalisierung und Unterentwicklung des nordmarokkanischen Rif und als Teil einer langen Geschichte von staatlicher Gewalt und Widerstand gesehen. Denn Fikri wurde Opfer von Polizeigewalt, von »Hogra«, so das maghrebinische Wort für polizeiliche Willkür und die Wut, die die Bürger*innen spüren, wenn sie vom Staat missachtet werden.[40] Nachdem seine Ware von der Polizei konfisziert und in ein Müllauto geworfen wurde, so wird berichtet, sprang Mouhcine Fikri hinterher, um sie zu retten. Als die Müllpresse plötzlich eingeschaltet wurde – es ist nicht klar, warum –, konnten zwei andere Männer, die ebenfalls auf das Müllauto geklettert waren, schnell genug herunterspringen, Fikri jedoch nicht. Er wurde zu Tode gequetscht. Ein Zeuge, der in der lokalen Presse zitiert wurde, berichtete, dass er gehört habe, wie einer der Polizisten die Inbetriebnahme der Müllpresse angewiesen hätte, um die Leute zu vertreiben. Offiziell wurde Fikris Tod als Unfall dargestellt.[41] Mehrere Menschen, die in der Nähe des Müllautos standen, erlebten den brutalen Mord an dem 31-Jährigen mit. Mindestens eine Person filmte die Szene mit einer Handykamera.

Obwohl das Video den Hergang und die herrschende Polizeigewalt belegen soll, sieht man paradoxerweise kaum etwas. Es wurde in den Abendstunden aufgenommen, deshalb ist es recht dunkel und von Lichtreflexen geprägt, die von den Rücklichtern des Müllautos ausgehen. Die Bilder sind unscharf, die Kameraführung extrem verwackelt, der Videograf kommentiert aufgeregt. Er wiederholt mehrfach auf Arabisch: »Schaut, der Arme, schaut, was sie ihm angetan haben, schaut, schaut das an! Sie erlauben ihm nicht, ein Einkommen zu haben.«[42] Es scheint, als fordere er die Betrachter*innen direkt auf, ebenfalls zu Augenzeug*innen zu werden. Als die Müllpresse betätigt wird, geraten die Umstehenden völlig außer sich, man hört ihre panischen Schreie, dann den wiederholten Ausruf »Allahu akbar«. Das heißt so viel wie »Gott ist groß« oder »Gott ist der Größte«, ist aber in diesem Kontext eine Formel, die starke Emotionen, Verzweiflung und Schock ausdrückt (in ähnlicher Weise, wie man im Deutschen vielleicht »Oh mein Gott!« ausrufen würde). Jemand sagt: »Sie haben ihn getötet!«, und am Ende spricht der Filmende die Shahada, »Ich bezeuge, dass es keinen Gott außer Allah gibt«, die stärkste Form des Glaubensbekenntnisses und eine der fünf Säulen des Islam. Es ist Tradition, die Shahada als letzten Satz am Sterbebett zu sprechen.[43] Das Wort »Shahada« heißt übersetzt »bezeugen« oder »Zeugnis ablegen« und ist auch verwandt mit dem Wort »Shaheed«, der Märtyrer, was auch Zeuge oder Blutzeuge bedeutet. Obwohl es hier natürlich eine religiöse Konnotation gibt, ist es keineswegs Zufall, sondern ein zentraler Bestandteil digitaler Bildkulturen, dass explizit zur Zeugenschaft aufgerufen wird.

Was sich jedoch vermittelt, ist weniger der Hergang der Ereignisse als vielmehr die Affizierung der Personen, ihre intensive Bewegtheit, die nicht zuletzt über die Audiospur deutlich wird. Beim Betrachten übertragen sich große Aufregung und Anspannung. Wie auch im Video »Egyptian Tank Man« und dem der »Gürtelattacke« vollziehen die Betrachter*innen geradezu den Akt der Zeugenschaft desjenigen nach, der die verstörende Szene beobachtet hat und die Handykamera hält.

Den bisher besprochenen Videos ist dabei eine spezifische Ästhetik gemein. Sie sind verwackelt, unscharf und höchst uneindeutig und eignen sich oft wenig, die Ereignisse zu rekonstruieren – auch wenn dies immer wieder versucht wird. Die Frage nach der Authentizität und Glaubwürdigkeit dieser Bilder ist deshalb vor allem mit ihrer emotionalen Wirkung verknüpft. Denn die Bilder, ihre Produzent*innen und ihre Adressat*innen stehen in einem Verhältnis zueinander, das vor allem durch wechselseitiges Affizieren geprägt ist.

Dabei spielt eine Rolle, dass nicht Fotojournalist*innen diese Bilder produzieren wie noch beim Tank Man von 1989 oder den erwähnten Fotos von Benno Ohnesorg und Hector Pieterson, denn mit ihnen verbindet man eine gewisse

Distanziertheit und neutrale Professionalität, die sich ästhetisch in scharfen und wohlkomponierten Aufnahmen ausdrückt. Es ist gerade die Involviertheit der Fotograf*innen, die als engagierte Bürger*innen, Aktivist*innen oder als Betroffene und plötzliche Zeug*innen am Ort des Geschehens sind, die ihre Bilder mit einem starken Realitätseffekt, mit Glaubwürdigkeit und einem hohen Affizierungspotenzial ausstatten. Sie vermitteln mit ihren Bildern die subjektiven Eindrücke, ihre eigene Erregung und ihre Emotionen – eine Dimension, die weder von den Ereignissen noch von den Bildern und deren Ästhetik getrennt werden kann. Solche Vorstellungen und Unterscheidungen lassen sich leicht und grundsätzlich hinterfragen. Denn auch Fotojournalist*innen bleiben nicht unberührt, wenn sie in Krisengebieten arbeiten oder Zeug*innen von Gewalt und Menschenrechtsverletzungen werden. Umgekehrt professionalisieren sich Amateure, sodass die Qualität ihrer Aufnahmen von jener von Profibildern nicht mehr zu unterscheiden sein dürfte. Andererseits posten auch Fotojournalist*innen ihre Bilder in den Sozialen Medien, und oft genug ist es unmöglich, zurückzuverfolgen, wer virale Bilder gemacht und hochgeladen hat. Der »Amateur«, der im Diskurs um neue Bildpraktiken in den Sozialen Netzwerken relevant geworden ist, ist also nicht wörtlich zu verstehen. Er ist eine zentrale ästhetische Figur oder Konstellation digitaler Bildproteste, mit der eine Ästhetik der Erregung verbunden ist.

Selfie-Proteste
Selfie-Proteste sind eine Form von Demonstrationen, die sich von der Straße gänzlich ins Internet verlagert haben, eine

Post-Internet-Protestkultur.[44] Dabei wird die Protestkultur der Straße beispielsweise im eigenen Wohnzimmer nachgeahmt und der private Raum über die Sozialen Medien kurzum zum öffentlichen Raum erklärt. Die Protestierenden kommen nicht mehr analog an einem Ort und zu einer bestimmten Zeit zusammen, sie posten ihre digitalen Porträts und Slogans, die als Bilder-Netzwerk eine virtuelle Demonstration begründen. Häufig haben die Bewegungen eigene Social-Media-Seiten, auf denen die Bilder versammelt und als koordinierte Kampagne sichtbar werden. Viele Selfie-Proteste entwickeln dabei eine enorme Reichweite und werden zur transnationalen Protestbewegung, auch wenn es meist um regionale und nationale Missstände und Konflikte geht. In Zeiten der Migration können solche Protestformen insbesondere auch Menschen in der Diaspora integrieren, die Entwicklungen in ihren Heimatländern, denen sie sich verbunden fühlen, aus der Ferne mitverfolgen und sich in gesellschaftliche Diskussionen einbringen möchten. Ein Vorteil dieses Protestformats ist also eine gewisse Unabhängigkeit von Ort und Zeit, auch wenn viele Kampagnen nur zeitlich begrenzt Aktivitäten entfalten oder sich auf bestimmte Regionen konzentrieren. Es fällt zudem auf, dass Selfie-Proteste besonders in Ländern Konjunktur haben, in denen Demonstrieren im Stadtraum verboten ist und staatliche Repression oder Diktatur herrscht. Gerade nach politischen Umbruchphasen, wie in Ägypten ab 2013 oder in der Türkei ab 2015 nach der sogenannten Gezi-Bewegung, bieten onlinebasierte Protestformen die Möglichkeit, dissidente Aktionen und Praktiken fortzusetzen.

In der Regel sind diese Bilder als Selfies[45] aufgenommen, manchmal auch als Gruppenporträts oder delegierte Porträts, die man von anderen fotografieren lässt, um sie dann in der eigenen digitalen Kommunikation einzusetzen. Sie inszenieren die Protestierenden zentral und versehen sie mit einer meist handgeschriebenen Nachricht. Die Selfie-Kampagnen beziehen sich damit, ähnlich den Aufrufen zum Protest, auf herkömmliche Praktiken des öffentlichen Demonstrierens. Die Schilder, die die Porträtierten auf den Selfies in den Händen halten, greifen häufig den Hashtag auf, der für den Protest vergeben wurde und die Botschaft bereits auf den Punkt bringt. Selfie-Proteste sind als Graswurzelbewegungen konzipiert, denen sich (zumindest theoretisch) jeder anschließen kann. Wer mitmachen möchte, bekundet seine oder ihre Solidarität und Fürsprache durch ein Selfie. Die Kampagnen sind in Bezug auf ihren Inhalt, ihre Protestsymbole, ihre Verbreitung, die Anzahl ihrer Teilnehmer*innen oder die Dauer ihrer Aktivität sehr unterschiedlich. Aber alle richten sich gegen gesellschaftliche Verhältnisse oder Ereignisse, die als problematisch angesehen werden. Mittlerweile ist das Genre global verbreitet, die Anzahl der Aktionen nicht mehr überschaubar.

Graswurzel-Ästhetik
Eine Kampagne von 2011 mit dem Hashtag *#WeAreThe99%* gilt als erster Selfie-Protest. (#15–17) Er war Teil der *Occupy*-Bewegung, die in Kanada und den USA startete und an vielen Orten der Welt aufgegriffen wurde. *Occupy* richtete sich infolge der Finanzkrise vor allem gegen die Finanzwelt, war aber auch maßgeblich vom Arabischen Frühling und einem allgemeinen Demokratie- und Gerechtigkeitsstreben inspiriert und kritisierte die ungerechte Verteilung von Vermögen.

 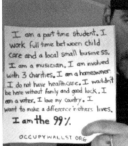 

#15–17 Fotos der Kampagne #WeAreThe99%

Die Teilnehmenden von #WeAreThe99% hielten Zettel oder Schilder mit sehr persönlichen Nachrichten in die Kamera, mit denen sie auf ihre prekären Lebenssituationen hinwiesen. Es liegt auf der Hand, dass besonders solche Protestbewegungen große Öffentlichkeiten in bestimmten Regionen der Welt erreichen, die an dominante gesellschaftliche Diskurse, Topoi, Stereotype und Emotionen anschließen. Ein weiteres Beispiel ist die Kampagne #BringBackOurGirls, sicherlich einer der weltweit öffentlichkeitswirksamsten Selfie-Proteste, nicht zuletzt dank der vielen Prominenten, die sich daran beteiligten. #BringBackOurGirls bezieht sich auf die Entführung von 273 Schulmädchen durch die Terrorgruppe Boko Haram in Nigeria im April 2014. Ausgegangen war der Protest von den Müttern der Entführten sowie weiteren Demonstrant*innen in Nigeria, die von der Regierung forderten, »unsere Mädchen« zurückzubringen. Von dem Anwalt Ibrahim Musa Abdullahi auf Twitter in einen politischen Hashtag verwandelt, wurde dieser als Kollektivierungsformel genutzt. #BringBackOurGirls

#18 Mit diesem Selfie beteiligte sich Michelle Obama an der Kampagne *#BringBackOurGirls*

zählte innerhalb von drei Wochen 3,3 Millionen Tweets auf Twitter. Als bekanntestes Bild gilt mit 57.000 Retweets das Protestselfie von Michelle Obama, der damaligen First Lady der Vereinigten Staaten.[46] (#18) Die globale Kampagne war außer in Nigeria sicherlich deshalb in den USA und Großbritannien so erfolgreich, weil nicht nur das Thema Frauenrechte (ein vermeintlich westlicher Wert) und Konzepte von Mutterschaft mit verhandelt wurden, sondern dieser Protest gegen Boko Haram auch eine Logik des »War on Terror« sowie diffuse Ängste in der Gesellschaft nährte.

Online-Kampagnen wie diese werden vielfältig angeeignet und instrumentalisiert, wie das auch sonst bei öffentlichen Bildern der Fall ist. Und schon längst imitieren politische Kampagnen oder kommerzielle Produktwerbung die Funktionsweisen und die Ästhetik solcher sozialen Bewegungen im Netz – ein Phänomen und eine Strategie, die man Astroturfing nennt, was so viel heißt wie künstliche Graswurzelbewegung (abgeleitet von AstroTurf, einer Marke für Kunstrasen).

Für die Aura der Authentizität, die die Selfies ebenso umgibt wie die bereits besprochenen Videos, ist wiederum ihre Ästhetik relevant.[47] Auch hier dominiert der Charakter des *self-made*. Dieser drückt sich in ungewöhnlichen, schrägen Perspektiven, Rahmungen oder Unschärfen aus, die einer Ästhetik des Imperfekten und Spontanen unterliegen, auch wenn Selfies oftmals sehr wohl komponiert und inszeniert sind. Die amateurhafte Ästhetik hat also weniger mit mangelnder fotografischer Expertise zu tun, sondern ist vielmehr gewollter Ausdruck des Provisorischen und Situativen. Zu dieser Ästhetik passt, dass die Schilder in den Selfie-Protesten meistens handgeschrieben sind. Diese Ästhetik macht mit dem Selfie auch den Protest selbst glaubwürdiger und vermeintlich authentischer.

Nicht immer werden in Selfie-Protesten Schilder verwendet, obwohl das die klassische Form ist, die sie sofort als Bildproteste erkennbar macht. Manche Kampagnen arbeiten weniger explizit, zum Beispiel mit einem symbolträchtigen Objekt oder einer Geste mit hohem Wiedererkennungswert. Dies ist vor allem in repressiven Staaten der Fall, in denen man sich durch die Beteiligung an Protestkampagnen einer Gefahr aussetzt. Gerade hier werden Strategien der Anonymisierung eingesetzt oder die Selfie-Proteste bewusst ambivalent gehalten.

Die chinesische Kampagne *#FreeCGC* (Free Chen Guangcheng) etwa setzte auf ein unverfängliches Protestsymbol: eine Sonnenbrille. **(#19)** Die Aktion entstand 2011, um die frühere Verhaftung im Jahr 2006 und den auf die Freilassung

#19 Screenshot des Blogs, auf dem die Selfies der Kampagne dark glasses. portrait bzw. *#FreeCGC* gesammelt wurden

folgenden Hausarrest des chinesischen Menschenrechtsaktivisten und bekannten Dissidenten Chen Guangcheng anzuprangern. Sein Markenzeichen ist eine Sonnenbrille, die er wegen einer Erblindung in seiner Kindheit in der Öffentlichkeit trägt. Der anonyme Comic-Künstler Crazy Crab regte in den Sozialen Medien an, dieses Erkennungsmerkmal zu übernehmen, und brachte hunderte User*innen dazu, Selfies mit dunklen Brillen zu posten, die er dann auf der Webseite *dark glasses portrait* sammelte.[48] Diese Fotos können sowohl als widerständige Aktion wie auch als harmlose Urlaubsschnappschüsse interpretiert werden. Erst das konzertierte Handeln, die Tatsache, dass plötzlich viele Menschen zur gleichen Zeit Sonnenbrillen-Selfies posten und dass diese Bilder zusammengestellt und entsprechend getaggt werden, macht sie überhaupt als Protest sichtbar.[49]

Der Körper als Protestbild
Obwohl ein Selfie-Protest in der Regel eine kollektive digitale Form des Demonstrierens ist, bei der sich eine Protestgemeinschaft konstituieren soll, gibt es auch Einzelaktionen, die Bilder auf ähnliche Weise nutzen. Ein faszinierendes Beispiel ist das Foto eines jungen Mannes im Berliner Pergamonmuseum. (#20) Er hatte sich im November 2013 während eines Besuchs im Museum vor dem berühmten Ischtartor in Position gebracht

#20   Protestselfie »This Belongs To IRAQ«

und hielt ein Schild in die Kamera, auf dem »This Belongs To IRAQ« stand. Seine kniende Haltung und die Perspektive der Kamera unterstreichen den monumentalen Charakter des Tors, das den Hintergrund dominiert. Dadurch ist sofort klar, worauf sich sein Statement auf dem Schild bezieht. Er schaut dabei mit ernstem Gesichtsausdruck frontal in die Kamera, scheint die Betrachter*innen regelrecht zu fixieren, während die anderen Museumsbesucher*innen, die im Raum umherwandern, keine Notiz von der Aktion nehmen und nicht in Richtung der Kamera schauen. Dadurch entsteht eine sehr direkte Ansprache, als hätte die Guerilla-Aktion nur für die späteren Betrachter*innen des Fotos stattgefunden und wäre vor Ort unbemerkt geblieben. Was wir auf dem Bild nicht sehen, was mir der Protestierende jedoch erzählt hat, als ich ihn im Februar 2017 im Rahmen meiner Recherche in London traf: Hinter der Kamera, die ein Freund des jungen Mannes bediente, hatte sich recht schnell eine kleine Menschentraube gebildet, die von der Aktion sehr wohl Notiz nahm und interessiert zuschaute. Weil dies jedoch auf dem Bild nicht zu sehen ist, vermittelt die Fotografie eine fast intime Atmosphäre, obwohl sie an einem öffentlichen Ort aufgenommen wurde.

Das Protestselfie ging augenblicklich viral, obwohl der Student es zunächst gar nicht direkt in den Feed gepostet, sondern auf Facebook als Profilbild verwendet hatte. Es wurde kontrovers diskutiert und kommentiert, der junge Mann war selbst überrascht von dem Wirbel, den das Bild auslöste.

In unserem Gespräch ging es auch um die Beweggründe für die Protestaktion. Der Sohn irakischer Eltern hatte das Protestselfie schon länger geplant, weil er der Meinung ist, dass das Original des Ischtartors im Irak stehen sollte, nicht in Berlin. Das Ischtartor gehörte zu den Stadtmauern der antiken Stadt Babylon, die im heutigen Irak lag. Die Mauern wurden als eines der sieben Weltwunder der Antike berühmt. Das Tor sowie weitere Teile der Anlage grub man um 1900 aus und brachte sie dann sukzessive nach Berlin, wo sie rekonstruiert und 1930 erstmals öffentlich ausgestellt wurden. Im Irak steht heute lediglich eine Replik, die ein touristisches Ziel ist. Der junge Mann erläuterte, dass das Bauwerk mit keiner spezifischen Volksgruppe verknüpft sei (»Babylonier« gäbe es heute nicht mehr), und aus diesem Grund sei es als Symbol der Einheit des Iraks von großer Bedeutung. Sein Protest schließt an Debatten über die Restitution von Raubkunst in europäischen Museen an und gewann nach der

Zerstörung von Kulturgütern im Irak durch den sogenannten »Islamischen Staat« erneut an Aktualität. Deshalb ging es im Jahr 2015 zum zweiten Mal viral, als die Kontroverse um die »Sicherheit« von Kunstobjekten und Kulturgütern in außereuropäischen Ländern von Neuem entbrannte. Obwohl die Einzelaktion des jungen Mannes nicht massenhaft nachgeahmt wurde, ist ihr Bezug zur Praxis und Ästhetik der Selfie-Proteste deutlich. Sein Akt des Widerstands zeigt einmal mehr, dass das Selfie, das Bild des eigenen Körpers, heute als Protestwerkzeug Relevanz besitzt.

Es erscheint zunächst paradox, dass ausgerechnet das Format des Selfies, dem der Vorwurf des Narzissmus und der übertriebenen Selbstdarstellung anhaftet,[50] in politischen Kontexten bevorzugt verwendet wird. Doch gerade der situative und relationale Aspekt von Selfies, die stets die Beziehung des Dargestellten zu einer bestimmten Situation zeigen und einer Statusmeldung gleichen, lässt sich auf die Proteste übertragen und lassen sie als digitale Netzwerk-Protestform geeignet erscheinen. Denn hier geht es um das eigene Verhältnis zu bestimmten Geschehnissen, das man mit der Aktion herstellen, ausdrücken und kommunizieren möchte. Dabei wird das Bild der eigenen Person zum Vermittler für die Inhalte des Protests. Doch vor allem soll das Selfie andere bewegen, so wie man auch selbst affiziert wurde. Das Genre des Selfies verschiebt sich also im Kontext von Protesten zu einer bezeugenden Geste des eigenen Erregtseins. Anders ausgedrückt: Die Affizierung des (zum Bild gewordenen) Körpers wird zur Botschaft und soll sich übertragen.

Protest-Memes
Die Form der Nachahmung, auf der Selfie-Proteste beruhen, rückt sie in die Nähe von Memes, die in digitalen Protestkulturen ebenfalls an Bedeutung gewinnen. Als Meme bezeichnet man eine Bildidee, die sich in den Sozialen Medien verbreitet und auf Nachahmungen in Form von Parodien oder Remixen basiert. Die Meme-Kultur, so Limor Shifman, ist ein neuer »Schauplatz der Bottom-up-Ausdrucksformen [, die] Popkultur, Politik und Partizipation auf unerwartete Weise miteinander«[51] verschmelzen. Vor allem ikonische Bilder werden zu Internetphänomenen, denn es geht beim Meme gerade auch darum, die Bezüge zu erkennen. Beliebt sind deshalb etwa Mona-Lisa-Memes, Charaktere der Zeichentrickserie *Die Simpsons*, Fotos und Filmstills von Hollywoodstars und so weiter. Ohne Übertreibung lässt sich behaupten, dass heute

#21–26   Beispiele für Tank-Man-Memes

alle populären Bilder in den Sozialen Medien ein Nachleben als Meme haben. Das gilt auch für Bilder aus politischen Kontexten, die permanent durch Memes kommentiert werden. Memes sind aufgrund ihrer Funktionsweise und Ästhetik besonders geeignet, als Protestplakate von heute zu fungieren.

Es verwundert nicht, dass auch berühmte Protestikonen angeeignet und weiterverarbeitet werden. Als Beispiel kann hier wieder das Bild des Tank Man dienen. Es hat eine unüberschaubare Menge an Überarbeitungen, Parodien und Kommentierungen erfahren. (#21–26) Die Panzer wurden zum Beispiel durch den Kopf von Mao Tse-tung (auch eine berühmte Ikone) ersetzt, die Szene wurde in Lego nachgebaut oder als Konfrontation einer Kuh mit drei Baggern reinszeniert. Wenngleich viele solcher Beispiele humorvoll, leichtfüßig und eher harmlos daherkommen und manche sicherlich als geschmacklose Verunglimpfungen gelesen werden

#27, 28 Tank-Man-Memes mit gelben Gummienten

können, sind sie doch auch als Teil digitaler Bildkulturen des Protests zu verstehen. Das Foto des Tank Man ist nämlich in China verboten, und so sind die kreativen Memes oftmals der Versuch, das Gedenken an die Proteste von 1989 trotz der strengen Zensur im Netz wachzuhalten.

Ein besonders interessantes Beispiel in diesem Zusammenhang ist ein Meme, in dem die Panzer durch gelbe Gummienten ersetzt wurden. (#27, 28) Mit diesem Meme gelang es 2013, am 24. Jahrestag des Massakers am Tiananmen-Platz, auf Sina Weibo, dem chinesischen Twitter, die Zensur in China temporär zu umgehen. Die gelben Gummienten beziehen sich dabei auf eine bekannte und beliebte Kunstinstallation des niederländischen Künstlers Florentijn Hofman (#29), die sogenannte *Rubber Duck*, die neben vielen anderen Städten auch im Victoria Harbour von Hongkong ihren Auftritt hatte.

#29 Florentijn Hofman: Rubber Duck, 2007–2014, hier im Victoria Harbour in Hongkong, Mai 2013

#30, 31 Badiucao: Performance »One TankMan«, 4. Juni 2016 in Adelaide, Australien, und Handbuch für *#TankMan2018*

Als sich auf Sina Weibo der Hashtag *#bigyellowduck* verbreitete, machte sich das Tank-Man-Meme dies geschickt zunutze. Zum Jahrestag der Proteste auf dem Tiananmen-Platz wurde daraufhin neben Suchbegriffen wie »1989« oder »4. Juni« auch »big yellow duck« von der Regierung blockiert.[52]

Ein anderes Tank-Man-Meme aus dem Jahr 2018 geht auf den chinesischen Künstler, Karikaturisten und politischen Aktivisten Badiucao zurück. Es funktioniert sehr ähnlich wie die Selfie-Proteste, denn es ist ein Reenactment der Tank-Man-Szene. Menschen auf der ganzen Welt posteten Fotos, auf denen sie, wie der historische Tank Man, schwarze Hose und weißes Hemd sowie zwei Einkaufstüten trugen. Badiucao hatte das Reenactment 2016 in Australien als eine Kunstperformance bereits selbst vollzogen **(#30)** und zwei Jahre später samt einer Anleitung und eines Designs für die Tüten dazu aufgerufen, es ihm anlässlich des neuerlichen Jahrestags des Massakers auf dem Tiananmen-Platz gleichzutun. **(#31–34)**

#32–34 Fotos, die mit dem Hashtag *#TankMan2018* gepostet wurden

Die Aktion beruht darauf, dass die Bildformel des historischen Tank Man so bekannt ist, dass man sie leicht wiedererkennt. Gleichzeitig ist, ähnlich wie bei den Sonnenbrillen-Selfies, ein Foto mit zwei Einkaufstaschen relativ unverfänglich und dadurch subversiv. Die Hybridität dieses letzten Beispiels verdeutlicht zudem, wie fließend die Grenzen zwischen Protest- und Kunstaktionen sind, aber auch zwischen verschiedenen Genres von Bildprotesten, die letztlich alle auf das »Meme-Werden« digitaler Bilder hinauslaufen, die sich zuallererst durch ihr Verhältnis zueinander auszeichnen – eine Entwicklung, die ich in Anlehnung an den englischen Begriff der *datafication* (alles wird zu Datenmaterial) als *memefication* bezeichne. Denn digitale Bilder zeichnen sich heute zuallererst durch ihr Verhältnis zueinander, durch ihre Referenzialität[53] aus und sind stets Teil von Bildphänomenen und Bildnetzwerken.

3 | Bilderschwärme

Mit Bildern, das haben die Beispiele gezeigt, lassen sich Protestbotschaften besonders prägnant und emotional formulieren und Geschehnisse scheinbar hautnah vermitteln. Bilder, die in den Sozialen Medien rasch verbreitet werden, können einer politischen Bewegung ungeahnte Dynamik verleihen oder Protest überhaupt erst provozieren. Die hier besprochenen Bilder und Bildtypen erfüllen dabei ganz unterschiedliche Funktionen des Protestierens. Sie können eingesetzt werden, um eine öffentliche Diskussion über wahrgenommene Missstände anzuregen, Widerstand zu artikulieren oder Solidarität zu bekunden, Menschen zum Mitmachen in sozialen Bewegungen zu mobilisieren oder um ganz konkret zum Protest aufzurufen, um stattfindende Demonstrationen und Protestaktionen zu dokumentieren oder skandalöse Geschehnisse an die Öffentlichkeit zu bringen, die sonst vielleicht verborgen geblieben wären. Dabei kann die Kamera strategisch zum Protestwerkzeug werden, sie kann aber mitunter auch spontan zum Einsatz kommen. Bei erlebtem oder gesehenem Unrecht ist sie schnell zur Hand und auf entsprechende Szenen gerichtet. Doch auch spontane Bilder scheinen nicht minder strategisch, sie sind immer schon darauf ausgerichtet, sie später zu teilen. Dass die Filmenden dafür ein Bewusstsein haben, machen Gesten, wie das demonstrative Zeigen des Fingers im Beispiel der »Gürtelattacke«, ebenso deutlich wie die direkte Ansprache an potenzielle Betrachter*innen, wie im Video des Falles Fikri.

Die hier unter dem Begriff der Bildproteste versammelten Beispiele sollten ein Gefühl für die Diversität der Themen, die

Menschen zu Bildprotesten motivieren, für die globale Dimension und die Bandbreite an Formaten vermitteln, ohne einen Anspruch auf Vollständigkeit zu erheben. Viele Genres der Bildproteste kamen nicht zur Sprache, wie etwa Videos von Selbstmordattentäter*innen[54] oder Luftbildfotografie in Krisengebieten,[55] um nur zwei weitere Beispiele von Bildzeugnissen zu nennen. Mein Schwerpunkt auf Protest mittels Bildzeugenschaft stellt die Bedeutung dieses transversalen Genres in aktuellen Protestkulturen im Netz heraus. Bildzeugnisse erfüllen die oben genannten Funktionen besonders wirksam. Auch die Selfie-Proteste würde ich noch als Bildzeugnisse oder *Testimonies* beschreiben, stehen die Teilnehmer*innen doch für ihre Überzeugung – auch hierin steckt das Wort Zeuge – ein und bezeugen ihre eigene Bewegtheit. Doch die Selfie-Proteste markieren zugleich den Übergang zum Protest mittels Kampagnen, zu gemeinschaftlichen Aktionen also, die bereits einer politischen Bewegung angehören. Bildproteste beschreiben genau dieses Spektrum und können die Prozesshaftigkeit von Protest anschaulich machen: Der Protest hat sich entweder noch nicht artikuliert, formiert sich jedoch mit Hilfe der Bilder, oder er ist bereits zu einer Bewegung angewachsen, die Bilder für ihre Ziele einsetzt. Anders formuliert: Bilder und Proteste bringen sich wechselseitig hervor.

Protestkulturen im digitalen Zeitalter
Obwohl Bildproteste hier als Phänomen digitaler Bildkulturen dargestellt wurden, beschränken sich Protestbewegungen selten auf das Internet. Vielmehr kombinieren sie ein ganzes Set an »alten« und »neuen« Formaten und Praktiken, um Menschen zu mobilisieren und gesellschaftlichen Wan-

del herbeizuführen. Soziale Bewegungen haben sich stets für ihre Anliegen die technischen Möglichkeiten und Medien der Kommunikation ihrer jeweiligen Zeit zunutze gemacht. Man denke etwa an die große Anzahl politischer Radiosender im Italien der 1970er-Jahre. Sie organisierten partizipative Sendungen, die man als Vorläufer der Sozialen Medien bezeichnen könnte, und riefen auch zu Protesten auf.[56] Gleichzeitig bedeutete die Nutzung neuer Medientechnologien nie, dass deshalb »ältere« Protestformate über den Haufen geworfen wurden. Poster, Flugblätter & Co. existierten und existieren weiter. So folgten auch auf den Online-Aufruf von Asmaa Mahfouz nicht nur analoge Straßendemonstrationen, sie zeigt im Video auch ein Protestplakat, das eine Verbindung zu konventionellen Kundgebungen herstellt. Online-Formate rekurrieren häufig auf gängige Praktiken des öffentlichen Demonstrierens auf der Straße, wie eben das Emporhalten von selbstgestalteten Protestschildern. Genauso finden auch neue technische Bedingungen und Webformate Eingang in traditionelle Straßendemonstrationen. Erfolgreiche Protestkampagnen bestehen aus geschickten Verknüpfungen zwischen dem »analogen« öffentlichen Raum und den Räumen des Internets, die vielfältig ineinandergreifen. Digitale und analoge Formen des Protests stehen also nicht nebeneinander, sie durchdringen einander. Vor diesem Hintergrund ist es kaum noch sinnvoll, von Hashtag-Aktivismus zu sprechen, vielmehr geht es um Protestkulturen im digitalen Zeitalter.

Wie sehr sich in Zeiten der Sozialen Medien die Logik von Straßenprotesten verändert hat, verdeutlicht exemplarisch eine Fotografie, die 2011 auf dem Tahrir-Platz entstanden ist. (#35) Sie zeigt eine Menge von Demonstrierenden, die

#35 Demonstrierende auf dem Tahrir-Platz in Kairo, 2011

zahllose Mobiltelefone und Videokameras in die Höhe recken, um die Ereignisse aufzunehmen. Während der Aufstände in Ägypten 2011 wurde die neue Allgegenwart der Kameras in Straßenprotesten erstmals in vollem Umfang evident. Sie begründete eine neue Form des Bildaktivismus, der die Aufmerksamkeit, die Wahrnehmung und die Handlungen der Menschen lenkt und prägt. Die schiere Menge von Bildzeugnissen von den Aufständen in Ägypten macht überdeutlich, wie wichtig es heute geworden ist, Proteste ins Bild zu setzen, Proteste mit Bildern fortzuführen und Bilder protestieren zu lassen. Doch es ist nicht nur die vielbeschworene »Bilderflut« – im Übrigen ein Topos, der für Bildkulturen seit dem

19. Jahrhundert bemüht wird[57] –, die unsere visuelle Kultur heute ausmacht und damit auch Protestkulturen prägt, es ist ihre Organisation, ihre Ästhetik und die vorrangig kommunikative Funktion von Bildern, es sind aber auch die mit ihnen verbundenen affektiven Dynamiken.

Die Affektgemeinschaft der Bilder
Bilder haben zu allen Zeiten in Kulturen des Protests eine hervorgehobene Bedeutung und eine gewisse Sprengkraft gehabt. Einige Bilder ragten heraus – jede Bewegung hat ihre Bildikone(n). Heute werden Ikonen des Protests in den Sozialen Medien geprägt. Die modernen Massenmedien wie Zeitung und Fernsehen haben viele ihrer Gatekeeping-Funktionen eingebüßt und greifen immer öfter selbst auf virale Inhalte aus den Sozialen Netzwerken zurück. Viral wird, was die Menschen bewegt. Bilder sind zur Währung des Affektiven und der Aufmerksamkeit geworden. Georg Franck hat bereits 1998 in Bezug auf die Neuen Medien von einer »Ökonomie der Aufmerksamkeit« gesprochen. Dabei ging er der wachsenden Bedeutung von Aufmerksamkeit nach, die als sozio-ökonomische Kategorie und knappes Gut eine potenzielle Währungsfunktion habe.[58] Zugespitzt könnte man im Anschluss daran formulieren, dass Aufmerksamkeit vor allem durch Bilder entsteht und deshalb die Ökonomie der Aufmerksamkeit fest mit der Bildökonomie verbunden ist. Und wenn Bilder zur Währung des Affektiven geworden sind, dann gehen auch Bildökonomien und Affektökonomien Hand in Hand.[59]

In den analysierten Bildbeispielen ging es immer wieder um die affektive Dimension der Bildproteste, die ihre politische Wirksamkeit eigentlich ausmacht. Denn Affizierung lässt Beziehungen überhaupt erst entstehen, sie ist als körperliche Regung die Voraussetzung dafür, dass sich ein Verhältnis herstellt, dass sich ein Gefühl einstellt oder sich eine auf etwas bezogene Emotion konkretisiert. Forscher*innen haben hierfür im Rückgriff auf die Philosophie Spinozas den Ausdruck der *affektiven Relationalität* geprägt.[60] Bilder verbinden Menschen als Co-Zeug*innen für kurze oder längere Zeit zu Affektgemeinschaften. Wie alle Netzwerke sozialer Beziehungen, mögen sie auch noch so ephemer sein, sind auch diese nicht frei von Wert- und Machtstrukturen.

Ich möchte die Idee der Affektgemeinschaft noch etwas weitertreiben: Auch Bilder werden affiziert, das habe ich zum Beispiel am Video der »Gürtelattacke« beschrieben: Die Aufregung des Filmenden, seine intensive Bewegtheit hat sich in die Bilder eingeschrieben, weshalb diese die starken Affekte und Emotionen ästhetisch zu vermitteln vermögen. Es sind demnach nicht nur die Menschen, die sich über die Bilder verbunden fühlen, die Bilder sind selbst Teil dieser Affektgemeinschaften. Das Netzwerk von Relationen entsteht also zwischen Menschen und Menschen, Menschen und Bildern, und ja, zwischen *Bildern und Bildern,* und zwar über Zeit und Raum hinweg. Das zeigt etwa das Beispiel des Tank Man. Eine Affektgemeinschaft der Bilder erscheint vor dem Hintergrund der digitalen Vernetzung gar nicht abwegig, denn die Vernetzung betrifft nicht nur Menschen, auch Bilder formen immer stärker Netzwerke aus. Nicht mehr Einzelbilder, nicht mehr Bilderserien, *Bildernetzwerke* sind das Paradigma digitaler Bildkulturen. Visuelle Kultur wird heute entsprechend anders wahrgenommen und konsumiert, sagen wir bei der

Google-Bildersuche, auf Instagram, YouTube oder dem Fotoarchiv unserer eigenen Smartphones, wo wir immer mit einer Vielzahl an Bildern konfrontiert sind, die miteinander in Beziehung stehen. Die wiederholt auftretenden Bildformeln, die Cluster von Bildern ausbilden, tragen ebenso dazu bei wie die Meme-Kultur. Digitale Kulturen des Protests sind von solchen Bildernetzwerken gekennzeichnet. Selfie-Proteste sind als Format ebenso ein Bildernetzwerk wie die Bildformel des Tank Man, die ein weitverzweigtes und transnationales Bildernetzwerk ausprägt. Wenn ich zuvor geschrieben habe, dass alle populären Bilder ein Nachleben als Meme haben, dann heißt dies, dass digitale Bildkulturen einer *memefication* unterliegen. Diese führt auch dazu, dass ikonische Bilder eben nicht mehr unvergleichlich, unnachahmlich oder unverwechselbar sind. Im Gegenteil: Sie werden zu wiederholbaren und generischen Bildphänomenen. Das Generisch-Werden der Bilder bedeutet, dass immer seltener ein Einzelbild hervorsticht. Die digitalen Bildnetzwerke läuten das Ende der singulären Medienikonen ein, wie man sie aus dem Zeitalter des Fotojournalismus kannte. Bezogen auf Bildproteste bedeutet dies, dass auch immer seltener singuläre Protestikonen entstehen.

Bilderschwärme und das Ende der Bildikonen
Doch wie sind diese Bildnetzwerke strukturiert? Wie kann man ihre Zusammenhänge beschreiben, wenn immer seltener einzelne Bilder hervorstechen, sondern Bilder generisch werden und sich weniger auf ihre spezifischen Eigenheiten, sondern auf übergreifende Muster sowie auf Wiederholungen und Reenactments beziehen? Netzwerke stellen wir uns

recht statisch vor, doch erschienen Bilder hier handlungsleitend. Wie werden die Netzwerke also aktiv? Wie geraten sie *in Bewegung*? Diese Fragen stellen sich umso vehementer im Kontext von emanzipatorischen und zivilgesellschaftlichen Handlungen und Bewegungen, in die Bilder eingebunden sind.

Hier kommt der Begriff des Schwarms ins Spiel. Er beschreibt ursprünglich in der Biologie das kollektive Verhalten von Fischen, Vögeln oder Insekten, die ohne zentrale Instanz der Steuerung ihr Verhalten koordinieren. Der Begriff wird aber auch auf die Internetkultur und die digitale Vernetzung übertragen, die direkte Kommunikation und kollektive Selbstorganisation ermöglicht. *Social swarming* bedeutet, dass eine große Gruppe einander unbekannter Menschen ohne Anführer*innen mittels neuer Technologien koordiniert handelt. Wenn im positiven Sinne von Schwarmintelligenz die Rede ist, dann gibt es ebenso kritische Stimmen, wie etwa die des Philosophen Byung-Chul Han, der in seinem Buch *Im Schwarm. Ansichten des Digitalen* (2013) problematisiert hat, dass die kollektiven Bewegungsmuster des Schwarms sehr flüchtig und instabil seien und deshalb keine politischen Energien entwickeln könnten.[61] Doch viele Protestbewegungen profitieren heute von *social swarming*, denn die schnell entstehenden Menschengruppen können machtvoll werden und große Aufmerksamkeit erlangen. Man kann beobachten, dass die Logik digitaler Protestkulturen die Art und Weise transformiert, wie heute protestiert wird. Die sogenannte Gelbwestenbewegung in Frankreich, die sich seit Oktober 2018 gegen eine Vielzahl von gefühlten Missständen und sozialen Ungleichheiten in der französischen Gesellschaft richtet, organisierte sich hauptsächlich über die Sozialen Medien. Irritiert wurde von Seiten der französischen Regierung oder von Journalist*innen vor allem zu Beginn immer wieder geäußert, man wisse nicht, mit wem man überhaupt sprechen und verhandeln solle, weil es keine offiziellen Vertreter*innen oder gar Anführer*innen der Protestbewegung gebe.[62] Die einfache Erklärung lautet: Die Bewegung funktionierte schwarmmäßig. Malcolm Gladwell argumentiert in seinem vielzitierten Artikel *Why the revolution will not be tweeted* noch, dass Protestbewegungen hierarchisch funktionierten, dass es immer Anführer brauche (»But if you're taking on a powerful and organized establishment you have to be a hierarchy.«).[63] Doch aktuelle Protestbewegungen zeigen eine neue Netzwerk-Logik, eine schwarmartige Organisation und Handlungsmacht. Strukturelle Veränderungen in Protestkulturen sind also evident. Sie bilden ein sich immer weiter ausdehnendes Untersuchungsfeld für die sozialwissenschaftliche Protest- und Bewegungsforschung.[64] Aus der bildwissenschaftlichen Perspektive bleibt abschließend eine Analogie zu dieser Entwicklung festzuhalten: Bildproteste im digitalen Zeitalter sind als Bilderschwärme organisiert. Diese sind mehr als die Summe ihrer Einzelteile. Sie bewegen sich kollektiv, sie zirkulieren in Relation zueinander. Innerhalb der Bilderschwärme mögen sich noch Muster herausbilden (Formeln, generische Ikonen), Anführer gibt es keine mehr – mit weitreichenden Folgen für Fragen der Ikonisierung und der Kanonisierung. Denn wenn singuläre Ikonen als Anführer unter den Bildern gelten können, dann kommen solche Ikonen im Schwarm der Bildproteste nicht mehr vor. Medienikonen des Protests, wie sie im Zeitalter des Fotojournalismus geprägt wurden, etwa das Bild des erschossenen Benno Ohnesorg, das des Tank Man oder das des so genannten »Napalm-Mädchens« im Vietnamkrieg, können sich in Zeiten von dezentraler Social-Media-Kommunikation nicht mehr durchsetzen. Grund dafür sind die neuen Strukturen und Paradigmen digitaler Bildkulturen, wie sie anhand zahlreicher Beispiele in diesem Buch deutlich geworden sind. Die Affektzeugenschaft der Bilder, die rasante Ausbildung von Genres und generischen Bildern und die *memefication* der Bildkultur – diese Paradigmen weisen alle in die gleiche Richtung: hin zu vielfach und horizontal miteinander verbundenen Bildern, die nur noch im Verhältnis zueinander wahrnehmbar und organisierbar sind. Bildproteste und die digitalen Bilderschwärme, die sie ausbilden, wirken durch die vielfachen Relationierungen und Referenzen einer Hierarchie der Bilder entgegen. Sie bedeuten das Ende des Zeitalters der Bildikonen. Diese Entwicklung wird grundlegend verändern, wie man Protestbewegungen, aber auch digitale Bildkulturen heute denken kann.

Einen herzlichen Dank an:
Jonas Bens, Irene Chabr, Julia Höner, Annekathrin Kohout, Susanne Müller-Wolff, Susanne Schüssler, Wolfgang Ullrich, Tobias Wendl, Eva Wiegert und Günter Wolf.

Anmerkungen

1 »Meet Asmaa Mahfouz and the vlog that helped spark the Revolution«, https://www.youtube.com/watch?v=SgjIgMdsEuk.
2 http://www.europarl.europa.eu/sakharovprize/de/laureates/since-2010.html.
3 https://www.youtube.com/watch?v=5Wo7bdlhO2o&feature=youtu.be.
4 https://www.youtube.com/watch?v=UEs8xHgBq7g.
 Siehe auch Rebecca Davis: ›»I am a Liberian, not a virus«: West Africans hit back against Ebola stigma. With Ebola panic spreading across the US, a social media campaign aims to counter discrimination‹, in: *The Guardian Online*, 22.10.2014, URL: https://www.theguardian.com/world/2014/oct/22/ebola-liberia-not-virus-stigma.
5 Diese Zahl ist aus dem Jahr 2013, sicherlich sind es mittlerweile deutlich mehr. https://www.businessinsider.com/facebook-350-million-photos-each-day-2013-9?IR=T.
6 W.J.T. Mitchell hat bereits auf die Schwierigkeiten hingewiesen, trennscharf zwischen Bildern und Texten zu unterscheiden, da sie sich in den meisten Fällen vermischen und interagieren. Siehe W.J.T. Mitchell: *Picture Theory: Essays on Verbal and Visual Representation*, Chicago 1994, S. 5.
7 Zit. in Omar Al-Ghazzi: ›»Citizen Journalism« in the Syrian Uprising: Problematizing Western Narratives in a Local Context‹, in: *Communication Theory*, 24 (2014), S. 435–454, hier S. 441.
8 Martin Hand: *Ubiquitous Photography*, Cambridge, UK 2012.

9 Die Politikwissenschaftlerin Michal Givoni schreibt, wir lebten in einer »era of *becoming a witness*«. Michal Givoni: ›Witnessing/Testimony‹, in: *Mafte'akh: Lexical Review of Political Thought*, 2 (2011), S. 147–169, hier S. 165.

10 Vgl. Kerstin Schankweiler/Verena Straub/Tobias Wendl (Hgg.): *Image Testimonies. Witnessing in Times of Social Media*, London 2019.

11 Kari Andén-Papadopoulos: ›Citizen camera-witnessing: Embodied political dissent in the age of 'mediated mass self-communication'‹, in: *New Media & Society*, 16/5 (2014), S. 753–769.

12 Die Rede von der »Bildermacht« kritisieren etwa Sigrid Schade/Silke Wenk: *Studien zur visuellen Kultur. Einführung in ein transdisziplinäres Forschungsfeld*, Bielefeld 2011, S. 35 ff.

13 Video der Pressekonferenz vom 23.6.2009: https://www.youtube.com/watch?v=7ReD-ieDERY.

14 Marianna Liosi/Guevara Namer/Amer Matar: ›Fearless filming. Video footage from Syria since 2011‹, in: Schankweiler/Straub/Wendl (Hgg.) 2019 (wie Anm. 10), S. 47–56, hier S. 50.

15 *858. An archive of resistance*, https://858.ma/.

16 Mikala Hyldig Dal: ›Eye-snipers. The iconoclastic practice of Tahrir‹, in: *Seismopolite. Journal of Art and Politics*, July 6, 2014, http://www.seismopolite.com/eye-snipers-the-iconoclastic-practice-of-tahrir.

17 Steve Mann/Jason Nolan/Barry Wellman: ›Sousveillance: Inventing and Using Wearable Computing Devices for Data Collection in Surveillance Environments‹, in: *Surveillance & Society*, 1/3 (2003), S. 331–355.

18 Vgl. Jörg Eisfeld-Reschke/Leonie Geiger: ›Slacktivism und Clicktivism – politische Beteiligung mit einem Klick?!‹, in: *Ikosom – Institut für Kommunikation in sozialen Medien*, 21.6.2012, http://www.ikosom.de/2012/06/21/slacktivism-und-clicktivism-politische-beteiligung-mit-einem-klick/. Eine kritische Zusammenfassung der Diskussion bei Clare Sheehan: *The selfie protest. A visual analysis of activism in the digital age*, London 2015, http://www.lse.ac.uk/media@lse/research/mediaWorkingPapers/MScDissertationSeries/2014/Clare-Sheehan,-MSc-Dissertation-Series,-Formatted-Submission-AF.pdf.

19 Vgl. Merlyna Lim: ›Clicks, Cabs, and Coffee Houses: Social Media and Oppositional Movements in Egypt, 2004–2011‹, in: *Journal of Communication*, 62/2 (2012), S. 231–248.

20 Malcolm Gladwell: ›Small Change. Why the revolution will not be tweeted‹, in: *The New Yorker*, 4.10.2010, https://www.newyorker.com/magazine/2010/10/04/small-change-malcolm-gladwell.

21 Vgl. Jose Marichal: ›Political Facebook groups: Micro-activism and the digital front stage‹, in: *First Monday*, 18/12 (2013), http://firstmonday.org/article/view/4653/3800.

22 Bildpraktiken im digitalen Zeitalter behandeln ausführlich: Winfried Gerling/Susanne Holschbach/Petra Löffler: *Bilder verteilen. Fotografische Praktiken in der digitalen Kultur*, Bielefeld 2018.

23 Für die Übersetzung der gesprochenen Texte im Video danke ich Fadia Elgharib.

24 Vgl. Paul Frosh/Amit Pinchevski (Hgg.): *Media Witnessing: Testimony in the Age of Mass Communication*, Basingstoke u. a. 2009.

25 Vgl. Annette Wieviorka: *The era of the witness*, Ithaca/London 2006.

26 John Durham Peters: ›Witnessing‹, in: *Media, Culture & Society*, 23/6 (2001), S. 707–723, hier S. 710.
27 Siehe Kerstin Schankweiler/Michael Richardson: ›Affective Witnessing‹, in: Jan Slaby/Christian von Scheve (Hgg.): *Affective Societies – Key Concepts*, New York 2019, S. 166–177.
28 Georges Didi-Huberman: *Bilder trotz allem*, München 2007.
29 Ebd., S. 63.
30 Ich danke Tobias Wendl, der mich auf dieses Beispiel aufmerksam gemacht hat.
31 https://www.youtube.com/watch?v=YeFzeNAHEhU.
32 Susan Sontag: *Das Leiden anderer betrachten*, Frankfurt am Main 2013 [engl. Erstveröff. 2003], S. 29.
33 https://www.facebook.com/284809608696542/posts/c2608-sachsen-menschenjagd-in-chemnitz-nazi-hools-sind-heute-zu-allem-f%C3%A4hig-fckn/603069043422376/; siehe auch Till Eckert: ›Video aus Chemnitz: Diese Menschen widersprechen dem Verfassungsschutzpräsidenten‹, in: *ze.tt*, 8.9.2018, https://ze.tt/video-aus-chemnitz-diese-menschen-widersprechen-dem-verfassungsschutzpraesidenten/.
34 Vgl. https://www.zdf.de/politik/frontal-21/pressemitteilung-hetzjagdvideo-chemnitz-100.html.
35 Gut recherchierte Hintergründe zu dem Fall sind hier nachzulesen: Annabel Wahba: ›Zündstoff‹, in: *ZEITmagazin*, 49 (2016), 29.11.2018, S. 18–27.
36 https://www.facebook.com/aliceweidel/videos/1939386859405873/.
37 Wahba 2018 (wie Anm. 35).
38 Kerstin Schankweiler: ›Reverse Big Brother. Videos von Polizeigewalt in den sozialen Medien‹, in: *kolik.film*, 27 (2017), S. 67–72.

39 https://www.nytimes.com/interactive/2017/08/19/us/police-videos-race.html.
40 Vgl. Mohamed Amjahid: ›Jetzt der Aufruhr? Ein Fischverkäufer wurde zermalmt, in Marokko greift Empörung um sich‹, in: *Die Zeit*, 47 (2016), 10.11.2016, S. 8–9. Den Fall Fikri und das Video analysiere ich ausführlich in: ›»Moroccan Lives Matter« – Practices and Politics of Affecting‹, in: Schankweiler/Straub/Wendl (Hgg.) 2019 (wie Anm. 10), S. 59–71.
41 Aida Alami: ›Protests Erupt in Morocco Over Fish Vendor's Death in Garbage Compactor‹, in: *New York Times*, 30.10.2016, https://www.nytimes.com/2016/10/31/world/middleeast/protests-erupt-in-morocco-over-fish-vendors-death-in-garbage-compactor.html.
42 Für die Übersetzung der gesprochenen Texte des Videos danke ich Mohamed Amjahid.
43 Ich danke Tom Bioly für diesen Hinweis.
44 Eine Bestandsaufnahme der Selfie-Proteste leisten Miriam Grohmann/Layla Kamil Abdulsalam/Eva L. Wyss: ›Selfie-Proteste – eine emergente Praktik des Protests im Web 2.0‹, in: *Aptum. Zeitschrift für Sprachkritik und Sprachkultur*, 11/1 (2015), S. 21–47. Siehe auch Kerstin Schankweiler: ›Selfie-Proteste. Affektzeugenschaften und Bildökonomien in den Social Media‹. Working Paper SFB 1171: Affective Societies 05/16 (2016), Static URL: http://edocs.fu-berlin.de/docs/receive/FUDOCS_series_000000000562.
45 Wolfgang Ullrich: *Selfies*. Reihe DIGITALE BILDKULTUREN, Berlin 2019.
46 Vgl. #BBCtrending: *Five facts about #BringBackOurGirls*, 13.5.2014, http://www.bbc.com/news/blogs-trending-27392955.
47 Vgl. André Gunthert: ›The consecration of the selfie. A cultural history‹, in: *Etudes photographiques* 32 (2015), Abschnitt 21, http://etudesphotographiques.revues.org/3529.

48 http://ichenguangcheng.blogspot.com/.

49 Proteste und Memes im Zusammenhang mit Chen Guangchen beschreibt ausführlich An Xiao Mina: *Memes to Movements: How the World's Most Viral Media Is Changing Social Protest and Power*, Boston 2019, S. 57–63.

50 Für eine Kritik an dieser dominanten Einschätzung siehe Ullrich 2019 (wie Anm. 45).

51 Limor Shifman: *Meme. Kunst, Kultur und Politik im digitalen Zeitalter*, Berlin 2014, S. 10.

52 Josh Chin: ›Tiananmen Effect: 'Big Yellow Duck' a Banned Term‹, in: The Wall Street Journal, 4.6.2013, https://blogs.wsj.com/chinarealtime/2013/06/04/tiananmen-effect-big-yellow-duck-a-banned-term/.

53 Vgl. Felix Stadler: Kultur der Digitalität, Berlin 2016, S. 96 ff.

54 Verena Straub: ›Living »Martyrs«: Testifying what is to come‹, in: Schankweiler/Straub/Wendl (Hgg.) 2019 (wie Anm. 10), S. 137–151.

55 Hagit Keysar: ›A Spatial Testimony: The politics of do-it-yourself aerial photography in East Jerusalem‹, in: *Environment and Planning D: Society and Space*, 37/3 (2019), S. 523–541.

56 Ein Beispiel ist Radio Alice in Bologna. Siehe Luciano Capelli/Stefano Saviotti (Hgg.): *Kollektiv A/traverso: Alice ist der Teufel. Praxis einer subversiven Kommunikation. Radio Alice (Bologna)*, Berlin 1977.

57 Jan von Brevern: ›Praxis und Theorie der Bilderflut‹, in: *Fotogeschichte*, 38/149 (2018), S. 5–12.

58 Georg Franck: *Ökonomie der Aufmerksamkeit. Ein Entwurf*, München 1998.

59 Hauke Lehmann/Hans Roth/Kerstin Schankweiler: ›Affective Economy‹, in: Slaby/von Scheve (Hgg.) 2019 (wie Anm. 27), S. 140–151.

60 Birgitt Röttger-Rössler/Jan Slaby (Hgg.): *Affect in Relation. Families, Places, Technologies*, London 2018; Jan Slaby/Rainer Mühlhoff/Philipp Wüschner: ›Affektive Relationalität. Umrisse eines philosophischen Forschungsprogramms‹, in: Undine Eberlein (Hg.): *Zwischenleiblichkeit und bewegtes Verstehen – Intercorporeity, Movement and Tacit Knowledge,* Bielefeld 2016, S. 69–108.
61 Byung-Chul Han: *Im Schwarm. Ansichten des Digitalen*, 4. Aufl., Berlin 2017, S. 22.
62 Bernhard Pötter: ›»Gelbwesten«-Proteste in Frankreich: Klassenkampf mit Klimaschutz‹, in: *Die Tageszeitung (taz)*, 25.4.2019, https://www.taz.de/Gelbwesten-Proteste-in-Frankreich/!5587837/.
63 Gladwell 2010 (wie Anm. 20).
64 Das bekannteste Beispiel einer Beschäftigung mit neuen sozialen Bewegungen aus der Perspektive der politischen Theorie ist sicherlich Michael Hardt/Antonio Negri: *Multitude. War and Democracy in the Age of Empire*, New York 2004.

Alle angegebenen Links wurden am 18. Juni 2019 abgerufen.

Bildnachweis

Frontispiz: © Zaina Erhaim, Foto: Mahmoud Rashwani
#1 https://www.youtube.com/watch?v=eBg7O48vhLY
#2 https://www.youtube.com/watch?v=UEs8xHgBq7g
#3 https://www.youtube.com/watch?v=OjQxq5N--Kc&has_verified=1
#4 https://www.bild.de/politik/ausland/aegypten-krise/chaos-nacht-in-kairo-wie-lange-wird-das-land-der-pharaonen-diesmal-brennen-31157668.bild.html
#5 https://www.nola.com/politics/2011/11/egyptian_protests_violence_ove.html
#6 https://arabist.net/blog/2011/11/22/sacrifice.html
#7 https://www.ibraaz.org/projects/37
#8 https://www.youtube.com/watch?v=q1m4_q_HP50
#9 https://pro.magnumphotos.com/Package/29YL534Q87WO
© Stuart Franklin/Magnum Photos/Agentur Focus
#10 https://www.facebook.com/photo.php?bid=10210878009817041&-set= pb.1556046018.-2207520000.1560870792.&type=3&theater
#11 https://www.youtube.com/watch?v=FWiReR8Q1EM
#12 https://www.youtube.com/watch?v=YeFzeNAHEhU © CNN
#13 https://www.youtube.com/watch?v=XOmjT-16svc
#14 http://www.dailymail.co.uk/video/news/video-1349729/Horrifying-moment-Mouhcine-Fikri-crushed-rubbish-truck.html
#15 https://wearethe99percent.tumblr.com/archive
#16 https://wearethe99percent.tumblr.com/archive
#17 https://wearethe99percent.tumblr.com/archive
#18 https://upload.wikimedia.org/wikipedia/commons/f/f3/Michelle-obama-bringbackourgirls.jpg
#19 http://ichenguangcheng.blogspot.ch
#20 © Zeidon Alkinani

#21 https://www.memecenter.com/fun/19250/unusual-tank-man
#22 http://www.quickmeme.com/meme/358n0c
#23 https://knowyourmeme.com/photos/1356359-haunted-doll-that-drinks-all-your-pepsi-and-calls-you-a-bitch
#24 https://meduza.io/feature/2014/12/17/shutka-po-pekinski
#25 https://www.buzzfeednews.com/article/kevintang/how-the-chinese-internet-remembers-tiananmen-on-its-24th-ann
#26 https://twitter.com/lexiphanic/status/341882864977186816
#27 https://www.kqed.org/lowdown/13161/on-tiananmen-square-anniversary-using-creative-memes-to-circumvent-censorship
#28 www.memecrunch.com [13.3.2019]
#29 http://www.artatsite.com/HongKong/details/Hofman_Florentijn_Rubber_Duck_Harbour_statue_sculpture_Art_at_Site_Hong_Kong_China.html © Florentijn Hofman
#30 https://twitter.com/badiucao/status/739087702537048067
#31 https://www.badiucao.com/tankmen2018-2018 © Badiucao
#32 https://twitter.com/Kayneth/status/1002690977151291395
#33 https://twitter.com/SophieHRW/status/1003720065450209280
#34 https://twitter.com/WatchdogsU/status/1003417531246366720
#35 © Mosa'ab Elshamy/The Associated Press

Wenn nicht anders angegeben, wurden alle Links am 18. Juni 2019 abgerufen.

Kerstin Schankweiler studierte Kunstgeschichte an der Universität Trier und der University of Queensland, Brisbane. Sie war wissenschaftliche Mitarbeiterin an den Kunsthistorischen Instituten der Universität zu Köln und der Freien Universität Berlin und Juniorprofessorin für Künste der Gegenwart an der Universität Siegen. 2019 hat sie den Ruf auf eine Professur für Bildwissenschaft im globalen Kontext an der Technischen Universität Dresden angenommen. Schankweiler publizierte zur Gegenwartskunst Afrikas, zur Ästhetik der Gewalt und zu Bildpraktiken in den Sozialen Medien.

Eine Frage der Perspektive: ›LOVE HATE‹ von Mia Florentine Weiss, 2019

Daniel Hornuff

HASSBILDER

Gewalt posten,
Erniedrigung liken,
Feindschaft teilen

1 | Hassbilder werden übersehen

Wenn vom Hass im Netz die Rede ist, dann geht es fast nie um Bilder. So auch nicht 2019 in der Debatte um einen Beschluss des Landgerichts Berlin. Vor diesem Gericht hatte die Grünen-Politikerin Renate Künast unter anderem die Preisgabe der Identitäten einiger Facebook-User gefordert. Ihnen warf sie vor, einen Facebook-Post, der seinerseits auf einen Online-Artikel der Zeitung *Die WELT*[1] reagierte, mit »Beleidigungen« ihrer Person kommentiert zu haben. Zahlreiche User hatten der Politikerin unterstellt, im Jahr 1986 gewaltfreien Geschlechtsverkehr mit Kindern befürwortet zu haben. Die geposteten »Äußerungen«, gibt die Kammer Künasts Vorbringen wieder, »seien Paradebeispiele der sogenannten ›Hatespeech‹, die in einem Shitstorm auf sie niedergeprasselt seien.«[2]

Die gerichtliche Zurückweisung von Künasts Forderung erzeugte heftige öffentliche Kritik. In deren Zentrum standen die zwischenzeitlich bekannt gewordenen Äußerungen – allesamt textlich verfasste, teils derb herabsetzende Diffamierungen: »Stück Scheiße«, »Pädophilen-Trulla«, »Schlampe« oder »Drecks Fotze«, um nur einige der verhandelten Einlassungen zu nennen.[3] Umso auffälliger aber war: Kaum jemand stellte die Frage, welche Rolle Bilder in diesem Zusammenhang gespielt haben, Bilder, die womöglich eine ähnlich intensive öffentliche Thematisierung verdient hätten wie die Texte. Da Bilder kein Gegenstand der gerichtlichen Auseinandersetzung[4] waren und auch sonst kaum einmal mit Hassbotschaften in Verbindung gebracht werden, schien die Frage nach ihnen obsolet. Dabei hatten sie ausgerechnet in diesem Fall erhebliche Bedeutung für die Formierung des Hasses.

Um zu verstehen, wie digitalen Bildern Hassfunktionen zukommen, muss man ihre kommunikative Verwendung betrachten – und zwar möglichst detailliert. Daher soll es zunächst und exemplarisch um den Fall Künast anhand dreier Posts gehen. Beachtenswert ist nämlich, dass bereits der auslösende – und hier durch einen User neu arrangierte – Beitrag mit einem Bild arbeitet. **(#1)** Dieser inzwischen gelöschte Beitrag wurde auf einem mutmaßlich rechtspopulistischen Blog[5] veröffentlicht und im vorliegenden *Facebook*-Post als kommentierter Screenshot wiederveröffentlicht. Bei dem Bild handelt es sich um einen Teil jenes Fotos, das auch *Die WELT* ihrem Artikel vorangestellt hatte.[6] **(#2)** Der verengte Ausschnitt fokussiert auf mimische Regungen. Damit löst

#1   Hasspost gegen Renate Künast

#2 Der auslösende *WELT*-Artikel

er Künast aus einer offiziellen Darstellung heraus und rückt sie in scheinbar gesteigerte Nähe, setzt also darauf, weniger die Politikerin als die Privatperson zu zeigen.

Der Bildausschnitt tritt mit drei Textebenen in Verbindung. So ist das Foto – erstens – mit einem Zitat der Politikerin (»Wenn keine Gewalt im Spiel ist«), einer fiktiven Fortschreibung des Zitats (»ist der Sex mit Kindern doch ganz okay«) und einem bezugnehmenden Kommentar (»Ist mal gut jetzt«) versehen worden. Daneben findet sich – zweitens – der vollständig einkopierte *WELT*-Artikel, der dadurch als eine Art Anklageschrift erscheint. Und – drittens – prangen über dem Bild, ähnlich Haupt- und Untertitel, zwei weitere Einlassungen des ursprünglichen Blog-Verfassers (»Künast findet Kinderficken ok, solange keine Gewalt im Spiel ist« sowie »Also mit Süßigkeiten überreden, geht für Renate Künast schon…«).[7]

Die formale Anlage des Posts erinnert an die Aufmachung antijüdischer Hetzschriften, wie sie bereits im 16. Jahrhundert in Umlauf waren. **(#3)** Das hier gewählte Flugblatt zeigt Josel von Rosheim, einen anwaltlichen Fürsprecher jüdischen Lebens im Heiligen Römischen Reich. Das Blatt präsentiert ihn mit Geldsäckchen, Judenring, einer den Talmud symbolisierenden Schrift und dem auf einer Säule angebrachten goldenen Kalb. So belegte man ihn mit all jenen Zeichen, die seinerzeit als hinlänglich judentypisch aufgefasst worden waren.[8]

Sowohl im Facebook-Post als auch auf dem Flugblatt steht das Bild einer Person im Zentrum. Damals wie heute sollen einfassende Texte diese Person als abartig ausweisen. Und in beiden Fällen wird sie als Vertreterin einer verwilderten Gruppe gebrandmarkt. Somit suggerieren die Texte, vollständige Zitate der betreffenden Personen wiederzugeben. Die Flugschrift legt dem Abgebildeten sogar eine direkte Ansprache an die Empfänger des Blattes in den Mund: »Hört, ihr Herren allgemein, [...] ich bin ein Jud, das leugn' ich nicht.« Es soll, wie auch durch den Post, der Eindruck erweckt werden, hier lege eine Person öffentlich Bekenntnis ab.

Entscheidend ist, dass die beiden vermeintlichen Bekenntnisse als frivole Eingeständnisse der eigenen Niedertracht verkauft werden. Das Flugblatt identifiziert Josel von Rosheim als »von Art« eines »schalkhaft[en] Bösewicht[s]« und als »Herold alle[r] Jüdischheit«.[9] Ähnlich verfährt der Post, wenn er versucht, durch ergänzte Äußerungen die Politikerin als Verfechterin pädophiler Praktiken auszugeben. Der Verweis auf das

#3 Antisemitisches Flugblatt, Anfang 16. Jahrhundert

»Kinderficken« ist die vulgär-kommunikative Entsprechung zum damaligen Hinweis auf die »Jüdischheit«. Über Sprache werden als abnormal gewertete Merkmale mit dem Bild einer Person verbunden – mit dem Ziel, möglichst umfassenden Hass auf diese Person zu lenken.

2 | Kommt der Körper ins Spiel, sind Türen zur Gewalttat geöffnet

#4 Hasskommentare in Reaktion auf den *WELT*-Artikel

Ein zweites Beispiel: Der Facebook-Post des *WELT*-Artikels wurde vielfach kommentiert und geteilt – unter anderem durch einen User, der den Link zum Artikel mit der Frage überschrieb, »was […] man mit so einem Haufen machen« solle. (#4) Ihm antworteten drei User. Der erste von ihnen schlug vor, »teeren und federn wäre schon mal ein Anfang«. Daraufhin riet ein zweiter User zur kollektiven Inhaftierung in einer Massenzelle (»Make a prison just for them and let them roam free in it«), was den Fragesteller dazu veranlasste, seinen Vorredner auf das Äußere der Politikerin aufmerksam zu machen (»Janice, just take a look in her face!«). Dies wiederum motivierte den Angesprochenen, eine körperliche Abartigkeit festzustellen (»She doesn't look normal. Taking out both sides of her mouth.«).[10]

#5 Hassbild als ultimative Antwort

Womöglich war es diese Verlagerung aufs Physische, die einen dritten User darauf brachte, das Bild einer Pistole mit umgedrehtem Lauf zu posten. (**#5**) Auch dieses Bild war als Antwort auf die Ausgangsfrage gemeint. Entsprechend kommt es ohne textliche Erläuterung aus. Offenbar sollte es für sich selbst sprechen, und tatsächlich dürfte es als finalisierender Höhepunkt der knappen Kommentarkette angesehen worden sein. Wie hätte auch zielgenauer zum Ausdruck gebracht werden können, was man kundtun wollte? »Dem Hass im Netz«, schreibt Renate Künast im Jahr 2017, »folgen Straftaten in der physischen Welt, denen Menschen zum Opfer fallen.«[11]

Die Texte und das Bild vollziehen die persönliche Abwertung schrittweise. Die Herabsetzung entfaltet sich daher weder orientierungs- noch richtungslos. Vielmehr ist sie von Anfang an auf Eskalation angelegt. Wer auf die rhetorische Ausgangsfrage antwortet, tut dies im Bewusstsein, durch seinen Beitrag die Eskalation voranzutreiben. Dem so vorgetragenen Hass liegt der Kitzel eines sportlichen Wettbewerbs zugrunde: Wem gelingt es am ehesten, die gestellte Frage erschöpfend – und das heißt: derart schmähend – zu beantworten, dass es keiner weiteren Reaktion bedarf?

Ein drittes Beispiel: Nachdem der gerichtliche Beschluss ergangen und dessen Begründung in Umlauf gekommen war, verbreiteten sich in den Sozialen Medien erneut zahlreiche Bilder.[12] Es waren Bilder, die auf bereits gesetzte Bildarrangements aufbauten und die gerichtliche Bewertung nutzten, um Künast noch ungenierter – und in der Annahme voller Rechtmäßigkeit – zu diskreditieren. (#6) An der inzwischen bewährten Hasspraxis wurde festgehalten, der Betroffenen zusammengekleisterte Aussagen in den Mund zu legen, um eine angebliche moralische Verwahrlosung demonstrieren zu können.

Auch die kursierenden Textversatzstücke tauchten wieder auf. Dieses Mal waren sie allerdings nicht dem *WELT*-Artikel,

#6   Bildarrangement im Nachgang des Gerichtsbeschlusses

sondern der gerichtlichen Begründungsschrift entnommen. Die Abweisung des Antrags wurde zur digitalen Verurteilung umgemünzt: Im Hochgefühl, es schon immer gewusst zu haben, wird dem Gericht eine besondere (politische) Standfestigkeit zugesprochen und die angenommene Verhältnismäßigkeit der bisherigen Hassaktivitäten triumphierend vorgeführt. Die Bildarrangements übernehmen fortan die Funktion einer in Dauerschleife wiederholten ästhetischen Selbstbestätigung: An und mit ihnen ließ sich die eigene Unbestechlichkeit hemmungslos gegen die Politikerin wenden.

Was sich in den drei Beispielen auf jeweils engstem Raum und innerhalb kürzester Zeit vollzog, zeigt wie unter einem Brennglas die Rolle von Bildern in Hass-Postings. Der sinnstiftende Faktor sind dabei nicht die Bilder selbst – sondern die Texte, die den Bildern vorausgehen, die sie begleiten und rahmen. Sprache bildet eine Folie, vor deren Hintergrund gepostete Bilder überhaupt erst lesbar werden. Wäre beispielsweise im Pistolen-Post das betreffende Bild ohne Texte veröffentlicht worden, hätte es auch als zynische Koketterie des Users – der angesichts der *WELT*-Meldung seine Selbsttötung andeutet – interpretiert werden können. So aber gewinnt das Bild bedeutsame Eindeutigkeit in der Fokussierung auf die Politikerin: Sie solle sich umbringen, dann müsse niemand sich die Hände schmutzig machen. In diesem Geiste wurde denn auch der Beschluss ausgelegt: Das Gericht habe dankenswerterweise getan, was unumgänglich gewesen war.

3 | Hassbilder lassen sich nur über den Kontext ihrer Verwendung definieren

In Hass-Postings schränkt sich der Spielraum von Bildbedeutungen ein – und zwar mitunter so weit, bis Bilder als ebenso ersichtliche wie offenkundige Aussagen Verwendung finden. Was aber bedeutet das für die Bestimmung eines Hassbildes? Anknüpfend an die einleitenden Beispiele definiere ich ein Hassbild als ein Bild, das durch seine Verwendung die Aufgabe erhält, durch ästhetische Unterstützung oder Ergänzung die Abwertung von Personen und/oder Personengruppen zu kommunizieren – mit dem Ziel, diese Personen zu schädigen. Daraus folgt, dass ein Bild aus sich selbst heraus keinen Hass erzeugt, transportiert oder stimuliert. Ein Bild kann (!) aber zu einem Hassbild werden, sobald es in einen sprachlich verfassten Kontext eingeht, mit dem Hass erzeugt oder verbreitet wird. So wenig ich also davon ausgehe, dass Bilder selbst »hassen« können, so zentral sehe ich die Rolle von Bildern bei dem Bestreben, dem Hass im Netz eine ästhetische Prägung oder eine erweiterte gestalterische Dimension zu verleihen. Hassbilder sind demnach Bilder, die den Hass in Form bringen – und somit Bilder, die notwendig im Zusammenspiel mit Texten in Erscheinung treten.

Typisch für derartige Hassbilder ist der Versuch, dem Hass durch eine Reaktivierung von Abwertungsmustern ein Aussehen zu verleihen. Oft fallen Hassbilder durch grelle stilistische Stereotypisierungen auf. Auch dadurch wird die generelle semantische Offenheit von Bildern – ihre mangelnde Aussagekraft – eingeschränkt. Durch die Wiederholung altbekannter Muster wächst die Neigung, solchen Bildern definitive Bedeutungen zu unterstellen, sie also etwa als Zeichen einer verachtenden Haltung zu deuten. Hassbilder zu bestimmen erfordert daher auch, sie von ähnlichen Bildformen zu unterscheiden – beispielsweise von Hetzbildern. Zwischen Hass- und Hetzbilder verlaufen zwar keine scharfen Trennlinien, dennoch sind graduelle Abstufungen festzustellen: Die Rolle eines Hassbildes kann, wie eingangs gezeigt, darin liegen, eine Hetze zu initiieren. Ein Hetzbild wäre demnach ein Bild, das auf einer Hassprojektion aufbaut und nun seinerseits dabei »hilft«, andere Personen gegen die Ge- oder Verhassten aufzuwiegeln. Folglich unterscheiden sich Hass- und Hetzbilder in ihrem kommunikativen Zweck: Richtet sich ein Hassbild vorwiegend an die vom Hass Adressierten, zielen Hetzbilder auf die Aktivierung Dritter.

Vor diesem Hintergrund ließen sich wiederum Hass- und Protestbilder abgrenzen. Denn so eindeutig mit einem Hassbild auf Kriminalisierung, Entehrung oder gar Auslöschung der Adressaten gezielt wird, so viele andere Funktionen können Protestbilder übernehmen: Gerade wenn sie, wie die Kunsthistorikerin Kerstin Schankweiler in dieser Reihe gezeigt hat, als »Bildproteste«[13] Anwendung finden, geht es weniger um Herabsetzung denn um Bestärkung, Involvierung, Beteiligung und damit um Aufwertung und Anerkennung anderer Menschen. Gleichwohl verbindet Hassbilder und Bildproteste, dass sie jeweils Bestandteile eines spezifischen kommunikativen Settings sind. Sich den Hassbildern zu widmen erfordert also auch, die situative Einbettung dieser Bilder zu ermitteln – um überhaupt herausfinden zu können, welche konkreten Aufgaben diesen Bildern zugewiesen werden.

4 | Hass ist Ergebnis kommunikativer Verkettungen

Gesellschaftlich und politisch sollte die Notwendigkeit gesehen werden, über diese und anknüpfende Fragen nachzudenken. Denn obwohl vermehrt über den Hass im Netz debattiert wird, vereinseitigen sich die Perspektiven – als seien vor allem Textbeiträge dafür verantwortlich, dass Hass erzeugt und verbreitet wird.[14] Gesprochen wird von Hate-Speech, Hassreden, Hasskommentaren, Hassbotschaften und Hasspredigern. Die (internationale) Dominanz dieser Begriffe zeigt, dass Hass im Netz bis heute und auf gleich mehreren Ebenen – in journalistischen,[15] politischen,[16] bildungspolitischen,[17] akademischen[18] und rechtlichen[19] Kontexten – als vorwiegend sprachliche Erscheinung wahrgenommen wird.

Die Einseitigkeit irritiert erst recht, wenn man sich intensiver auf die Netzkultur einlässt. Bilder gehören zu den selbstverständlichen Mitteln digitaler Kommunikationspraktiken. Dialoge werden mit Text- *und* Bildbeiträgen geführt. Man antwortet mit Bildern auf Texte und reagiert mit Texten auf Bilder. Zuweilen gehen Texte und Bilder ineinander über und zirkulieren als Memes in den Sozialen Medien. Diese handlungspraktische Annäherung von Texten und Bildern bedeutet freilich nicht, dass es zwischen ihnen keine Unterschiede (mehr) gibt. Da der Hass im Netz Bildern andere Aufgaben zuweist als Texten, werden diese Unterschiede strategisch genutzt. Es überrascht daher nicht, dass es immer wieder Bilder sind, mit denen sich Betroffene *gegen* den Hass im Netz zur Wehr setzen. Und schließlich darf nicht vergessen werden: Öffentlicher Hass hat sich schon immer in visueller Raffinesse geübt. Er blickt auf eine breit entfaltete Bildgeschichte der Abwertungen und Ausgrenzungen zurück.

Was aber braucht es, um solche Text-Bild-Atmosphären des Hasses transparent zu machen? Zunächst und vor allem: ein Zurücktreten vom eigenen Reflex. Hass, davon gehe ich aus, ist keine Naturgewalt, und er fällt nicht vom Himmel. Hass ergießt sich auch nicht. Insofern brechen keine Dämme, wenn wieder einmal eine angebliche Hasswelle durch die Sozialen Medien schwappt. Wer Hass in naturgewaltige Metaphern kleidet oder – ebenso abwegig – als grassierenden Virus betrachtet, marginalisiert ihn.

Gleichwohl ist nicht von der Hand zu weisen, dass Hass oft genug Gegen-Hass provoziert und gerade deshalb als ansteckende Gefahr gesehen wird. Aber auch hier wäre einzuwenden: Wer Hasspraktiken pathologisiert, suggeriert zugleich, dass es möglich sein müsste, Menschen gegen Hassinfektionen zu immunisieren. Doch wie sollte dies je gelingen? Würden damit nicht vor allem Verantwortlichkeiten verschleiert oder gar geleugnet? Wenn Hass etwas sein soll, das wie aus dem Nichts über Menschen hereinbricht, dann gibt es auch niemanden, der diesen Hass aktiv zurückweisen oder für ihn haftbar gemacht werden könnte.

Die Ablehnung der Hass-Metaphorisierung darf aber nicht zur Illusionsbildung führen: Ein Hass, der nicht gestoppt wird, zielt auf Vernichtung. Die kommunikative Mechanik des Hasses baut auf der Unterscheidung zwischen den Ge- und Verhassten als konstruierten Objekten und den Hassenden als ihnen überlegenen Subjekten auf. In seiner ideengeschichtlichen Zusammenschau verschiedener Hasskonzeptionen erkennt der Soziologe Dirk Manske in diesem

Bestreben sogar eine historische Kontinuität: »So sehen [...] alle Autoren Hass als intensive Emotion, mit der das Subjekt auf existenziell bedrohlich wahrgenommene Objekte reagiert, wobei es das Ziel hasserfüllten Handelns ist, diese Objekte auszuschalten.«[20]

5 | Die Mystifizierung eines Hassbildes investiert in dessen Stärkung

Umso wichtiger ist es, möglichst genau zu überlegen, wie über Hass geschrieben wird und welche Begriffe zu seiner Charakterisierung herangezogen werden. »Grenzenloser Hass geht um in der Welt, mal glühend und schonungslos, mal schleichend und kalt« – so eröffnet der Philosoph André Glucksmann seine Überlegungen zur *Rückkehr einer elementaren Gewalt*. Und er schreibt: »Hartnäckig und verbohrt richtet er in privaten Beziehungen und im öffentlichen Leben Zerstörungen an«, so, als handle es sich beim Hass um ein eigenständig agierendes Wesen, das selbst darüber entscheide, wo, wann und bei wem es Unheil anrichten wolle.[21] Und in einem Buch mit dem Titel *Was ist Hass?* wird dieser wie selbstverständlich als das radikal Andere bestimmt: »Absoluter Hass ist außerordentlich, jenseits der herrschenden Ordnungsregeln.«[22]

Die Mystifizierung des Hasses erinnert an eine Sprechweise, mit der seit Mitte der 1990er Jahre auf das Aufkommen digitaler Bildwelten reagiert wird. Charakteristikum dieses Sprechens ist es, Bilder animistisch aufzuladen. Entsprechend wird mit Blick auf ästhetische und mediale Entwicklungen von einer »Bilderflut«[23] oder, noch deutlicher, vom »Leben der Bilder«[24] gesprochen. Vergleicht man die beiden Ansätze, scheint es, als spiegle sich in der Hassmystifizierung wider, was die Bildmystifizierung angestoßen hat. Die Rede vom eigenaktiven Hass ist das psychodramatisierte Pendant zur These vom eigenaktiven Bild.

Umso unverständlicher ist, dass Hassbilder nicht viel stärker im Fokus theoretischer Analysen stehen. Böte sich nicht gerade hier animistischen Neigungen Gelegenheit, zwei bereits essentialistisch aufgeladene Phänomene – Bild und Hass – als neuen Lebensbeweis der Dinge zu interpretieren? Dass dies kaum oder gar nicht geschieht, ist erfreulich – und bezeugt zugleich die nach wie vor verbreitete akademische Gewohnheit, um digitale, populäre, massenmediale Bildkulturen einen Bogen zu machen. So umfassend sich beispielsweise die Kunst- und Bildwissenschaften in die historische Tiefendimension künstlerischer Werke vertiefen, so zaghaft beginnen sie erst jetzt, ihr Interesse an den scheinbar profanen Bildern der (privaten) Digitalkultur zu schärfen.

Abgesehen von disziplinären Gewohnheiten dürfte es für das Verstehen der Bilder und ihrer Funktionen unerheblich zu sein, ob es sich beim Hass um eine Emotion handelt oder nicht. Gefühle mögen beteiligt sein – oder auch nicht. Mir jedenfalls bleiben die emotionalen Regungen der im Netz mutmaßlich Hassenden verschlossen. Und es ist mir nicht möglich, verlässliche Auskunft zur Hasswirkung bei Betroffenen zu geben. Den gefühlsbasierten Zugang zum Hass sehe ich sogar als nicht ganz ungefährlich an. Denn wenn der Hass im Netz immer nur als Zeichen überschäumender Wut, hochgradiger Gereiztheit oder als quasi-natürlicher Automatismus auffällt, dann bleiben womöglich all die (politischen) Interessen unentdeckt, die mit ihm verbunden werden. Zudem fällt eine solche Konzeption hinter Ansätze zurück, wie sie etwa von der Philosophin Judith Butler ausgearbeitet worden sind. »Hate speech funktioniert«, formuliert Butler bereits 1997 ebenso knapp wie präzise, »indem sie durch diskursive Mittel ein Subjekt konstituiert« – mit dem Ziel, in diesem »Sprechakt« die »Position der Herrschaft wieder auf[zurufen]«.[25]

Unter diesem Blickwinkel stellen sich zwei Fragen. Erstens: Wie sehen die Bildtechniken und -strategien des Hasses aus? Und zweitens: Wie könnten diese Bildtechniken und -strategien entkräftet werden? Die Bildbeispiele in diesem Buch entstammen unterschiedlichen Zusammenhängen. Sie kommen aus dem rechten Antisemitismus, aus dem fanatischen Jihadismus, aus der Lebensschutzbewegung und aus der linksextremistischen Szene. Daran schließen sich Überlegungen an, welche Möglichkeiten der Erwiderung es gibt und geben könnte – und welche Schwierigkeiten dabei zutage treten.

Die Auswahl der Bilder soll einerseits die Vielgestaltigkeit der Funktion von Hassbildern aufzeigen. Andererseits soll sie ähnliche ästhetische Merkmale zwischen konträren ideologischen Extremen nachweisen. Die vorgestellten Beispiele weisen digitalen Bildern jeweils prägnante Hassziele zu, so dass die Bilder exemplarisch zu interpretieren sind. Indem ich sowohl reichweitenstarke als auch wenig beachtete Accounts und Blogs analysiere, soll deutlich werden, wie tief der Umgang mit Hassbildern bereits in das alltägliche digitale Kommunikationsverhalten eingedrungen ist.

6 | Antisemitische Hassbilder erfüllen uneindeutige Funktionen

Doch zunächst zur antisemitischen Netzkommunikation. Über den Verweis auf physiognomische Merkmale als einen Grundzug antisemitischer Einstellungen schrieb der Historiker und Rassismusforscher Sander L. Gilman: »Tausend Jahre lang nahm man an, die Juden sähen anders aus, hätten eine andere äußere Erscheinung, und diese Erscheinung erwarb eine pathognomonische Bedeutung.«[26] Demnach wurden – und werden! – über ein stereotypisiertes Aussehen Menschen jüdischen Glaubens feste Eigenschaften zugeschrieben und diese als sichtbare Merkmale einer unterstellten Gruppenidentität ausgelesen.

Der Hass gegen diese Menschen verfährt so anspielungsreich wie möglich und so eindeutig wie nötig. Dabei hat der Antisemitismus durchaus beachtliche Fähigkeiten im Einsatz und im Umgang mit Bildern entwickelt. Bilder dienen ihm als ästhetische Gelegenheit, die drei Vorzüge aufweisen: Durch sie kann er sich – erstens – je nach Situation bekennen oder tarnen. Dies führt – zweitens – dazu, dass jeweils ein Raum geöffnet wird, der durch sprachliche Tabus der Breite der Gesellschaft verschlossen bleibt. Ist dieser Raum erst einmal geöffnet, kann sich der auf diesem Weg kommunizierte Hass – dies sein dritter Vorzug – normalisieren und damit als gewöhnliche Erscheinung etablieren. Dieser bildlich ästhetisierte Hass vollendet sich in seiner eigenen Unscheinbarkeit.

Dennoch ist die Frage, welche Rolle Bilder in antisemitischen Hass-Postings einnehmen, nicht einfach zu beantworten.[27] Oft ist zu beobachten, dass der antisemitische Impuls darauf zielt, mit ihm verwandte Interessen zu bedienen. Der Antisemitismus kann seinerseits ein Mittel zum Zweck sein – und muss dies mitunter auch, um sich unter digitalen Kommunikationsbedingungen ausbreiten zu können. Im Zuge der seit 2018 intensivierten Löschpraxis der großen Netzwerkbetreiber – insbesondere Facebook, Instagram und Twitter – fiel es rechtsextremen Usern zunehmend schwer, offen antisemitische Hass-Postings abzusetzen. Verschwunden sind sie allerdings nicht.

7 | Hassbilder werden als Instrumente der Denunziation eingesetzt

Ein vielfach genutzter Trick besteht darin, auf vordigitale Darstellungen zurückzugreifen und sich aus dem historischen Fundus antisemitischer Karikaturen, Schmäh- und Hetzdarstellungen zu bedienen. Besonders beliebte Motive sind dabei Versionen einer Zeichnung A. Paul Webers. (#7) Zunächst in den 1920er Jahren antisemitisch auftretend, engagierte sich der Illustrator, Zeichner und Lithograf ab den frühen 1930er Jahren publizistisch und verlegerisch im bolschewistischen Widerstand. Es ging Weber dabei weniger um eine antinationalsozialistische, antifaschistische Haltung denn um eine Kritik, die im Erstarken der NSDAP – und in Hitler persönlich – im Grunde nur den falschen Weg sah. Erwirkt werden sollte die Befreiung aus einer angeblich jüdisch-westlich verschworenen Siegermacht, die sich als Folge des Ersten Weltkriegs etabliert hatte. Obwohl das antisemitische Motiv treibende Kraft blieb, wurde Weber in den Nachkriegsjahrzehnten wiederholt »vor dem Vorwurf des Antisemitismus und der Mitläuferschaft im Nationalsozialismus in Schutz«[28] genommen – was womöglich noch heute dazu veranlassen mag, ihn als unverdächtigen Karikaturisten zu betrachten.

Der Denunziant zeigt eine um die Häuser schleichende, langnasige wie großohrige, je nach zeichnerischer Ausführung verstohlen grinsende oder boshaft dreinblickende, stets gedrungene Figur. In einer Hand hält sie einen Bündel Scheine, offenbar bereit, für oder mittels Geld den Nächstbesten ans

#7   A. Paul Weber: *Der Denunziant*, Zeichnung/Lithographie, mutmaßlich 1934

Messer zu liefern. Unklar bleibt, welcher Typ gemeint sein soll: Ist es, entworfen unter dem Eindruck des sich formierenden Terrors, ein Handlanger der Nationalsozialisten – und fungiert die Zeichnung damit als karikierende Regimekritik? Oder spielt Weber mit dem von Gilman genannten Hassprinzip des physiognomischen Stereotyps, das in diesem Fall den verschlagenen Juden ausweisen soll, den die wirtschaftliche Gier hinterhältig und skrupellos werden lässt?

Das Motiv beschäftigte Weber von den frühen 1930er bis hinein in die 1960er Jahre[29] – und das Zusammenwirken aus historischem Anstrich und ungeklärter Bedeutung macht die Darstellungen bis heute attraktiv. Auf antisemitisch geprägten

Accounts finden sie sich ebenso, wie sie von rechtspopulistisch, neofaschistisch und offen fremdenfeindlich auftretenden Usern gepostet werden. (#8) Dabei fällt auf, dass der Judenhass in den entsprechenden Einlassungen gar nicht als das vordringliche Anliegen in Erscheinung treten soll. Stattdessen bemäntelt man die eigene Sicht der Dinge, indem man die Zeichnungen etwa nur deshalb postet, um sich im Triumphgefühl zu baden, der Löschaktivität wieder einmal entkommen zu sein.

Gerade weil die Zeichnungen keine eindeutigen Aussagen liefern, kommt der sprachlichen Rahmung richtungsweisende Funktion zu. Wiederholt werden die Zeichnungen mit Auszügen aus dem 1884 erschienenen Gedicht *Der Denunziant* des Schriftstellers und Sozialdemokraten Max Kegel kombiniert. Andernorts werden in Runen- oder Frakturschrift

#8 *Der Denunziant* auf dem Facebook-Account »Marko Voss«

 # 9 »Der Denunziant« auf dem Twitter-Account »Andy Wilfried Tauscher«

inhaltlich ähnliche, szenebekannte Sinnsprüche einkopiert – hier mit einem Zweizeiler, der angeblich auf August Heinrich Hoffmann von Fallersleben zurückgeht. (#9) Damit soll ebenfalls die vorgeblich denunziatorische Aktivität von Usern des gegnerischen Lagers angezeigt und provozierend herausgefordert werden.

8 | Hassbilder fördern Gewalt – unabhängig von der politischen Gesinnung

Die gewünschte Hasswirkung ist demnach nicht – wie in Renate Künasts Fall – auf einen bestimmten Menschen gerichtet. Adressiert wird eine diffuse, aber daher umso lebhafter imaginierte Menschengruppe: die vermeintlich politisch Korrekten, die angeblich im Geiste totalitaristischer Meldepraktiken auf Facebook Kontrollen durchführen, um Unliebsame zuerst

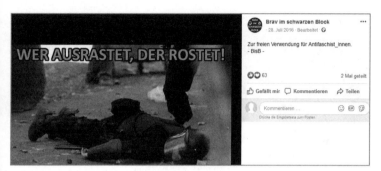

#10 Linksextremistische Verhöhnung des Opfers

registrieren und dann aussondern zu lassen. In diesem Kontext erweist sich das Arrangement aus Bild und Text als die eigentliche Form der Denunziation. Und dies auf durchaus verschachtelte Weise: Man ruft den Kontext des Nationalsozialismus ästhetisch auf, aber nicht, um sich offen zu seinen Ideologemen zu bekennen. Stattdessen wird versucht, nun seinerseits den politischen Gegnern eine Nähe zu nationalsozialistischen Strukturen anzulasten. Man führt die eigene, antisemitisch grundierte Position ins Feld – und spielt zugleich den zu erwartenden Vorwurf, öffentliche Denunziation zu betreiben, an die Gegner zurück.

In rechtsextremistisch orientierten Kreisen, die solche Praktiken pflegen, wird das Gewaltmotiv strategisch versteckt, was nicht dazu verleiten darf, es als unbedeutend einzustufen. Dennoch fällt auf, dass Gewalt durch linksradikale Gruppierungen ungleich offensiver zur Schau gestellt wird – was seinen Grund möglicherweise darin haben mag, dass in öffentlichen Debatten Hass-Postings immer noch als mehrheitlich rechtsextremistische Artikulationsformen diskutiert werden. Insofern dürfte es für Linksextremisten weniger Anlass geben, Botschaften zu kaschieren. Wie eng Hass und Gewaltausübung auf digitaler Bildebene miteinander verbunden werden, zeigt ein Blick in Foren und Accounts radikaler Antifa- oder Schwarzer-Block-Verbünde. Dort werden etwa massenhaft Bilder offenkundig verletzter Polizisten gepostet, wobei höhnische bis menschenverachtende Kommentare (»Wer ausrastet, der rostet!«[30]) den Fotografien eine beispiellose Qualität der Erniedrigung verleihen. (#10)

Dass hier wie in vielen anderen Fällen Fotos zum Einsatz gelangen, ist von besonderer Relevanz für Gestaltung dieses Hasses. Das individuelle Opfer kann hierdurch auf wiederum dreifache Weise diskriminiert werden: indem es erstens auf seinen Opferstatus reduziert, zweitens in seiner Lage verlacht und drittens als Typus des generell zu Verachtenden präsentiert wird. Wie strategisch gezielt der Hass dabei eingesetzt wird, lässt sich an der Rahmung solcher Bild-Postings ablesen: Oft werden sie mit der Aufforderung zur gruppeninternen Weiterverbreitung versehen, dienen also als Multiplikatoren des Hasses (in diesem Fall: »Zur freien Verwendung für Antifaschist_innen«).[31]

So berauscht man sich an immer neuen Hass-Postings und tausenden Gewaltfotografien, die vor allem bei eskalierenden 1.-Mai-Demonstrationen entstanden sein dürften. Neben einer Vorliebe für visuelle Erniedrigungen kursieren abstraktere und schematisch ästhetisierte Darstellungen. Diese sollen als sprechende Gewalthandlungen wirken, indem sie etwa das Abtrennen von Gliedmaßen politischer Gegner in Aussicht stellen. (#11) Auffallend ist hier die inszenatorische Nähe zu

#11 Stereotypisierter Gewaltaufruf

#12 Verzahnung zwischen Straßenschlacht und Online-Hass

antisemitischen Hassbildern, wird doch auch in diesem Fall mit physiognomischen Stereotypen gearbeitet, um den Eindruck eines dummen Menschen zu evozieren. In anderen Fällen wird besonders oft mit Auschwitz-Motiven hantiert, wobei eigene Gewalthandlungen ideologisch legitimiert werden sollen (»This is why it's okay to punch a Nazi in the face«[32]).

Dazu passt auch, dass diese Bildformen wiederum mit Fotografien von Plakatierungen im öffentlichen Raum ergänzt werden. Das soll suggerieren, dass der bildästhetische Gewaltaufruf die Grenzen der digitalen Kommunikation überschritten und sich mit der Straße und den dort ausgetragenen Schlachten verbunden hat. (#12) Insgesamt entsteht so der Eindruck einer radikalisierten, extremistisch motivierten Gruppenidentität, die aufgebaut und stabilisiert wird, indem potenzielle Gewaltopfer vorgeführt und in Dauerschleife mit Hassäußerungen überzogen werden – um den erforderlichen Energielevel und die Bereitschaft zum Zuschlagen aufrechtzuerhalten.

9 | Durch das Prinzip der Wiederholung zu »Weltjudentum« und »ewigem Juden«

Ähnlich wie in linksextremistischen Zirkeln richtet sich auch der Fokus rechtsesoterischer Verschwörungsmilieus meist auf konkrete Personen, um diese als Vertreter eines Kollektivs zu adressieren. Insbesondere der rechte Mythos vom ewigen Juden stellt wiederholt medial herausgehobene Akteure – wie etwa den Unternehmer und Investor George Soros – ins Zentrum.[33] David Icke, ehemaliger britischer Fußball-Profi und heutiger Publizist rechter Verschwörungslegenden, setzte im November 2016 einen insofern symptomatischen Tweet ab. **(#13)** Überschrieben mit »George Soros: Dystopia's Minister of Truth«, dient der Tweet als Aufhänger, um auf Ickes Blog[34] zu verlinken. Formal hat die zusammenmontierte Bildertafel eine Scharnierfunktion: In ihrer grellen Aufmachung soll sie Aufmerksamkeit auf sich ziehen und zum Klick auf den Blog motivieren. Dort finden sich die ersten Zeilen eines umfassenden antijüdischen Artikels des Journalisten Gilbert Mercier,[35] den dieser einen Tag zuvor auf der einflussreichen amerikanischen Polit-Seite *CounterPunch* veröffentlicht hatte.

Das Beispiel ist bemerkenswert, weil die kommunikative Verkettung hier nicht, wie bislang gezeigt, von der Sprache ausgeht. Stattdessen initiiert das Bild die antisemitische Geste, indem es als Bestandteil des Tweets dem Artikeltext vorgelagert ist. Zwar legt die mitgetwitterte Artikel-Überschrift bereits eine bestimmte Lesart des Bildes nahe. Dennoch ist es vor allem das ästhetische Arrangement, mit dem die Sache auf den Punkt gebracht werden soll. Dies geschieht unter

#13 Judenverschwörung bei David Icke

anderem dadurch, dass die Tafel mit einer Zweiteilung – einem Oben und einem Unten – arbeitet und damit visuell die Struktur des verlinkten Textes aufgreift.

Das Prinzip der Hierarchisierung ist sogar der entscheidende Kniff, um an Soros ein antijüdisches Exempel statuieren zu können. Indem er nach oben gesetzt wird, lässt sich eine Konstellation der Unterdrückung behaupten. Hinzu kommt die visuelle Suggestion, wonach aus der vermeintlichen Dominanz des Protagonisten Chaos und Wut – eine dystopische Zukunft – erwachse, da Soros, ganz judentypisch, ausbeuterisch wirke und schädlichen Einfluss nehme. Analog dazu ist im Artikel zu lesen, dass Soros »schmutzig reich« geworden und nunmehr bestrebt sei, »die Politik weltweit zu beeinflussen«.[36]

Dieser Antisemitismus möchte die Atmosphäre der Ausgrenzung ästhetisch popularisieren. Eine letztlich überschaubare Anzahl stereotypisierter Zeichen soll den Judenhass vervielfältigen – für solche Inszenierungen ist es folglich unerheblich, ob gegen Juden auch sprachlich gehetzt wird. Die grafischen Konventionen der systematischen Diffamierung dürften derart stark verinnerlicht sein, dass es kaum weiterer Worte bedarf. »Die Inhalte und sprachlichen Formen sind aufgrund ihrer Äquivalenz in Struktur und Argumentation oft nahezu austauschbar«, beobachtet auch die Kognitionswissenschaftlerin Monika Schwarz-Friesel in ihrer Analyse zum *Antisemitismus im digitalen Zeitalter*.[37] Tatsächlich scheint es zu genügen, immer wieder gleiche oder ähnliche Bilder in Umlauf zu bringen. In der bildlichen Wiederholung findet der Antisemitismus einen kommunikativen Weg, der zu seiner gesellschaftlichen Normalisierung führen soll.

Die Wiederholung ist indes ein Mechanismus, der auch mit den Strukturen der Sozialen Netzwerke verbunden ist. Jedes Retweeten und Teilen, jeder Repost vollzieht einen Akt der Wiederholung. Daraus ergibt sich allerdings nicht, dass auch jeweils stabile Bedeutungen weitergegeben werden. Je nach Einbettung und Einfassung werden den wiederholten Inhalten neue Bedeutungen zugeschrieben. Bezogen auf Hasskommunikationen heißt das: Ressentiments lassen sich durch wiederholte Subjektivierung vervielfältigen. Verbreitung in der Fläche und Verfestigung in Einzelnen gehen Hand in Hand.

Im Falle des digitalen Antisemitismus sind es erneut grafische Aufbereitungen, mit denen dieses Ineinander von Quantität und Qualität erreicht wird. Antijüdische Hetze ist, da sie mit besonders verhärteten Klischees hantiert, nahezu immer bildhaft geprägt – wie beispielsweise im rassistischen Topos vom Weltjudentum, das wiederum eng mit der Vorstellung des allmächtigen Strippenziehers verknüpft ist. So fabuliert auch Mercier in seinem Artikel und mit Blick auf Soros in antisemitisch prototypischer Weise vom »unbestreitbaren

Marionettenspieler des humanitären Imperialismus«.[38] Die Idee vom Marionettenspieler, der die Mächtigen der Welt, ja die Welt selbst in Händen halte, erscheint bis heute als ausreichend plastisch, um in Bilder übersetzt zu werden.[39]

10 | Antijüdische Hate-Memes formalisieren den Hass

Wer sprachliche Images und bildliche Manifestationen miteinander verkettet, findet auch Wege, um in nur einem (!) Twitter-Thread eine Beziehung zwischen einem Whistleblower und einem antisemitischen Hass-Posting zu konstruieren. Der User des betreffenden Twitter-Accounts, immerhin über 100.000 Follower stark, argumentiert mit dem Einsatz eines Bildes (#14) – und zwar nicht als Weiterführung eines Textes mit anderen Mitteln, sondern als Intensivierung eines bereits zuvor geposteten Bildes. (#15) Beide Bilder werden zwar sprachlich eingefasst und somit persönlicher Auslegung unterzogen. Doch das antisemitische Muster des Puppenspielers, der die Massenmedien gleichschalte, verfestigt sich vor allem im Bild. Es kommt zu einer schleichenden Radikalisierung, die sich binnen Sekunden vom einen zum anderen Bild voll-

#14 Hass-Meme zum jüdischen Puppenspieler

zieht – und unmittelbar in die Personalisierung des antijüdischen Ressentiments mündet.

Zurückgegriffen wird dabei auf Memes, die bereits zuvor auf unterschiedlichen Plattformen zirkulierten und allesamt darauf angelegt waren, Soros als Steuerungsinstanz der Weltgeschicke und -geschichte zu dämonisieren. Gestaltet sind diese Memes so, dass sie einerseits über eine feste grafische Struktur verfügen und andererseits Platzhalter aufweisen, die sich mit immer neuen Vermerken, Porträts und Logos füllen lassen. (#16) Insofern eignen sich die Memes, mit wildesten Verschwörungsideen verbunden zu werden: beginnend bei wirtschaftlichen Abhängigkeiten über massenmediale Verstrickungen bis hin zu politischen Infiltrationen.

#15 Vorbereitendes Meme zum Judenhass

So wird Rassismus digitalkulturell formalisiert. Er avanciert zu seiner eigenen Schablone, zu einem Formular des Hasses, in das nach Belieben einzutragen ist, was man als geeignet zur Abwertung gegenüber Personen oder Personengruppen ansieht. Die Geste der Willkür ist diesem Antisemitismus tief eingeschrieben, ja sogar dessen treibende Kraft: Gerade weil solche Memes zur freien Weiterbearbeitung in Umlauf gebracht werden, lässt sich Hass auf formalästhetischer Basis inhaltlich entgrenzen. Der Antisemitismus wird, um nochmals mit Monika Schwarz-Friesel zu sprechen, zum digitalen

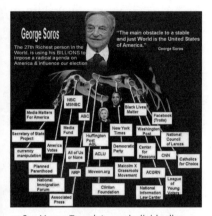

#16 Meme-Template zur individuellen Hassgestaltung

#17 Ausweitung der Memes auf immer neue Kontexte

»Chamäleon«.[40] Die digitale Bildpraxis des Antisemitismus ist in der Lage, sich in der ästhetischen Erscheinung ihrer jeweiligen Umwelt anzupassen.

Mitunter führt dies zu grotesken Überspannungen – beispielsweise dann, wenn der vermeintliche Weltenlenker als großmeisterlicher Regisseur für Zeichen der Solidarität und Kritik in Szene gesetzt werden soll. **(#17)** Im Jahr 2016 entschieden sich Teams der US-amerikanischen Football-Liga NFL, durch Niederknien während des Abspielens der Nationalhymne gegen rassistisch motivierte Polizeigewalt zu demonstrieren. Zum verschärften Politikum wurde die öffentliche Geste durch Äußerungen des US-Präsidenten, der die Aktion mit rassistischen Anspielungen diffamierte, ihr damit allerdings erst recht Auftrieb gab. Die Hasswirkung eines solches Memes setzt folglich – gerade wegen ihrer ungehobelten Konstruktion – darauf, das antisemitische Vorurteil an eine rassistisch aufgeheizte politische Stimmung anzudocken. So ästhetisch rudimentär diese Bildmontage auch wirken mag, so gezielt wird versucht, antijüdische Reflexe in der gesellschaftlichen Breite zu verankern.

11 | Hybride Hassbilder integrieren popästhetische Muster

Diese visuelle Ausbreitung erstreckt sich bis hinein in die rechtsesoterische Boulevard-Publizistik. Aus den Nischen der kreischenden Verschwörungsbotschaften werden Schriften gestreut, die an einem zeitgenössisch-hippen Antisemitismus basteln – und in ihrer plakativen Dramatisierung auf Bildmuster vor allem der Kinokultur zurückgreifen. (#18) Ersichtlich wird, dass rechte Hasspraktiken ästhetische Konventionen übernehmen, um schrittweise eigene Bildprogramme aufzubauen. Diese kondensieren schließlich in einem visuellen Habitus, in dem der Judenhass nicht mehr so leicht zu erkennen ist. Die Bildgrenzen –

#18   Rechtsesoterische Übernahme digitaler Bildmuster

auch dies ein Merkmal der Netzkultur! – werden durch die Bildpraktiken zuerst aufgeweicht und dann verflüssigt.

Die hybride, popästhetische Prägung dieser Bilder zeigt sich insbesondere dann, wenn verschiedene Stilistiken miteinander kombiniert werden. In einem kurz nach seiner Veröffentlichung wieder gelöschten Tweet bediente sich der Unternehmer und Investor Adam Milstein im Jahr 2017 eines solchen Hybrid-Memes, das zu diesem Zeitpunkt bereits zwei Jahre in Umlauf gewesen war.[41] (#19) Es arrangiert ein ausgeschnittenes Porträt von Soros mit comicähnlichen, oktopusartigen Tentakeln, die eine schematisierte Weltkugel umgreifen.

Das Meme verleiht dem Tweet-Text eine gleichsam symbolische wie veranschaulichende Dimension. Milstein hatte insinuiert, Soros finanziere die Unterdrückung der Meinungsfreiheit, die Teilung der Amerikaner sowie – generell – das Entstehen von Bürgerunruhen.[42] Das Bild aktiviert dazu zwei ebenso gängige wie historisch bekannte Muster des Antisemitismus: einerseits die entmenschlichende Verwandlung des Juden in ein monströses Tier, was vor allem in der Figur des überdimensionierten Ungeziefers[43] oder in dem – seit dem Mittelalter gängigen – Motiv der »Judensau« zum Tragen kommt; und zum anderen die Unterwerfung der Welt unter das personifizierte Judentum.

#19 Personifiziertes Weltjudentum bei Adam Milstein

Das Bild vom Zugriff des tierischen Juden auf den Weltkörper bedient sich bei antijüdischen Karikaturen, die sich bis in die frühen 1890er Jahre zurückverfolgen lassen. (#20) Auf Flugblättern, Postkarten und Titelseiten antisemitischer Zeitschriften fanden sich Darstellungen, die den physiognomisch verhässlichten Juden halb sich am Globus festklammernd, halb diesen vereinnahmend zeigten. Unter seinen Hand- und Fußkrallen – diese bereits ans Tiermonströse erinnernd – sowie aus den Taschen quellen Münzen und Scheine hervor, die darauf hinweisen sollen, dass die angestrebte Weltherrschaft aus unersättlicher Gier resultiere und in die ewige Ausbeutung der Menschheit münden werde. Entsprechend lässt sich Milsteins Tweet lesen: In letzter Konsequenz unterstellt auch er, dass Soros in den Umsturz der Verhältnisse investiere, um aus einem systemischen Kollaps finanzielle Gewinne zu erzielen.

#20 *La Libre Parole* 1893, Titelkarikatur

Das von Milstein verwendete Meme zeigt, dass die digitale Bildpraxis des antisemitischen Hasses von der historischen Bildtradition der Judenfeindschaft nicht abzulösen ist. Im Gegenteil: Ein solches Meme ist – wie viele andere Hassbilder auch – nicht nur auf Wiederholung synchroner, sondern auch diachroner Muster angelegt. Diese lassen sich mit Bildern der eigenen Zeit verknüpfen und sollen zugleich als Produkte der Geschichte auffallen. Das verleiht ihnen Popularität und scheinbare Autorität – und bedeutet zugleich, dass sich der Kampf gegen das Vordringen des Antisemitismus nie auf das bloße Ignorieren solcher Muster verlassen darf.

12 | Jihadistischer Hass wird als Lebens- und Wertentscheidung ins Bild gesetzt

Es ist durchaus üblich, Hassbilder mit populären Bildkulturen zu vermischen. Dass diese Bildkulturen meist keine direkten Schnittmengen mit öffentlichen Hasspraktiken haben, wird dabei nicht als Hindernis oder Makel, sondern als Chance gesehen: Durch popästhetisch angereicherte Bilder lassen sich Taktiken umsetzen, die das Bestehende dem eigenen Vorhaben dienstbar machen. Ziel ist es, politisch motivierten Hass aus gesellschaftlichen und kulturellen Nischen herauszuholen und ihn neuen Zielgruppen anzupreisen. Zu einigen der in dieser Hinsicht auffälligsten und wohl am intensivsten diskutierten Praktiken[44] griff der sogenannte Islamische Staat (IS) zur Zeit seiner medialen Hochphase – die jedenfalls in westlichen Gesellschaften als eine solche wahrgenommen und entsprechend als Erfolg verbucht worden war.

Tatsächlich standen westliche Gesellschaften über Jahre im Fokus der IS-Medienstrategie. Es galt, Unterstützer aus nicht-islamistischen Kontexten zu rekrutieren, in der Hoffnung, eine Destabilisierung liberaler Demokratien zu bewirken. Zu diesem Zweck wurden Werbevideos produziert und über die Sozialen Medien verteilt – und damit indirekt in die Nachrichten und Magazine der großen TV-Anstalten geschleust. Dramaturgie, Schnitt und Bildästhetik dieser Videos erinnern an die Trailer bekannter Hollywood-Blockbuster. Der Hass auf Anders- oder Ungläubige sollte in Bildern erscheinen, die eine kulturelle, soziale und religiöse Heldentat in Aussicht stellen. Dieses Aufgreifen westlich imprägnierter Bildkonventionen erlaubte es, den gewalttätigen Hass als wertstiftenden Lebensstil – als Triumph einer Identitätsbildung – in Szene zu setzen.

Umso mehr musste darauf geachtet werden, die ästhetische Fiktionalisierung, die Filmtrailern eigen ist, nicht etwa außer Kraft zu setzen, sondern sie gezielt zu nutzen – und nach Möglichkeit sogar noch zu steigern. Mutmaßliche Grundlage der Videos bildete Found-Footage-Material, das dem Anschein nach während tatsächlicher Gewalthandlungen und Tötungsdelikte aufgenommen worden war – die genaue Herkunft einer eingeschnittenen Erschießungsszene und das Bild eines malträtierten Körpers eines Soldaten lassen sich allerdings kaum zweifelsfrei rekonstruieren. (#21) Hinzu kamen Versuche, weltweit bekannte Wahrzeichen der imperialen Feinde zu okkupieren, etwa indem militärische Leistungen und die Verehrung von Helden reinszeniert wurden. (#22) Mit der Okkupation nationalhistorischer Insignien ist die Geste der Überbietung verbunden. Der IS soll als souverän dargestellt werden, ganz so, als sei es ihm bereits gelungen, das symbolische Kapital des Feindes zu vereinnahmen.

Die derart raffiniert komponierten – und als Kompositionen ausgestellten! – Bilderketten ziehen den Schrecken aus den Einzelbildern ab. Sie verlieren ihren Dokumentations-

#21 Filmisch aufbereitete Tötungshandlungen

#22 Islamistische Re-Inszenierung des »US Marine Corps War Memorial«

#23 Abspann und Logo des Rekrutierungsvideos

charakter und wirken nicht länger als visuelle Zeugnisse der Tat. Stattdessen stellen sie neue Möglichkeiten des Engagements in Aussicht, sollen also aktivierend wirken und Aufbruchsgefühle stiften. Der Hass gerät zum ideellen Vermögen: Wer sich dem IS anschließt, erwerbe Zugang zu einer intensivierten Lebensweise, werde Teil eines von Abenteuer und Risiko aufgeladenen Erregungszustands.

Wie konsequent dieser Hass als erstrebenswert ausgewiesen wird, lässt sich an den Vor- und Abspännen der Videos studieren. (#23) Diese übernehmen die Funktion einer Markenbildung, zielen also auf Wiedererkennbarkeit und Identifikation. Gleichzeitig setzen sie einen formalästhetischen Rahmen, grenzen die Videoinhalte von konkurrierenden Sinnangeboten ab und tragen dazu bei, die montierten Szenen mit dem Signum der Exklusivität auszuzeichnen.

13 | Liberale Mediengesellschaften geraten in moralische Dilemmata

Mit diesen Mitteln findet der Hass ein ihm dienendes Gegengewicht. Der Übertritt zum IS soll als Abkehr von bisherigen Lebensgewohnheiten erscheinen und Eintritt in ein Reich fiktionaler Möglichkeiten offerieren. Hassbilder und die Öffnung eines fiktionalen Raumes bilden die zwei Seiten einer Medaille. So radikal westliche Wohlstandsgesellschaften als auszulöschende Kulturen dargestellt werden, so suggestiv appellieren die Videos an Sinnbedürfnisse und Wertsehnsüchte. Den Gesten der kollektiven Abwertung liegt das Versprechen einer persönlichen Aufwertung zugrunde.

Weitgehend unbemerkt blieb, wie in den so herausgeforderten – und oft direkt betroffenen – Gesellschaften auf die Bildstrategien des IS reagiert wurde. Gerade weil dessen Taktiken darauf setzten, einen islamistisch motivierten Hass visuell in andere Kulturen einzuflechten, regte sich das Bedürfnis, diesen Hass nun ebenfalls auf Ebene der Bilder zu erwidern. Als sich die japanische Regierung Anfang 2015 mit hohen Lösegeldforderungen konfrontiert sah und akut mit der – kurz darauf auch tatsächlich vollzogenen – Tötung zweier Staatsbürger rechnen musste, kamen auf Twitter derartige Bildentgegnungen in Umlauf.[45] (#24, #25 und #26) Dabei wurden Videosequenzen gezielt umgearbeitet, die zuvor von den Terroristen veröffentlicht worden waren.

Durch Veränderung einzelner Bildelemente entsteht der Eindruck einer entkräfteten, der Lächerlichkeit preisgegebenen Machtgeste. Gleichzeitig drängt sich die Frage auf, was derartige Bildbearbeitungen für den Blick auf die Opfer bedeuten:

#24, 25, 26 Bildversuche, das Hassvideo ästhetisch zurückzuweisen

Werden sie durch die artistische Modellierung der Video-Stills nicht ähnlich abschätzig behandelt wie die Täter? Inwiefern kann es dem Leid der Opfer angemessen sein, wenn sie durch Manga-Köpfe ersetzt, einem Rollentausch unterzogen oder, gemeinsam mit den Tätern, auf Flugobjekte gesetzt werden?

So berechtigt und notwendig eine moralische Reflexion ist, so unnachgiebig verleitet sie dazu, ihre Kategorien absolut zu setzen. Versucht man, diesen Einwand in einen Zusammenhang mit anderen Kategorien – ästhetischen oder kommunikativen – zu bringen, verschiebt sich der Maßstab der Bewertung. Er wird dann nicht relativiert, sondern um andere Perspektiven ergänzt. Eine solch erweiterte Sichtweise könnte ermöglichen, die Bildbearbeitungen als Versuche einer ästhetischen Zurückweisung zu deuten. Dienen diese Eingriffe nicht auch dazu, die medial aufgedrängte Hassbotschaft wiederum medial zu distanzieren? Lassen sie sich als praktische Versuche deuten, die Videos gerade nicht so zu rezipieren, wie es die Absender gerne hätten?

Hass provoziert keineswegs automatisch Gegen-Hass. Und schon gar nicht produziert er ihn. Die hier vorgestellten Signale der Souveränität schöpfen ihre Kraft aus dem Verlachen. Die Bildreaktionen bedienen sich jener Freiheitsgrade, die jede Kommunikation lässt, indem sich User weigern, Betroffenheit oder (persönliches) Getroffensein zu senden. Sich dieser Zeichen zu enthalten bedeutet, das Werk der Hassenden nicht zu vollenden. Darin deutet sich eine strukturelle Bedingtheit des Hasses im Netz an: Er ist, um verfangen zu können, auf die Bereitschaft anderer angewiesen. Erst die anderen bestimmen darüber, ob sich der Hass in seiner Wirkung entfaltet. Hass ist in dieser Hinsicht ein kommunikativer Akt, der seinem Ziel nur dann näherkommt, wenn er auf Menschen trifft, deren Form der Erwiderung in seiner Intention bereits einkalkuliert ist. Kürzer: Hass verpufft, wenn die Reaktionen ausbleiben, die eine erfolgreiche Hasskommunikation voraussetzt.

Zwar klärt diese Interpretation nicht darüber auf, inwiefern den Opfern damit abermaliger – symbolischer – Schaden zugefügt wird. Dennoch lassen sich von einer solchen Warte aus Überlegungen darüber anstellen, welche medialen Möglichkeiten zur Verfügung stehen, um sich Hassbildern entgegenzustellen. Allgemeiner formuliert: Wie kann ihnen entgegnet werden, um ihnen nicht – als ihr Adressat – ausgeliefert zu sein?

14 | Hassbilder werden durch Gesten der Originalität schleichend reproduziert

Neben Bildeingriffen hat sich vor allem in kommerziellen TV-Reportagen eine weitere Methode zur Kontrollgewinnung etabliert: Video-Zusammenschnitte, mit denen belegt werden soll, wie sklavisch die jihadistische Hasskommunikation westlichen Bildstandards verhaftet bleibt. Dazu werden aufwendig produzierte Vergleiche kleinteiliger Bildausschnitte angestrengt. (#27) Konzentriert auf formale Ähnlichkeiten, soll gezeigt werden, wie ästhetisch angepasst die Hasspropaganda agiert: »Memes, Charaktere und Szenen, die in Hollywood-Filmen, Videospielen und Musikvideos« entwickelt worden seien, würden sogar »manchmal direkt kopiert.«[46] Ersichtlich artikuliert sich hier das Bedürfnis, die eigene mediale Überlegenheit unter Beweis zu stellen. Westliche Bildpraktiken werden als originell und kreativ-schöpferisch bewertet – wohingegen die islamistische Hasspropaganda nur abkupfere und okkupiere, was sie mit eigenen Mitteln nicht (er)schaffen könne.

So gut gemeint Versuche sind, die islamistische Praxis der Rekrutierung durch Hassbilder in den eigenen Medienkanälen einzufangen, so rasch werden dabei neue Stereotypen produziert. Die strategische Medienintelligenz des IS zeigte sich ja gerade nicht in der bloßen Wiederholung existierenden Materials – sondern darin, dass die westlichen Feinde dazu angestachelt wurden, die Wiederholung tausend- und millionenfach selbst durchzuführen. Insofern investieren solche Abgleiche durchaus – ungewollt – in jene Anliegen, die der Entwicklung jihadistischer Hassbilder zugrunde liegen könnten.

Damit steht die Frage im Raum, ob es solchen Strategien nicht doch gelingt, ein kulturelles Dilemma herbeizuführen. Denn erzeugt werden gleich mehrere und nur schwer auflösbare Konflikte: Eine generelle ästhetische Tabuisierung ist in einer offenen Medien- und Bildkultur nahezu ausgeschlossen. Zudem läuft die ironische Überarbeitung mit (popästhetischen) Zeichen der eigenen Kultur Gefahr, die Gewaltakte an den Opfern symbolisch erneut zu verüben. Und schließlich folgt die Einfassung durch Abgleich mit einer angeblich aufgeklärten Hochkultur der identitären, ethnopluralistischen Idee von der überlegenen Gesellschaft.

Braucht es daher, wie in einem Leitfaden zum medialen Umgang mit Hass-Postings erwogen wird, »einen systematisierenden Handlungsrahmen für Redaktionen«?[47] Wie aber könnte dieser aussehen? Auf welchen Wertvorstellungen sollte er fußen? Und wie will er den öffentlichen Umgang mit Bildern – abgesehen von grundgesetzlichen Regelungen – systematisieren? Hassbilder, so zeigt sich einmal mehr, sind kommunikative Mittel, die darauf angelegt sind, eine

#27 Bild- und Szenenabgleich mit Ego-Shooter-Games

Hassoffensive gegen systematische Zurückweisungen zu immunisieren. Oder anders gesprochen: Um Hass mit besonderer Hartnäckigkeit dort verankern zu können, wo er seine Wirkung entfalten soll, setzen seine Strategien auf Bilder.

15 | Lebensschutzbewegungen kultivieren unterschwellige Hassbilder

Verankerung kann sich über Emotionalisierung einstellen. Was mit starken Gefühlen oder intensiven Regungen in Verbindung tritt, ist meist auch mit gesteigerter persönlicher Betroffenheit belegt. Darauf jedenfalls spekulieren viele Hasskommunikationen. Etliche von ihnen sind vom Interesse angetrieben, Affekte hervorzurufen und Reflexe auszulösen – um damit für ein insgesamt aufgeheiztes soziales Klima zu sorgen.

Zu Techniken mit besonders gefühlsaufwallender Wirkung gelangen Aktivistinnen und Aktivisten, die sich für einen fundamentalen Schutz des ungeborenen Lebens einsetzen. Ihr Hass richtet sich auf Abtreibende, deren Partnerinnen und Partner, auf emanzipatorische und feministische Unterstützerkreise – und es ist ein Hass, der sich durch behauptete Anwaltschaft selbst beglaubigt: Indem man für das ungeborene Kind als das angeblich wehrloseste aller Geschöpfe eintritt, um ihm das Leben zu sichern, wähnt man sich in einer Position, von der aus die scheinbar zentralsten Anliegen der menschlichen Spezies verteidigt werden. Mit dem entgrenzten Selbstanspruch korreliert ein derart tiefgreifendes Bildvertrauen, wie es in kaum einem anderen Feld des Hasses im Netz zu beobachten ist.

So existieren etliche Twitter- und Facebook-Accounts, in denen mehrfach täglich die immer gleiche Botschaft mit immer anderen Bildern gepostet wird. **(#28)** Bereits die Namen der Accounts und entsprechenden Gruppen – »The ProLife Momma«, »Pro-Life Warriors« – lassen keinen Zweifel, dass es bei ihnen im Grunde nichts Neues zu erfahren gibt. Stattdessen spulen sie in ewiger Dauerschleife ein Hassprogramm ab, das gegen all jene gerichtet ist, die sich für andere Zugänge zur Rolle des Ungeborenen aussprechen. Die kontinuierliche Abwertung anderer Sichtweisen korreliert mit einem anthropologischen Essentialismus, der noch in kleinsten körperlichen Phänomenen vollausgebildete Wesen erkennt.

#28 Propagandistische Parallelisierung

16 | Die moralische Last dient als Mittel zur Legitimation des Hasses

Eingestimmt auf einen Kampf mit dem Absoluten, stehen im Grunde nur noch drei brauchbare Bildsujets zur Verfügung. Es handelt sich zum einen um Bilder aus der Zeit des Nationalsozialismus, dann um Bilder und Grafiken des Ungeborenen und schwangerer Frauen und schließlich um Bilder von Personen, die sich als undogmatisch im Streit um die Abtreibung verstehen. Ein vergleichsweiser simpler Inszenierungstrick kombiniert die drei Bildsujets so miteinander, dass am Ende dem Ungeborenen Schutz und den als liberal wahrgenommenen Personen Hass zuteilwird.

Abtreibende, Abtreibungswillige, Feministinnen und Feministen werden mit Hitler oder anderen Nazi-Figuren parallelisiert – und der ungeborene oder abgetriebene Fötus den verfolgten Juden gleichgestellt. So wird versucht, Täter-Opfer-Beziehungen zu konstruieren, um diese zugleich mit möglichst extremen moralischen Wertungen zu belegen. Der Hass, der sich in solchen Arrangements ausdrückt, hofft auf eine Legitimation durch Überforderung: Der Vergleich mit einer nationalsozialistischen Vernichtungsindustrie soll die Abtreibung als ultimativ verwerfliche Tat ausweisen, zu der es keine zwei Meinungen geben kann.[48] Mit diesem Materialset gliedert sich der Pro-Life-Netzaktivismus nahtlos in die lange Tradition öffentlich agitierender Lebensschutzbewegungen ein. Von Beginn an nutzten diese Bewegungen Bilder als wichtigste Instrumente der Propaganda. In ihren »vorgestanzten, häufig platten« Aufmachungen waren sie Ausdruck eines »hohen Standardisierungsfaktors«, was sie wiederum mit Hassbildern aus anderen gesellschaftspolitischen Bereichen verbindet.[49]

17 | Hass kann sich in visuellen Tiraden entfalten

Auf einem sogenannten »Lifemobile« plakatierten in den 1960er und 1970er Jahren US-amerikanische Lebensschützer die noch heute spektakulär wirkenden Aufnahmen des schwedischen Fotografen Lennart Nilsson – und kombinierten diese mit textlichen Hinweisen auf das »Lebensrecht« dieser scheinbar erstmalig Porträtierten. (#29) Die Bilder, wie sie 1965 vom *LIFE Magazine* publiziert worden waren, sollten die Ungeborenen als (eigenständige) Lebewesen mit personalen Qualitäten ausweisen. Entsprechend hatten die an dem Fahrzeug angebrachten Texte die Aufgabe, die visuelle Suggestion zu beglaubigen.[50]

Andersdenkenden, Andersfühlenden und Andersentscheidenden wird der Straftatbestand Mord angeheftet. Insofern ist es nur konsequent, wenn die Arrangements von einer unhintergehbaren Rechtsstellung des Ungeborenen ausgehen. Wer dieser privatjuristischen Logik folgt, tut sich leicht, Zuwiderhandlungen als moralverletzende Rechtsverstöße anzusehen – ganz unabhängig von geltenden Rechtsgrundsätzen. Jede neue Abtreibungsmeldung lässt sich als Bestätigung für die Angemessenheit und Notwendigkeit der eigenen Hasskommunikationen auffassen.

Insbesondere auf Facebook ist zu beobachten, wie über ganze Bildkaskaden hinweg solche Selbstversicherungen stattfinden. Vergegenwärtigt man sich die Reaktionen auf

#29 Die katholische Lebensschutz-Aktivistin Mary Winter 1976 neben einem »Lifemobile«

den Hitler-Post, wäre von visuellen Tiraden zu sprechen. Krampfhaft und emsig danach suchend, immer noch extremere Motive aufzutreiben, posten die User ellenlange Antwortschreiben, die im Kern aus Bildern bestehen – und fast ohne Worte auskommen. Begünstigt wird diese Bild-Artikulation, indem viele Anti-Abtreibungsmotive bereits mit ausgreifenden sprachlichen Einlassungen versehen sind. Sie haben Meme-Status erreicht, was es Usern umso leichter macht, sie als passende Glieder in die Hassketten einzuhängen.

Es ist allerdings ein Unterschied, ob Hass gegen liberale Fristenregelungen in geschlossenen Pro-Life-Gruppen oder auf offener Netzwerk-Bühne artikuliert wird. Denn keineswegs zirkulieren Hassbilder fundamentaler Abtreibungsgegner nur in den Schleifen ihrer dauernden Selbstbestätigungen. Treffen sie auf User mit erkennbar anderen Überzeugungen, kommt es oft und direkt zum Streit – und zwar um die Bilder und ihre Motive. Dieser Streit wird allerdings weniger mit Bildern als mit Texten geführt. Offenbar verleitet die moralische Verurteilung, die durch entsprechende Bilder nahegelegt wird, zu dem Eindruck, sich nun umso umfassender erklären oder Sachverhalte, Bedürfnisse und Sehnsüchte richtigstellen zu müssen. Besonders scharf wird dieser Streit ausgetragen, wenn durch Bild-Postings der Lebenswert des Ungeborenen mit dem Mord an Geborenen oder deren Leiderfahrungen aufgerechnet wird. **(#30)** Das Eintreten für Möglichkeiten der Abtreibung wird in diesem – an einem 12. September geposteten – Instagram-Bild als mindestens ebenso verbrecherisch dargestellt wie das 9/11-Attentat. Auf Bauwerks- und Fötuskörper würden gleichermaßen Anschläge verübt, wobei das heranfliegende Flugzeug als symbolische Einwirkung auf das Ungeborene fungiert.

#30 Bildliche Aufrechnung der Todesopfer

18 | Nicht Follower, sondern kommunikative Codes werden verteidigt

Interessant ist, wie differenziert User auf diesen Affront reagieren – und den Hasspost sprachlich zurückweisen. Mit wenigen präzisen Begriffen benennen sie die wesentlichen Anmaßungen. Widersetzt wird sich etwa dem Versuch, Abtreibung mit dem Terroranschlag in Verbindung zu bringen (»Don't bring your politics into 9/11«), ein klares Votum für ethisches Differenzieren. Andere User teilen mit, dass sie diesem Account nicht weiter folgen werden (»Just stopped following you«, »Unsubscribe«) – dies zugleich eine Aufforderung an Mitlesende, es ihnen gleichzutun. Und schließlich identifiziert jemand Doppelmoral (»Double standards!«), macht also deutlich, dass der Post mit zweierlei Maß messe und den moralischen Anspruch in sein Gegenteil verkehre.[51]

Die Klarheit der Reaktionen lässt sich aus dem Kontext des Bildes erschließen. Dieses erscheint nämlich auf einem Account, auf dem bislang vergleichsweise belanglose Sujets – vorwiegend Markenschilder bekannter Getränkehersteller – veröffentlicht worden waren. (#31) Das Hassbild dürfte daher als besonders harter Kontrast erlebt worden sein, als echte Ausfälligkeit, die es vor dem Hintergrund der kommunikativen Gewohnheiten – die der Account durch seine Bilder mitentwickelt hat! – nun zu ächten gilt. In ihrer Reaktion auf das Hassbild beginnen die Follower, die soziale Kultur des Accounts gegen dessen eigenen Diffamierungsimpuls zu verteidigen.

Wer demnach eine Instagram-Bilderreihe warenästhetischer Fundstücke durch ein Hassbild unterbricht – und damit den sozialen Code der Community verletzt –, muss damit rechnen, dass die Community den Code verteidigt. Stabiler als reine Follower-Bünde sind nämlich die Kommunikationspräferenzen, die die Follower unter- und miteinander entwickeln – und die sie überhaupt erst in die Lage versetzen, gegen Hass-Postings aktiv vorzugehen. So kann bereits in der Zurückweisung des Hasses der Wille zur Durchsetzung einer hassfreien Kommunikationskultur aufkeimen. Entscheidend ist erneut die Form jener Reaktionen, die sich gegen Abwertung und Erniedrigung, Ausgrenzung und Marginalisierung, Diffamierung und Schmähung wenden. Bevor ich mich abschließend solchen Bildreaktionen auf Hassbilder widme, zeige ich den umgekehrten Fall: wie Hassbilder genutzt werden, um neue Hassbilder zu verfestigen.

#31 Instagram-Account »jules.st.jo«

19 | Hassbilder werden genutzt, um die eigene Hasskommunikation zu legitimieren

Ein im Juli 2014 veröffentlichtes Video zeigt den salafistisch-islamistischen Prediger Pierre Vogel bei einem öffentlichen

Auftritt, mutmaßlich im Rahmen einer Kundgebung. Den zentralen Teil seiner Ansprache leitet er ein, indem er den durch die Medien geprägten und mit ihm assoziierten Begriff des »Hasspredigers« von sich weist. »Es gibt halt Leute, die hier wirklich hetzen, und dagegen sollte man sich mal auflehnen, die sollte man mal als ›Hassprediger‹ titulieren«.[52] Eine Opfersituation wird behauptet und zugleich der Fokus auf andere gelenkt: Blind für die wahren Ursachen des Hasses, stigmatisiere die Öffentlichkeit Vogel als jemanden, der Hass schüre. Dies in Anschlag gebracht, werden Vogel nun über knapp zehn Minuten hinweg Papptafeln gereicht. (#32 a–j) Auf ihnen sind Bildausschnitte antimuslimisch gefärbter Online-Pressemeldungen, rechtsradikale Memes, bekannte Karikaturen sowie zwei Zitate aus Social-Media-Kommunikationen aufgeklebt.

Vogel kommentiert diese Bilderreihe, indem er jede Tafel als visuellen Zeugen der vorgeblich eigentlichen Quelle des Hasses aufführt. Eingeleitet wird die Reihe durch ein Bild, das die am 1. Juli 2009 im Dresdner Landgericht ermordete Muslima Marwa el-Sherbini gemeinsam mit Mann und Kind zeigt – ein Bild, das selbst noch kein Hassbild darstellt. Allerdings vollzieht Vogel mit diesem Auftaktbild die islamistische Instrumentalisierung einer Familie, die Opfer einer islamfeindlich motivierten Tat geworden ist. Folglich wird das Porträt als dramatisch zugespitzter Ausdruck eines Hasses auf Muslime vereinnahmt, um der eigenen Position eine grundsätzliche Bedeutung zu verleihen. Die nachfolgenden Bilder dienen als Begründungsverstärker, sollen also belegen, dass der Hass auf alles Muslimische in der (deutschen) Gesellschaft ebenso breit wie tief verankert sei.

#32 a–j   Hassbilder während Pierre Vogels Rede 2014

Durch offen antisemitische Darstellungen wird zudem der Anschluss an die Judenfeindschaft gesucht – was Vogel, agitatorisch geschickt, in seiner Rede einfädelt, indem er den Judenhass als bloße Nazi-Erscheinung klassifiziert. Das gleichzeitige und mehrfache Präsentieren einschlägiger Karikaturen und Schriftzüge wird hingegen als affirmative Geste eingesetzt. Während die Sprache den Judenhass in die braune Vergangenheit abschiebt, fungieren die Bilder als stumme Bekenntnisträger. Über sie soll der salafistische Antisemitismus zur Identifikationsmarke aushärten.

Der Rückgriff auf überwiegend digitale Bilder beweist, wie selbstverständlich die Hasskommunikation zwischen Online- und Offline-Welten pendelt. Ziel fundamentalistischer Mobilisierung ist es denn auch, verschiedene Aktionsfelder möglichst lückenlos zu verzahnen – Vogels Bilderreihe erlangte ihrerseits erst wieder als Digitalvideo Bekanntheit. Die unter dem Video aufgelisteten Links – unter anderem zum *YouTube*-Kanal »Habibiflo Dawah Produktion«, von dem man auf ein sogenanntes »Predigerportal« gelangt – weisen den Weg in ein Radikalisierungsklima. Wer ihm folgt, soll von einem Angebot umfangen sein, mit dem sich Hass sinnhaft vertiefen und als Ausdruck eines etablierten Netzwerks der Entschlossenen wahrnehmen lässt.

Was sich hier zwischen rechtem und islamistischem Extremismus vollzieht, kann als ein Hochschaukeln bildlicher Hasskommunikationen bezeichnet werden. Vorstellbar wäre, dass rechtsextreme Aktivisten nun wiederum auf Vogels Bildmaterial zurückgreifen, um den darin entfalteten (rechtsextremen? islamistischen?) Hass als erneuten Treibstoff für eigene Hassinteressen einzusetzen. Eine Spirale wechselseitiger Hassverstärkung wäre die Folge.[53] Deren vorläufiges Ende wäre dann wohl erst mit der Ausübung von Gewalt erreicht – nicht im Sinne ihres plötzlichen Einbruchs, sondern, wieder eskalierend, als stufenweise Intensivierung eines Interesses an Abwertung, Ausschluss und Vernichtung.

20 | Bilder können nicht widerlegen, aber Brüche sichtbar machen

Wer diese wechselseitigen – und bewusst herbeigeführten! – Steigerungen als besorgniserregend einstuft, darf nicht übersehen, wie kompliziert es ist, sich mit Bildern gegen (diffamierende) Zuschreibungen zu wappnen. Als besonders aufschlussreich erweist sich in diesem Zusammenhang ein Blick in die Geschichte der Karikaturen, konkret in jene Zeichnungen, mit denen verfolgte Jüdinnen und Juden antisemitische Angriffe von sich fernzuhalten suchten. Die Romanistin Regina Schleicher hat diesen Bild-Konflikt im Detail rekonstruiert, wie er insbesondere in »deutsch-jüdischen Satirezeitschrift[en]« zutage trat.

Die von Schleicher analysierten Zeitschriften waren seit dem ausgehenden 19. Jahrhundert in Umlauf, deren Redaktionen mit der Frage beschäftigt, wie jüdisches Leben mit und durch Bilder gegen einen sich formierenden antijüdischen Hass verteidigt werden könnte. Wie musste auf den Imperialismus des Äußeren (»Hakennase«, »Judenblut«) bildlich reagiert werden, ohne das Äußere als das Normsetzende immer tiefer im Bewusstsein zu verankern? Und inwiefern ließ sich »gesellschaftliche Anerkennung« vor dem Hintergrund

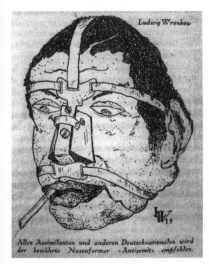

#33 Der »bewährte Nasenformer« aus der Satirezeitschrift Schlemiel 1919

»einer kontinuierlichen Identitätskrise und -suche« erhalten?⁵⁴

Schleicher verweist auf ein Blatt, das bereits 1920 veröffentlicht worden ist und die sogenannte »Deutschnationale Blutprobe« zeigt. »Eine Maschine aus Hakenkreuzen und einem mit Blut gefüllten Reagenzglas«, so Schleicher, »soll hier den rassistischen Antisemitismus entlarven.« Zudem erinnert sie an den kurz zuvor publizierten »bewährte[n] Nasenformer« in Form einer »Apparatur, mit der die ›jüdische Nase‹ umgeformt werden soll«. Entsprechend wurde dieser »allen Assimilanten und anderen Deutschnationalen […] empfohlen«. Offenkundig sollte mit Mitteln der Übertreibung – die auch hier wieder in bildlichen Äußerungen *und* begleitenden sprachlichen Einfassungen ausgeführt sind – das Bilddilemma überwunden werden. **(#33 und #34)** Was ins Gigantische und Absurde gesteigert wurde, schien die Aussicht auf Sichtbarmachung und damit Zurückweisung zu eröffnen. Hinzu kam, dass man die Leserschaft durch »Preisausschreiben für Skizzen und kleine Erzählungen« eingebunden hat, womit vorrangig Finanzierungslöcher gestopft werden sollten.⁵⁵

Vielleicht waren diese Beteiligungen aber auch Versuche, durch eine Art früher Netzwerkkultur die ästhetische Zurückweisung zu kollektivieren. Die Frage ist also von erheblichem Belang, welche konkreten Möglichkeiten des Unterlaufens Karikaturen überhaupt bieten. Wie kann dafür Sorge getragen werden, dass die eigenen Bildpraktiken nicht unversehens beginnen, den Gegnern das überzustülpen, was man selbst als Hass erfahren hat? Und dass die Bilder nicht nur immer weiter einmeißeln, was bereits eingeprägt wird? Schleicher schließt mit dem Hinweis, dass »in den satirischen Kommentaren des Stereotyps« immer auch die »Brüchigkeit« einer »Identität« sichtbar werde – was zugleich bedeute, dass die angedeuteten »Widersprüche nicht auf[zu]lösen« seien.[56]

Zu lernen ist, wie hoch die kommunikativen Anforderungen an wirksame Gegenbilder ausfallen. Die besondere Schwierigkeit ergibt sich daraus, dass solche Bilder auf einen essentialisierenden Hass reagieren sollen, ohne das Prinzip der Essentialisierung zu übernehmen. Nun kann allerdings ein Bild nicht selbst darüber entscheiden, wie es

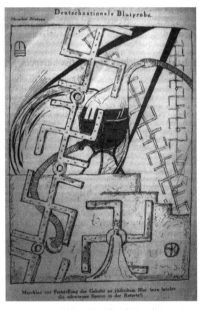

#34 »Deutschnationale Blutprobe« aus der Satirezeitschrift Schlemiel 1920

wahrgenommen wird. Der einen Person erscheint es als Manifestation eines Stereotyps, eine andere erkennt Ironisierung oder reflektierende Kommentierung. Was also tun? Könnte eine Art Wühlkiste der Gegen- und Konterbilder Abhilfe schaffen – etwa im Rahmen einer Plattform, die allen, die einer Hasskommunikation entgegnen wollen, Bildmaterial an die Hand gibt?

21 | Hasskommentare werden durch bereitgestellte Counter-Bilder entkräftet

#35 Counter-Memes auf dem Portal no-hate-speech.de

Tatsächlich gibt es solche Plattformen in durchaus beachtlicher Zahl.[57] (#35) Auf ihnen werden vor allem Memes und andere animierte Bilder zur Verfügung gestellt. Mit nur einem Klick lassen sich diese auf allen gängigen Sozialen Netzwerken posten. Ziel ist es, für möglichst viele Gelegenheiten die passenden »Antworten« bereitzuhalten. Schaut man sich die Bildangebote dieser Plattformen genauer an, erkennt man, wie stark sie auf der visuellen Intelligenz ihrer User aufbauen – und wie umfassend entwickelte Bildkompetenzen als inzwischen selbstverständliche Kulturtechniken vorausgesetzt werden.

So gibt es Memes, die sich ausschließlich dazu eignen, als Bildsignale an professionelle Redaktionen adressiert zu werden – um etwa innerhalb einer Artikel-Kommentarleiste die Gesetzeskonformität eines angezeigten Posts überprüfen zu lassen. Andere Bilder rufen Tier- oder Kindermotive auf, mit denen sich Gewaltsuggestionen kommentierend ins Niedliche kippen lassen. Überhaupt arbeiten viele Konter-Memes mit der Idee der unerwarteten Entgegnung, versuchen also in zeitlich wie stilistisch pointierter Weise, durch Kontextverlagerungen das Hassvorbringen zu entkräften.

Dass die Konter-Memes ihr Ziel zu treffen scheinen, lässt sich daran ablesen, dass sie ins Visier rechtspopulistischer, genderfeindlicher Plattformen geraten sind. (#36) Diese versuchen nun, auf die Konter-Memes mit Konter-Entlarvungen zu reagieren. Einzelne Memes werden herausgegriffen, um in einer Art Stil- und Inhaltskritik angebliche Widersprüche aufzudecken. Mit Blick auf die Konter-Memes heißt es: »Die

#36 Rechtspopulistische Reaktion auf Counter-Memes auf sciencefiles.org

Gegenrede, wie wir sie bislang zusammengetragen haben, besteht somit aus logischen Fehlern, aus Beleidigungen, aus Essentialismus und aus Rassismus. Es findet sich nicht einmal die Spur eines Arguments, nicht einmal der Versuch, ein Argument zu machen.« Immer wieder wird festgestellt, dass die Memes »die Diskussion in den vorschulischen Bereich« und »auf Kita-Niveau« zurückführten. Insgesamt vermittle die »Kampagne den Eindruck eines kognitiven Regresses.«[58]

Träge hängen solche Wertungen einem vordigitalen Denken nach. Indem die Memes als entkoppelte Einzelereignisse kritisch beäugt werden, bleiben ihre Einbettungen unberücksichtigt. Diese aber müssen zwingend und im konkreten Fall beleuchtet werden, um überhaupt bewerten zu können, welche Aufgabe ein Meme übernehmen soll. Memes – darin wurzelt das rechtspopulistische Bild-Missverständnis! – können aus sich selbst heraus weder widersprüchlich noch widerspruchsfrei sein. Das unterscheidet sie vom Anspruch eines Hass-Postings, mit dem eine unumstößliche Wahrheit in die Welt gesetzt werden soll.

Daher ist fraglich, ob es innerhalb der Meme-Kultur überhaupt so etwas wie ein Hass-Meme geben kann. Weil Memes besonders stark vom kommunikativen Kontext ihres Auftretens leben und zudem einem steten Bild- und Textwandel unterworfen sind, können sie keine stabilen Bedeutungen entfalten. Das in dieser Hinsicht wohl eindrücklichste Beispiel liefern sogenannte Pepe-Memes, Bild- und Textkombinationen, in deren Zentrum ein comicähnlicher Frosch steht – und die insbesondere und »bereitwillig von der Alt-Right-Bewegung in den USA aufgegriffen«[59] worden sind. (#37) Im Zuge der Wahlkampfhilfe, die ultrarechte Gruppierungen Donald Trump geleistet haben, avancierte Pepe zum rechtsradikalen Identifikationssymbol, wobei politische Gegengruppen mit ähnlichem Ehrgeiz versuchten, Pepe unter ihre »Kontrolle« zu bringen. Letztlich landete Pepe auf einer Art Hassliste »neben anderen Symbolen wie dem Hakenkreuz«[60] – wobei erneut offen bleibt, ob die entsprechenden Memes überhaupt einen je eigenen Hassgehalt besitzen und semantisch ähnlich klar festzulegen sind wie ein verfassungsfeindliches Kennzeichen.

#37 Trump-Pepe in Grenzmission unterwegs

Memes gewinnen Bedeutung also erst im Zusammenhang mit ihrer Verwendung. Insofern erfüllen sie exakt jene Anforderung, die von wirksamen Konter-Bildern zu erwarten ist. Die angeführten Karikaturen der deutsch-jüdischen Satirezeitschriften waren als analoge Medien noch vergleichsweise fest an bestimmte Zeiten und Orte gebunden. Ihnen fehlte das Moment situativer Einsetzbarkeit. Mit dem Aufkommen digitaler Bildkulturen haben sich demnach nicht nur die Hasstaktiken, sondern auch die Techniken der Hasserwiderungen diversifiziert.

22 | Gegenbilder verarbeiten Hasstexte

Ich schließe mit einem Instagram-Post, der auf den Beginn des Essays zurückverweist. Verschwanden in Renate Künasts Fall die Hassbilder hinter einer medialen Fassade aus Hasstexten, machte Lena Meyer-Landrut mit einem Konter-Bild Hasstexte überhaupt erst medial sichtbar. (#38) Postiert gegenüber einem mit verbalen persönlichen Herabsetzungen und sexualisierten Erniedrigungen überzogenen Spiegel, fotografiert sich die Sängerin mit Blick in ein Smartphone. Ihr Körper scheint von den ursprünglich an sie gerichteten Texten in ikonoklastischer Absicht geradewegs überschrieben zu sein. Dadurch aber werden die Texte zum Teil des Bildaufbaus – und folglich der ihnen zugedachten Funktion enthoben. Es

#38   Lena Meyer-Landruts Bilderwiderung auf Hasskommentare

scheint, als verlören sie als ästhetische Elemente ihre konkrete Hasswirkung. Umso eher lassen sich die so ausgestellten Quasi-Objekte auf neue – distanziertere – Weise lesen.

Zudem erinnert Meyer-Landrut durch ihren Blick in das Smartphone subtil an die kommunikative Verkettung des Hasses. Dort, in diesem Gerät, dürften über Monate und Jahre die Kommentare tausendfach aufgeploppt sein. Gleichzeitig kontrolliert die Sängerin mit ihrem Blick ihre Körperdarstellung während der soeben ablaufenden Bildentstehung. Sie tut also exakt das, woran sich die meisten Hasskommentare entzündeten – sie entgegnet ihnen in gleichsam doppelter Weise: durch Verbildlichung der Texte und durch Betonung der körperlichen Autonomie.

#39 Inszenierung eines hassabweisenden Körpers

Dass dieser Post keineswegs autonom steht, sondern ebenfalls Teil einer kommunikativen Verkettung ist, lässt sich auch daran ersehen, dass Meyer-Landrut zwei Tage später auf ihren Post mit einer weiteren Bildinszenierung Bezug nahm. Wurde ein Bild von Künasts Gesicht zum visuellen Aufhänger der Hassbotschaft, zeigt Meyer-Landrut ihr Gesicht initiativ und formatfüllend in einem Bild gegen den Hass. **(#39)** Seine geradezu plastikartige Künstlichkeit scheint den Körper gegen Zugriffe von außen auszuhärten und abzuschirmen.

In einem Begleittext rief die Sängerin zur Verkehrung der Hassverhältnisse auf (»Let us fight against hate in choosing love – again and again«)[61] – was wiederum zahlreiche

#40 Nachahmung der Hass-Erwiderung

Userinnen zu ähnlichen Bildinszenierungen veranlasste, um eigene Hasserfahrungen mitzuteilen. Aus den Gegenbildern erwuchsen somit Stück für Stück kleine neue Bildpraktiken, die nicht nur auf Instagram, sondern vor allem auch auf privaten und halbkommerziellen Blogs gepostet wurden. Indem diese die Hassbotschaften ins Zentrum stellten, gelang es ihnen, den Hass punktuell in Bildern einzufangen und zumindest temporär einzuhegen. (#40) Wer die Erfahrung gemacht hatte, Objekt von Hass zu sein, erkannte womöglich, dass Hass zumindest in einzelnen Fällen wie ein Material zu nutzen ist, um die erfahrenen Verletzungen und Demütigungen auf- und verarbeiten zu können.

Nicht zuletzt deshalb rufen solche Beispiele einer progressiven, emanzipatorischen und vielfach visuell geprägten Hasserwiderung in Erinnerung, wie entscheidend Bilder beim Senden, Empfangen und im Umgang mit dem Hass im Netz sind. Wenn also das nächste Mal vom Hass im Netz die Rede ist, dann sollte es endlich auch um die Bilder gehen – in ihren ästhetisierenden wie entkräftenden Funktionen.

Anmerkungen

1 Robin Alexander/Claus Christian Malzahn: ›Pädophilen-Skandal. Grünen-Politikerin Künast gerät in Erklärungsnot‹, in: *Die WELT*, 24.5.2015, https://www.welt.de/politik/deutschland/article141406874/Gruenen-Politikerin-Kuenast-geraet-in-Erklaerungsnot.html.
2 Landgericht Berlin, Beschluss vom 9.9.2019, 27 AR 17/19.
3 Ebd.
4 Jedenfalls nicht im Sinne eines geltend gemachten Streitgegenstands. Gleichwohl wurden Bilder nicht gänzlich ausgeblendet. So erwähnte die Kammer mit Blick auf eine Textnachricht, dass diese als »in ein Bild von Star Wars eingefügte Äußerung« aufzufassen sei. Ebd.
5 Die mutmaßliche und inzwischen gelöschte Seite des ursprünglichen Beitrags ist auf dem Blog Halle-Leaks.de zu finden: https://blog.halle-leaks.de/kuendast-findet-kinderficken-ok-solange-keine-gewalt-im-spiel-ist/.
6 Auf das Foto verweist auch der Beschluss des Landgerichts Berlin (wie Anm. 2).
7 Die Quelle des Posts entspricht Bildnachweis Nr. 1.
8 Der Hinweis auf das Flugblatt in Eduard Fuchs: *Die Juden in der Karikatur. Ein Beitrag zur Kulturgeschichte*, München 1921, S. 5. Die Zitate sind einer anderen Bildbeschreibung entnommen, aus Walther Bienert: *Martin Luther und die Juden. Ein Quellenbuch mit zeitgenössischen Illustrationen, mit Einführungen und Erläuterungen*, Frankfurt a. M. 1982, S. 111.
9 Ebd.
10 Die Zitate wurden orthografisch minimal korrigiert und der Facebook-Seite »Werner Sliwa« entnommen, 25.4.2015, https://www.facebook.com/werner.sliwa/posts/871791539574056.

11 Renate Künast: *Hass ist keine Meinung. Was die Wut in unserem Land anrichtet*, München 2017, S. 170.
12 Ergänzung Oktober 2020: In der Zwischenzeit hat Renate Künast entgegen des ursprünglichen Beschlusses erhebliche Teilerfolge im fortgesetzten Klage- und Beschwerdeverfahren erreicht. Denn zur Herausgabe der User-Kontaktdaten musste zwingend das Merkmal ›Schmähkritik‹ bzw. ›Beleidigung‹ festgestellt werden: ›Künast hatte gegen insgesamt 22 Beiträge von Nutzern geklagt. Bereits im Januar hatte das Landgericht in einem sogenannten Abhilfebeschluss zumindest sechs der Beiträge als Beleidigungen eingestuft. Die Richter am Kammergericht bestätigten diesen Beschluss nun und bewerteten noch sechs weitere Kommentare als strafbare Beleidigungen.‹ Zitiert nach Max Hoppenstedt: Künast siegt vor Gericht in Hate-Speech-Verfahren, in: Süddeutsche Zeitung, 24.03.2020, https://www.sueddeutsche.de/digital/renate-kuenast-beleidigung-facebook-kammergericht-1.4855652.
13 Vgl. dazu Kerstin Schankweiler: *Bildproteste*, Berlin 2019 (= Digitale Bildkulturen).
14 Gleichwohl finden sich Hinweise auf »visual images« oder »YouTube videos«, etwa bei Imran Awan: ›Cyber-Islamophobia and Internet Hate Crime‹, in: Ders. (Hg.): *Islamophobia in Cyberspace. Hate Crimes Go Viral*, New York 2016, S. 7–22, hier S. 9. In der Designforschung wird indes an methodischen Ansätzen zur »Analyse der visuellen Rhetorik von Hass-Memen im Internet« gearbeitet – vgl. dazu Arne Scheuermann/Jachen C. Nett/Maria Mahdessian/Eliane Gerber: ›Applying Rhetorical Design Analysis on Hate-speech Memes‹, in: *Tangram 43. Bulletin der Eidgenössischen Kommission gegen Rassismus*, September 2019, S. 111–117, https://www.ekr.admin.ch/d824.html.
15 Vgl. dazu Leif Kramp/Stephan Weichert (unter Mitarbeit von

Viviane Harkort und Lara Malberger): *Hass im Netz. Steuerungsstrategien für Redaktionen*, Leipzig 2018 (= Schriftenreihe Medienforschung, hrsg. von der Landesanstalt für Medien NRW, Bd. 80), hier insbesondere S. 249–273.

16   Die Bundesregierung (Hg.): *Medien- und Kommunikationsbericht der Bundesregierung 2018*, hier insbesondere S. 11–29.

17   Vgl. dazu etwa Bundeszentrale für politische Bildung (Hg.): *Hate Speech – Gruppenbezogene Menschenfeindlichkeit im Netz*, Paderborn 2018 (= Themenblätter im Unterricht, Nr. 118).

18   Vgl. dazu etwa Eric Heinze: *Hate Speech and Democratic Citizenship*, Oxford 2016, hier insbesondere S. 22–26.

19   Vgl. dazu etwa Floyd Abrams: ›On American Hate Speech Law‹, in: Michael Herz/Peter Molnar (Hgg.): *The Content and Context of Hate Speech. Rethinking Regulation and Responses*, Cambridge 2012, S. 116–126.

20   Dirk Manske: *Hass. Ein Versuch*, Frankfurt a. M. 2011 (= Europäische Hochschulschriften, Reihe 22, Soziologie, Bd. 443), S. 55.

21   André Glucksmann: *Hass. Die Rückkehr einer elementaren Gewalt*, München/Wien 2005 (Original: *Le discours de le haine*, Paris 2004), S. 7.

22   Volker Caysa: ›Der Hass – eine große Stimmung‹, in: Stephan Uhlig (Hg.): *Was ist Hass? Phänomenologische, philosophische und sozialwissenschaftliche Studien*, Berlin 2008, S. 35–48, hier S. 35.

23   Vgl. dazu einordnend Bettina Dunker: *Bilder-Plural. Multiple Bildformen in der Fotografie der Gegenwart*, Paderborn 2018, S. 94–98.

24   Vgl. dazu exemplarisch W. J. T. Mitchell: *Das Leben der Bilder. Eine Theorie der visuellen Kultur*, München 2008 (Original: *What Do Pictures Want? The Lives and Loves of Images*, Chicago 2005).

25   Judith Butler: *Haß spricht. Zur Politik des Performativen*, 6. Aufl., Berlin 2018 (Original: *Exitable Speech. A Politics of the Performative*, New York 1997), S. 37.

26 Sander L. Gilman: ›Der jüdische Körper: Gedanken zum physischen Anderssein der Juden‹, in: Jüdisches Museum der Stadt Wien (Hg.): *Die Macht der Bilder. Antisemitische Vorurteile und Mythen*, Ausst.-Kat. der gleichnamigen Ausstellung, Wien 1995, S. 168–179, hier S. 177.

27 Vgl. zur jüngsten Antisemitismusforschung, die sich neben textlichen auch bildlichen Artikulationsformen im Netz widmet: Monika Schwarz-Friesel: *Judenhass im Internet. Antisemitismus als kulturelle Konstante und kollektives Gefühl*, Leipzig 2019, insbesondere S. 83–85, 98–104 und S. 122–127.

28 Gideon Botsch/Christoph Kopke: ›Kunst im Widerstand (A.-Paul-Weber-Kontroverse)‹, in: Wolfgang Benz (Hg.): *Handbuch des Antisemitismus. Judenfeindschaft in Geschichte und Gegenwart*, Berlin/München/Boston 2015 (= Literatur, Film, Theater und Kunst, Bd. 7), S. 268–270, hier S. 268. Alle weiteren biografischen Informationen zu Weber ebenfalls aus dieser Quelle.

29 Einige Versionen der Zeichnung sind bis heute Gegenstand rechtsesoterischer Auseinandersetzungen und werden als Mittel der politischen Rechtfertigung genutzt – vgl. dazu etwa Anonymus: ›Kommentar – Gerd Buurmann diffamiert A. Paul Weber‹, https://www.arendt-art.de/deutsch/palestina/Honestly_Concerned/buurmann_gerd_a-paul-weber-wird-diffamiert.htm.

30 Quelle des Posts entspricht dem Bildnachweis Nr. 10.

31 Ebd.

32 Zitat entnommen einem Post des Facebook-Accounts »Anarchist Art & Propaganda« vom 29.7.2019, https://www.facebook.com/AnarchistArtPropaganda/photos/a.602642076521521/2426128677506176/?type=3&theater.

33 Hier führe ich ein Thema weiter, das ich an anderen Stellen bereits bearbeitet habe – vgl. dazu Daniel Hornuff: ›Wie rechte

Hetze designt wird. Es geht längst nicht mehr nur um Hate-Speech: Rechter Hass verbreitet sich in den sozialen Medien auch über Bildmemes. Der Versuch einer Kategorisierung‹, in: *ZEIT online*, 4.4.2019, https://www.zeit.de/kultur/2019-04/hass-im-netz-rechte-hetze-soziale-medien/komplettansicht?print; Ders.: *Die Neue Rechte und ihr Design. Vom ästhetischen Angriff auf die offene Gesellschaft*, Bielefeld 2019, S. 81–89.

34 Vgl. dazu David Ickes gleichnamigen Blog-Beitrag ›George Soros: Dystopia's Minister of Truth‹ vom 19.11.2019, https://www.davidicke.com/article/393905/george-soros-dystopias-minister-truth.

35 Gilbert Mercier: ›George Soros: Dystopia's Minister of Truth‹, in: *CounterPunch*, 18.11.2019, https://www.counterpunch.org/2016/11/18/george-soros-dystopias-minister-of-truth/.

36 »Soros knew that, to have any say in the capitalist order, one had to become filthy rich. At some point in his life, however, Mr. Soros decided that money only mattered if he could leverage it in influencing policies on a global scale«, zit. ebd.

37 Monika Schwarz-Friesel: ›Judenhass 2.0: Das Chamäleon Antisemitismus im digitalen Zeitalter‹, in: Christian Heilbronn/Doron Rabinovici/Natan Sznaider (Hgg.): *Neuer Antisemitismus? Fortsetzung einer globalen Debatte*, 2. Aufl., Frankfurt a. M./Berlin 2019, S. 385–417, hier S. 399.

38 »Let's look at the specifics of the timeline in the trajectory of the unquestionable puppet master of humanitarian imperialism«, zit. in Mercier 2019 (wie Anm. 34).

39 Dies im Übrigen erneut ein Motiv, das auch in linksradikalen Bewegungen bildhaften Ausdruck findet – etwa im Motiv der starken Hand, welche die kapitalistischen Spielfiguren marionettenhaft von oben herab lenkt.

40 Schwarz-Friesel 2019 (wie Anm. 36), S. 385.
41 Informationen zum Tweet und zur Herkunft des Memes entnommen aus Anonymus: ›Leader of American-Israeli Group Regrets Tweeting Anti-Semitic Image of Soros‹, *Jewish Telegraphic Agency*, 20.10.2017, https://www.jta.org/2017/10/20/politics/lleader-of-american-israeli-group-regrets-tweeting-anti-semitic-image-of-soros.
42 »Soros gives $18bn to his Open Society fdn. $$ used for civil unrest, dividing Americans, and suppressing free speech«, entnommen einem Bild des gelöschten Tweets bei Adam Lusher: ›George Soros: The Billionaire Investor Who Became the Favourite Target of Conspiracy Theories and Antisemitic Hatred‹, in: *Independent*, 8.2.2018, https://www.independent.co.uk/news/uk/politics/geore-soros-brexit-antisemitism-jew-conspiracy-theories-telegraph-story-plot-hungary-broke-bank-of-a8201651.html.
43 Vgl. dazu ein Beispiel in Ludger Heid: ›»Was der Jude glaubt, ist einerlei...« Der Rassenantisemitismus in Deutschland‹, in: Jüdisches Museum der Stadt Wien (Hg.) 1995 (wie Anm. 25), S. 230–247, hier S. 239.
44 In Teilen der (medien)wissenschaftlichen und populärwissenschaftlichen Publizistik wird sogar ein eigener Begriff verwendet: »Cyber Jihad«. Allerdings wird er auch von islamistischen Gruppierungen zur Beschreibung eigener Aktivitäten genutzt. Vgl. dazu Birgit Bräuchler: *Cyberidentities at War. Der Molukkenkonflikt im Internet*, Bielefeld 2005, S. 61; vgl. zur Begriffsverwendung exemplarisch Malcome Nance/Chris Sampson: *Hacking ISIS. The War to Kill the Cyber Jihad*, New York 2017.
45 In meiner Recherche gelang es mir nicht, die Original-Tweets zu ermitteln. Daher stütze ich mich auf das in der Bildquelle genannte News-Portal, ohne die kommunikative Einbettung – und damit die genaue Funktion – der Bilder zu kennen.

46 »This video shows how ISIL's propaganda often nods to – and sometimes directly copies – memes, characters, and scenes contained in Hollywood movies, video games, and music videos«, zit. in Nushmia Khan: ›ISIL Videos Imitate Hollywood and Video Games to Win Converts‹, in: *QUARTZ*, 22.12.2005, https://qz.com/578052/this-is-how-isis-inspires-its-followers/.

47 Kramp/Weichert 2018 (wie Anm. 14), S. 15.

48 Daneben verfechten aber auch neurechte Bewegungen Lebensschutzprogramme, die den Naturzustand des Menschen absolut setzen und entsprechend vor Eingriffen schützen wollen: »Positionen von völkisch-nationalistischen PolitikerInnen und der sogenannten Lebensschutzbewegung zu Körperpolitik und Religion gehen häufig Hand in Hand«, zit. in Malene Gürgen/Patricia Hecht/Nina Horaczek/Christian Jakob/Sabine am Orde: *Angriff auf Europa. Die Internationale des Rechtspopulismus*, Berlin 2019, S. 129.

49 Michi Knecht: *Zwischen Religion, Biologie und Politik. Eine kulturanthropologische Analyse der Lebensschutzbewegung*, Berlin/Münster 2006, S. 215.

50 Vgl. umfassender zu Nilssons Bildpolitik Daniel Hornuff: *Schwangerschaft. Eine Kulturgeschichte*, Paderborn 2014, S. 55–59.

51 Zitate (veröffentlicht am 12.9.2019) orthografisch minimal korrigiert und entnommen von der Instagram-Seite »jules.st.jo«, https://www.instagram.com/p/B2S07S6ATlB/.

52 Die Zitate sind der offenkundig freien Rede entnommen, wie sie das am 25.7.2014 veröffentlichte *YouTube*-Video »Pierre Vogele – Das sind die Wahren Hassprediger (19.7.2014)« zeigt, https://www.youtube.com/watch?v=MitncchJkvo.

53 Vgl. dazu Julia Ebner: ›Radikalisierungsspirale: Das Wechselspiel zwischen Islamismus und Rechtsextremismus‹, in: Institut für Demokratie und Zivilgesellschaft (IDZ) – Thüringer Dokumenta-

tions- und Forschungsstelle gegen Menschenfeindlichkeit (Hg.): *Wissen schafft Demokratie*, Bd. 2, *Schwerpunkt: Diskriminierung*, Berlin 2017, S. 148–157.
54 Regina Schleicher: ›»Schlemiel« – Jüdische Identität in der Satire des Kaiserreichs und der Weimarer Republik‹, in: Juliane Sucker/Lea Wohl von Haselberg (Hgg.): *Bilder des Jüdischen. Selbst- und Fremdzuschreibungen im 20. und 21. Jahrhundert*, Berlin/Boston 2013 (= Europäisch-jüdische Studien, Beiträge, Bd. 6), S. 241–261, hier S. 241.
55 Ebd., S. 250–257.
56 Ebd., S. 257 f.
57 Im deutschsprachigen Raum etwa unter dem Titel »Konter«, auf: https://no-hate-speech.de/de/kontern/fuer-gegen-alle-hate-speech/.
58 Anonymus: ›Nonsense gegen Hatespeech: Anleitung zur Verblödung‹, in: *ScienceFiles. Kritische Sozialwissenschaften*, 22.7.2016, https://sciencefiles.org/2016/07/22/nonsense-gegen-hatespeech-anleitung-zur-verbloedung/.
59 Caspar Clemens Mierau: ›Pepe der Frosch ist jetzt offiziell ein Hasssymbol – aber ist das gerechtfertigt?‹, in: *vice*, 1.10.2016, https://www.vice.com/de/article/9a3egp/pepe-der-frosch-gilt-jetzt-offiziell-als-hasssymbolaber-ist-das-sinnvoll.
60 Ebd.
61 Statement vom 14.11.2018 auf dem Instagram-Account »lenameyerlandrut«, https://www.instagram.com/p/BqK3dymg_e7/?utm_source=ig_embed.

Bildnachweis

Frontispiz: Screenshot aus einem Instagram-Video der Künstlerin Mia Florentine Weiss (https://www.instagram.com/p/B7d3Ud5l-Ct/).

#1	http://bit.ly/2slUoJO_Skandal
#2	https://www.welt.de/politik/deutschland/article141406874/Gruenen-Politikerin-Kuenast-geraet-in-Erklaerungsnot.html
#3	Eduard Fuchs: *Juden in der Karikatur. Ein Beitrag zur Kulturgeschichte*, München 1921, S. 5.
#4	https://www.facebook.com/werner.sliwa/posts/871791539574056
#5	https://www.facebook.com/photo.php?fbid=854274757999792&set=p.854274757999792&type=3&theater
#6	http://bit.ly/2EdwscH_Landgerichtsurteil
#7	http://ww2.heidelberg.de/stadtblatt-alt/stbl1402/skizzeg.jpg
#8	http://bit.ly/2LSdxZb_APaulWeber
#9	http://bit.ly/36wasG7_Denunziant
#10	https://www.facebook.com/bravimschwarzenblock/photos/a.866597200024625/1287523617931979/?type=3&theater
#11	http://bit.ly/2qSoW46_Antifa
#12	https://www.facebook.com/antifakampfausbildung/photos/a.940084102704086/2640780749301071/?type=3&theater
#13	https://twitter.com/davidicke/status/800028389637758976
#14	https://twitter.com/DonnaWR8/status/963156895384195072
#15	https://twitter.com/DonnaWR8/status/963153504855642114
#16	http://adam.curry.com/art/1533596890_tK9WnaNc.html
#17	http://earthchanges.ning.com/photo/george-soros-puppet-master?overrideMobileRedirect=1

#	
#18	Cover der Kindle-Ausgabe von Peter Young: *The Soros Conspiracy. George Soros – Puppet Master*, o. O. 2017 (= The Conspiracy Series Book)
#19	https://electronicintifada.net/sites/default/files/styles/original_800w/public/2019-03/190305-soros-milstein.png?itok=IqMHwI_n&timestamp=1551809361
#20	https://upload.wikimedia.org/wikipedia/commons/b/b8/1893_La-Libre-Parole-antisemitische-Karikatur.jpg
#21	Video-Still, Minute 00:35: https://www.wsj.com/articles/fighting-has-just-begin-says-video-issued-by-islamic-state-linked-group-1410958509
#22	Video-Still, Minute 02:04: https://abc7chicago.com/news/how-isis-recruiting-videos-mirror-hollywood-scripts/1194173/
#23	https://si.wsj.net/public/resources/images/BN-EO644_ISVIDE_GR_20140917092808.jpg
#24, 25, und 26	https://www.20min.ch/ausland/news/story/Japaner-lachen-ueber-IS-und-die-japanischen-Geiseln-12039042
#27	Video-Still, Minute 00:41: https://qz.com/578052/this-is-how-isis-inspires-its-followers/
#28	https://www.facebook.com/THEPROLIFEMOMMA/photos/a.1684430645119451/2494121337483707/?type=3&theater
#29	Daniel K. Williams: *Defenders of the Unborn. The Pro-Life Movement before Roe v. Wade*, New York 2016, S. 183.
#30	https://www.instagram.com/p/B2So7S6ATlB/
#31	https://www.instagram.com/jules.st.jo/
#32 a–j	Stills aus dem gesamten Video: https://www.youtube.com/watch?v=MitncchJkvo
#33, 34	Bildquellen entsprechen dem in Anm. 53 angeführten Aufsatz, hier S. 251 und S. 256.

# 35	https://no-hate-speech.de/de/kontern/fuer-gegen-alle-hate-speech/
# 36	https://sciencefiles.org/2016/07/22/nonsense-gegen-hate-speech-anleitung-zur-verbloedung/
# 37	https://pics.me.me/us-border-rump-make-again-pepe-trump-2715797.png
# 38	https://www.instagram.com/p/BqFrkXVnE7d/
# 39	https://www.instagram.com/p/BqK3dymg_e7/?utm_source=ig_embed
# 40	https://blondeheartblog.wordpress.com/2018/11/29/thank-you-for-knockin-me-down/

Alle angegebenen Links wurden am 31. Dezember 2019 abgerufen.

Daniel Hornuff, geboren 1981, ist Professor für Theorie und Praxis der Gestaltung an der Kunsthochschule/Universität Kassel. Zuletzt veröffentlichte er Bücher über die Inszenierungsgeschichte der Schwangerschaft sowie das Design neurechter Bewegungen.

Annekathrin Kohout

NETZFEMINISMUS

Strategien weiblicher Bildpolitik

#brelfie vs. *#bressure*: **Ein Bilderstreit im Social Web**

Kaum wurde das Foto auf Instagram hochgeladen, schon hatten es die Nutzer*innen zum Symbolbild erklärt und als Ausdruck eigener Wünsche und Empfindungen verwendet. »Ich als Mutter.«, »Ikonisch!«, »Herausforderungen einer Mama«, »Wenn ich mal ein Kind bekomme…«, »Legendär!«, »Eine echte Inspiration!« lauteten erste euphorische Kommentare. Auf dem im Dezember 2013 veröffentlichten Foto sieht man Supermodel Gisele Bündchen im weißen Bademantel und mit übereinandergeschlagenen Beinen. (#1) Sie hat den Kopf leicht nach hinten geneigt, die Augen sind geschlossen, denn ein Make-up-Artist macht sich gerade an ihrem Lidstrich zu schaffen. Zwei andere Stylisten wenden sich ihren Nägeln und ihren Haaren zu, im Schoß der Umringten liegt ihr Baby Vivian, das gerade gestillt wird. Doch auch Bündchens Toch-

#1

ter ernährt sich eher passiv und spielt mit der Kette ihrer Mutter, während sie an deren Brust saugt.

Die Beiläufigkeit, mit der sich Bündchen für ein Shooting zurechtmachen lässt und mit der ihr Baby trinkt, suggeriert Alltäglichkeit. Hier wurde – so die Aussage des Bildes – nicht viel gestellt, sondern genauso sieht eine berufstätige Mutter aus. Ja, so sieht eine Frau aus, die ihren Job keinesfalls aufgeben muss, nur weil sie ein Kind bekommen hat, selbst dann nicht, wenn der eigene Körper das Arbeitsmittel ist. Es ist demnach ein »Alles-ist-möglich«– oder »Lebe-Deinen-Traum«-Bild und soll ermutigend wirken. Wer unsicher ist, ob sich Karriere mit Mutterschaft vereinbaren lässt, dem antwortet das Bild mit einem entschiedenen ›ja‹.

Es überrascht daher nicht, dass es in den folgenden Jahren immer wieder Nachahmer*innen fand oder persifliert wurde, auch von prominenten Kolleginnen wie Alyssa Milano oder Tess Holliday. 2014 avancierte es zum Aufmacherbild einer Kampagne in den Sozialen Medien, die sich gegen Bestimmungen von Facebook richtete, wonach Bilder stillender Frauen gelöscht werden. Die Beteiligten, feministisch motiviert, interpretierten die Löschung als Tabuisierung stillender Frauen im öffentlichen Raum, auch wenn sie von der Plattform nur deshalb entfernt wurden, weil Bilder von Nacktheit dort generell nicht erlaubt sind. 2015 etablierte sich schließlich der Hashtag #*normalizebreastfeeding* und dann die verkürzte Version #*brelfie*, unter der zahlreiche Frauen ›Selfies‹ beim ›Breastfeeding‹ veröffentlichten. Als auf dem Cover der australischen Modezeitschrift *Elle* im Juni 2015 das Supermodel Nicole Trunfio beim Stillen abgebildet wurde, schien die in den Sozialen Medien initiierte Bewegung ihrem Ziel, öffentliches Stillen zu normalisieren, näher gekommen zu sein.

Sosehr einige Betrachterinnen von dem Bild inspiriert waren und sich begeistert mit der berufstätigen Mutter identifizierten, so viele – ihrerseits feministisch motivierte – Kritiker*innen rief es auf den Plan. Richteten sich diese zunächst gegen die privilegierte Situation eines superreichen Topmodels, das sich genügend Unterstützung bei Arbeit wie Kindererziehung leisten kann und demnach unrealistische Vorstellungen einer berufstätigen Mutter vermitteln würde, fühlten sich schließlich auch jene ›diskriminiert‹ (so die in zahlreichen journalistischen Beiträgen verwendete Formulierung), die aus gesundheitlichen Gründen nicht stillen können oder nicht stillen wollen. Für sie seien derartige Bilder ein Affront, wiesen sie die Betroffenen doch auf ihre körperlichen oder moralischen Schwächen hin: Gilt eine stillende Mutter nicht als liebe- und hingebungsvoller, das Stillen selbst nicht als gesünder?

Unter dem Hashtag #*bressure* – ähnlich wie bei ›brelfie‹ ein Wortspiel, diesmal aus ›breastfeed‹ (Stillen) und ›pressure‹ (Druck) – initiierten betroffene Mütter eine Gegenaktion, mit der sie auf ihr Beschämtsein aufmerksam machten sowie unrealistische Vorstellungen vom Stillen anprangerten. Während sich die #*brelfie*-Kampagne aus der Dokumentation der Sache selbst, aus dem fotografisch festgehaltenen Augenblick des Stillens ergab, musste für die #*bressure*-Aktion erst ein Bildprogramm entwickelt werden, das zum Nach- und Mitmachen motiviert. Mit diesem Ziel organisierte der Instagram-Account »Channel Mum« eine Selfie-Protestaktion und leitete Frauen dazu an, auf einem weißen Blatt Papier (mit dem Logo der Community) in einem Wort zu beschreiben, wie sich das Stillen ›wirklich‹ anfühlt, um anschließend damit für ein Bild zu posieren. Von ›befriedigend‹ bis ›quälend‹ wurden sehr unterschiedliche Emotionen versammelt, und anders als die ›Brelfies‹ wurden sie nicht (überwiegend) mit Humor, sondern mit großer Ernsthaftigkeit vermittelt. (#2) Dieser Ernst kam nicht zuletzt wegen des Bildmotivs zustande, das an die Ästhetik von Demonstrationen erinnerte, bei denen ebenfalls Schilder mit Statements ein wichtiges Ausdrucksmittel sind.

Damit wurden die soeben noch als inspirierend wahrgenommenen ›Brelfies‹ zum Politikum; ein Kampf um das, was gezeigt werden soll und was nicht gezeigt werden darf – ein Streit um das ›richtige‹ Bild der Mutter, der Frau, der Weiblichkeit im Allgemeinen brach aus. Verschiedene Auffassungen von Feminismus gerieten in einen offenen Konflikt miteinander. Solche Auseinandersetzungen haben heute vornehmlich in den Sozialen Netzwerken ihren Ort. Dabei werden längst etablierte feministische Diskurse – und das ist #2

historisch neu – mehr denn je mithilfe von Bildern anstatt von Texten oder gar Manifesten fortgeführt.

Wenn vom Netzfeminismus die Rede ist, muss, wie auch beim Feminismus, immer von einem Plural gesprochen werden: von (Netz-)Feminismen. Dass es unterschiedliche und nicht klar voneinander abzugrenzende Feminismen gibt, liegt daran, dass sie sich einerseits in verschiedenen historischen Kontexten, andererseits in verschiedenen Gesellschaften herausgebildet haben. Zudem stoßen in der globalisierten Netzkultur stärker als bisher verschiedene Feminismen aufeinander, die sich nicht nur auf unterschiedliche Geschlechterkonzepte, sondern auch auf verschiedene gesellschaftliche Grundfragen und Theorien beziehen.[1] Dadurch werden globale Netzaktionen anfälliger für inhaltliche Widersprüche oder unauflösbare Kontroversen, wie beispielsweise die #metoo-Kampagne, an der, ausgehend von den USA, weltweit partizipiert wurde. Im Zuge dieses Hashtags hatten sich vor allem Diskussionen darüber entzündet, was als sexueller Missbrauch gilt: neben Übergriffen wurden auch von manchen als sexistisch empfundene Komplimente mit #metoo verschlagwortet.

Je nach Kultur, Milieu, Situation kann ein Kompliment mehr oder weniger als sexueller Missbrauch gedeutet werden. Für viele Kritiker*innen waren und sind diese Erfahrungen jedoch nicht mit strafbaren Handlungen gleichzusetzen.

Netzfeminismus ist daher inhaltlich kaum konkret zu definieren. Deshalb soll im Folgenden die Form, oder besser: das Werkzeug, mit dem feministische Anliegen kommuniziert oder sogar praktisch umgesetzt werden, in den Mittelpunkt rücken. Mit dem Netzfeminismus assoziiert man häufig vor allem schriftliche Äußerungen und Aktionen (abwertend

»Hashtag-Feminismus«[2] genannt), doch formulieren Aktivistinnen ihre Haltung mittlerweile ebenso oft mit Bildern und Videos. Eine feministische Bildpolitik ist in dieser Form erst durch die Sozialen Medien möglich geworden, obwohl es im Bereich der Kunst Vorläufer gegeben hat. Was aber können visuelle Medien politisch leisten?

#visibilitymatters: Kampf um Sichtbarkeit

Wie beim ›Brelfie‹ geht es vielen (feministischen) Social-Media-Aktionen oder Hashtags gezielt um Sichtbarmachung und Repräsentation. Was bisher noch nicht oder nur in idealisierter Gestalt in den Massenmedien vertreten ist, seien es das Stillen oder – ein anderes Beispiel – vom Ideal abweichende Körperformen und Hautfarben, soll in der gesamten Breite seiner Existenz sichtbar gemacht werden. Für viele Menschen bieten die Sozialen Medien in dieser Hinsicht bisher nicht gekannte Möglichkeiten. Zuvor waren es vor allem Vertreter der etablierten Medien, die darüber bestimmten, was in der Öffentlichkeit Präsenz erlangte. Heute wird der Kampf um Sichtbarkeit und Repräsentation, wird also Bildpolitik vor allem im Social Web ausgetragen. So artikulieren sich hier oftmals Milieus und Randgruppen, die nicht selbstverständlicher Teil der medialen Öffentlichkeit sind und die nicht den gesellschaftlichen Idealen entsprechen. Dies ist besonders für feministische Themen maßgeblich: Welche Rolle spielen schwarze und weiße Frauen, Männer und Transgender in der Gesellschaft, der Familie, in Beziehungen? Wie sehen Geschlechterklischees gegenwärtig aus – und wie kann man mit neuen Bildern zu ihrer Überwindung beitragen?

#penisneid: Das ›Loch‹ als Sprachbild der Unsichtbarkeit

Fehlende Sichtbarkeit ist vor allem im metaphorischen Sinne ein tief im Feminismus verankertes Thema. Denn nichts Geringeres als die Beschreibung des weiblichen Geschlechts als ›Loch‹ und Leerstelle – die im Gegensatz zum männlichen Geschlechtsorgan nicht sofort sichtbar sei – diente der Begründung und Legitimation männlicher (phallozentrischer) und patriarchaler Dominanz. Populär wurde die Vorstellung vom weiblichen Geschlecht als ›Loch‹ bekanntlich zu Beginn des 20. Jahrhunderts: In den *Drei Abhandlungen zur Sexualtheorie* spricht Sigmund Freud 1915 vom »verlorengegangenen Penis des Weibes«,[3] womit er dem weiblichen Geschlecht, insbesondere der Vulva, die Existenz und eigene, gleichermaßen äußerlich sichtbare Formen absprach sowie einen anatomischen Mangel konstatierte. Doch Freud ging noch weiter und attestierte Mädchen den vielzitierten »Penisneid«,[4] der einer Kompensation bedürfe. Diese erkannte er in den fetischisierten Schönheitspraktiken der Frau.

Die Vorstellung vom fehlenden Geschlecht – vom Loch – wurde bei Feminist*innen zwar zur Metapher für die grundsätzliche Unsichtbarkeit von Frauen in vielen öffentlichen und gesellschaftlichen Bereichen, lange Zeit aber brachten sie keine expliziten Gegenbilder oder alternative Metaphern hervor.

Die fehlende sprachliche und bildliche Sichtbarkeit des weiblichen Geschlechts hat wiederum Tabuisierungen hervorgebracht, die von Feminist*innen zunehmend öffentlich thematisiert und diskutiert wurden – nicht zuletzt durch die Identifikation weiterer Sprachbilder, die beweisen sollten, wie tief die Vorstellung der Frau als schwaches Geschlecht in der Gesellschaft verankert ist. Das 1998 von Eve Ensler veröffentlichte Buch *The Vagina Monologues* beginnt im Vorwort von Gloria Steinem mit dem Satz »Ich komme aus der ›Da-unten‹-Generation.« (»I come from the ›down there‹ generation.«)[5] Zur »Da-unten-Generation«, führt Steinem fort, gehörten Frauen, die ihre Jugend vor den 1970er Jahren erlebt hätten und für die es keinen Begriff für das weibliche Geschlecht gegeben habe, der nicht mit Scham besetzt gewesen sei. Deshalb vermieden es diese Frauen, von ›Vagina‹, ›Vulva‹, ›Muschi‹ oder überhaupt von ihrem Geschlechtsorgan zu sprechen, und begnügten sich stattdessen mit dem verlegenen ›down there‹.

Dass die ›da unten‹-Verlegenheit – selbst im privaten Bereich – keinesfalls ein historisches Phänomen, sondern immer noch aktuell ist, zeigt die neuere feministische Literatur. So lautet der Titel des 2016 erschienenen Sachbuchs von Margarete Stokowski nicht zufällig *Untenrum frei*.[6] In dem Buch beschreibt sie unter anderem ihr feministisches Initiationserlebnis: einen Sturz vom Fahrrad als Vierjährige, bei dem es sie ›untenrum‹ schmerzte, sie sich jedoch nicht traute, ihren Eltern davon zu berichten: »Wie denn auch? Wie soll ich sagen, dass ich mir an meiner ... Dings weh getan habe? [...] Dann bin ich jetzt halt kaputt, denke ich. Besser als was sagen müssen. Was sagen wär peinlich.«[7] Stokowski wundert sich schließlich, warum die weiblichen – nicht aber die männlichen – Geschlechtsorgane mit Scham besetzt sind, schon begrifflich, etwa bei »Schamlippen« oder »Schamhaar«: »Müssten sich Jungs dann nicht eigentlich mehr schämen als Mädchen, weil bei den Jungs alles raushängt und bei den Mädchen alles halbwegs ordentlich drinnen liegt?«[8]

Auch wenn die Bezeichnung ›Scham‹ bei Schamlippe vom altdeutschen »scama« abgeleitet ist, dem »Bedeckenden«, ist sie in unserem Kulturkreis dennoch mit Beschämung und Schande assoziiert. Und obwohl es sich dabei nicht um ein neues Thema handelt und der problematische Umgang mit dem weiblichen Geschlecht bereits in *The Vagina Monologues* und umfassend in *Vulva: Die Enthüllung des unsichtbaren Geschlechts* von Mithu M. Sanyal 2009 zum Gegenstand der Diskussion wurde,[9] begann erst in den 2010er Jahren eine öffentlichkeitswirksame und nun auch bildliche Auseinandersetzung mit diesem Phänomen. Infolge der Etablierung Sozialer Netzwerke als Alltags- und Massenmedien wurde erstmals eine von Frauen initiierte umfangreiche Veröffentlichung und Verbreitung von (Symbol-)Bildern der Vulva möglich.

Mit Darstellungen der Vulva wird im Social Web mittlerweile regelrecht gegen das ›unsichtbare‹ weibliche Geschlecht angekämpft – und dies in zweierlei Hinsicht: Die Tabuisierungen sollen enden, um zugleich die Metapher des Lochs zu überwinden, die im übertragenen Sinne auch für die gesellschaftliche Unsichtbarkeit der Frau (etwa in repräsentativen Ämtern) steht. Für den bildlichen Gegenentwurf des ›unsichtbaren Geschlechts‹ haben die Sozialen Medien neue Möglichkeiten geschaffen: Frauen können sich besser vernetzen und unabhängige Öffentlichkeiten etablieren, indem sie auf Plattformen wie Facebook, Instagram, Tumblr oder Twitter eigene Inhalte vorstellen oder verwandte Inhalte anderer liken oder teilen. Sie können jederzeit das Wort – oder Bild – ergreifen und auf den eigenen Kanälen vertreiben, sie können (Hashtag-)Aktionen initiieren oder unterstützen. Sie können ihrer Meinung Ausdruck verleihen und sich zu politischen Statements bekennen. Umgekehrt fordern einige Plattformen die Verwendung von Bildern sogar ein. So gibt es bei Instagram zwar einen Bereich für schriftliche Kommentare, allerdings muss immer zuerst ein Bild veröffentlicht werden.

#pussypower: Mit Bildern der Vulva gegen das Sprachbild des ›Lochs‹

In der Kunst wurde das Motiv der Vulva bereits vor dem Aufkommen der Sozialen Medien als Instrument des Ausgleichs der visuellen Unwucht gegenüber dem Phallus verwendet, aber auch im Zuge des Auslotens einer spezifisch weiblichen Bildsprache. Besonders viel Aufmerksamkeit erreichte die Installation *The Dinner Party* der amerikanischen Künstlerin Judy Chicago, die zwischen 1974 und 1979 entstanden ist, weltweit ausgestellt wurde und sich heute im Elizabeth A. Sackler Center for Feminist Art im Brooklyn Museum in New York befindet. (#3) *The Dinner Party* besteht aus einem großen dreieckigen – kelchförmig angeordneten – Tisch mit 39 aufwendigen Gedecken, die einflussreichen und doch zu wenig beachteten Frauen der westlichen Kulturgeschichte gewidmet sind. Der Tisch steht auf einem weißen Porzellanboden (Heritage Floor), auf dem man die Namen weiterer 999 Frauen in goldener Schrift verewigt hat: eine Geschichte der »historischen Unsichtbarkeit der Frauen«, wie es in publizistischen Beiträgen zu der Arbeit heißt.[10] Jedes Gedeck besteht aus einem in verschiedenen Techniken ausgeführten, verzierten Tischläufer, in den die Namen der Frauen eingestickt sind, einem Keramikbesteck, einem Kelch und einem individuell gestalteten Porzellanteller, der formal jeweils an die anatomischen Variationen einer Vulva erinnert. (#4)

#3

#4

1979 wurde die Arbeit erstmals im San Francisco Museum of Modern Art ausgestellt, bevor sie im Anschluss so ›viral‹ ging, sprich: sich verbreitete, wie es vor dem Internetzeitalter überhaupt möglich war: Auf einer neunjährigen Tournee wurde *The Dinner Party* weltweit präsentiert, darunter auch zweimal in Deutschland.

Die Literatur- und Kunstkritikerin Verena Auffermann rezensierte das Werk für die ZEIT: »Judy Chicagos ›Dinner Party‹ ist reinster amerikanischer Kitsch. ›It's a piece of art‹, sagt die Künstlerin. Wir nicken, weil Selbstbewußtsein auch ein Kunststück ist.«[11] Mit derselben – bildungsbürgerlich-intellektuell grundierten – Art von Kritik hatte man in Deutschland in den 1960ern auf die amerikanische Pop-Art reagiert. Auch diese wurde als »[p]hantasielose Banalität«[12] bezeichnet oder als Ausdruck eines »Coca-Cola-Way-Of-Life« wahrgenommen.[13] In diesen Chor stimmt Auffermann ein, wenn sie die Künstlerin beschreibt: »In ihren rosa Turnschuhen steht Judy Chicago, auch wenn sie zu ihrem dritten Ehemann, einem Photographen, sehr weit hochblicken muß, als Respektsperson auf dem Boden.«[14]

Tatsächlich erweist sich die frühe Arbeit von Judy Chicago als ästhetischer Vorbote heutiger weiblicher Bildsprachen und -motive, ebenso wie andere ihrer Arbeiten, die sich Anfang der 1970er Jahre dem Thema ›Menstruation‹ widmen. Besonders populär wurde die Fotolithografie *Red Flag* von 1971, die den Schambereich und die leicht gespreizten Schenkel einer Frau zeigt: Eine Hand zieht gerade einen blutgetränkten Tampon aus der Scheide. Die rote Fahne ist feministischer Aktivismus gegen die (in vielen Gesellschaften und vor allem Religionen) negative Konnotation der Menstruation als unrein und mit Scham behaftet. Die Darstellungsweise der Vulven aus *The Dinner Party* übernahm Chicago hingegen aus einer Arbeit von 1974, die wiederum eine Vulva auf einem Porzellanteller zeigt, mit großen fleischlichen Schamlippen, die auf dem darunter befindlichen Papier auf eine Weise verlängert wurden, dass sie wie ausgebreitete Flügel aussehen – spätestens dann, wenn man die um den Teller platzierte kreisrunde (und titelgebende) Inschrift »Flesh spreading her wings and preparing to fly« gelesen hat. (#5) Damit inszeniert Judy Chicago das weibliche Geschlecht, das

#5

seine Flügel ausbreitet und zum Flug ansetzt, als im Aufbruch begriffen und zum Befreiungsschlag ansetzend. Es ist ein Bild, das Mut machen soll, an emanzipatorische Ziele zu glauben – und leistet damit das, was gegenwärtig unter »Empowerment« verstanden wird.

#empowerment: **Ermutigung, Ironie oder Kritik? Glitzernde Menstruation und aufgeschnittene Früchte, die an Vulven erinnern**

Der ursprünglich aus der sozialen Arbeit stammende Begriff »Empowerment« bezeichnet eine Strategie, mit der Betroffene zu mehr Autonomie und Selbstbestimmung gelangen.[15] Heute ist er ein beliebtes Schlagwort, unter dem unzählige feministische Bildmotive im Social Web publiziert und ausgetauscht werden, die formal und inhaltlich an die Arbeit Chicagos erinnern: Auf Tumblr, Instagram, Flickr oder Pinterest werden Früchte, Rosenblätter, Tischdecken oder Gebirgsrisse, die äußerlich auf die Vulva anspielen, mit Menstruationsblut beschmierte Slips und Badezimmerfliesen, Schamhaar in Herzform, Rauten und vieles mehr veröffentlicht und geteilt. Bilder, die einst im sogenannten White Cube nur einem kleinen Kreis von Kunstinteressierten zugedacht waren, finden heute im Kontext der Sozialen Medien ein Massenpublikum.

Wer die Arbeit Chicagos zu ›poppig‹ fand, wird erst recht keinen Gefallen an den Bildern der gegenwärtigen feministischen Netzkünstler*innen finden, die noch stärker auf die Ästhetik des Süßen, Weiblichen, Lieblichen, Verlockenden setzen. Etwa wenn das Menstruationsblut gegen Glitzer ausgetauscht wird. *I don't only have glitter in my veins* betitelt die

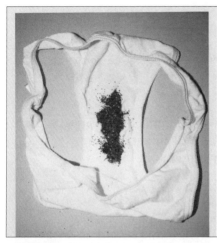

#6 oben / #7 unten

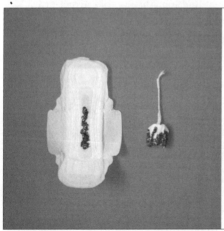

britische Künstlerin Georgia Grace Gibson eine 2013 entstandene Fotoserie, darunter die Bilder einer mit rotem Glitzer bestreuten Binde und ein mit rotem Glitzer bestreuter Slip. (#6) Diese Motive verbreiteten sich im gesamten Social Web – bei Twitter genauso wie bei Tumblr – und regten zu vielen Neuinterpretationen an. Ebenfalls 2013 entstand etwa die Arbeit *Girlhood* von Cassidy Paul, einer New Yorker Künstlerin. (#7) Auch ihre Bilder, darunter eines der Menstruation, bei der das Blut wiederum durch roten Glitzer ersetzt wurde, haben sich sehr schnell viral verbreitet. Ungefähr ein Jahr später nutzte die Kunststudentin Hannah Altman aus Pittsburgh erneut den Effekt: Ihre Serie *And Everything Nice* wurde innerhalb weniger Tage über 500.000-mal auf Tumblr geteilt und in zahllosen Onlinezeitungen und Blogs vorgestellt. (#8) Eine Auswahl an Titelüberschriften im deutschsprachigen Raum: »Mit Glitzer gegen Schönheitsideale«[16] (i-D), »Glitter-Kritik am weiblichen Schönheitsideal«[17] (Süddeutsche Phänomene),

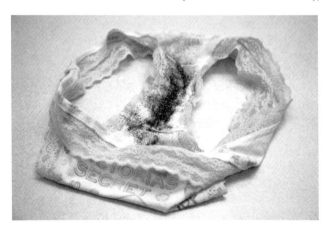

8

»Glitzer statt Tränen: Was wäre, wenn unsere Verletzlichkeit funkeln würde?«[18] (Brigitte) oder »Diese Fotografin lässt die Schmerzen von Frauen glitzern«[19] (ze.tt).

Was genau aber wird mit dem Motiv der glitzernden Menstruation ausgesagt, worum geht es der Künstlerin, und was können derartige Bilder bewirken, vielleicht sogar verändern? Sichtet man die genannten Artikel und Interviews, taucht insbesondere ein Anliegen immer wieder auf: Die Künstlerin möchte den gesellschaftlichen Druck auf Frauen aufzeigen, die immer schön aussehen müssen. Dafür identifiziert sie zunächst jene Momente im Leben einer jungen Frau, die als nicht schön gelten oder tabuisiert sind. Andere Beispiele der Serie neben der Menstruation sind ein blutendes Knie oder Tränen – auch sie werden durch Glitzer ersetzt.

Es fällt schwer, dieser Arbeit nicht zu unterstellen, dass ihr der visuelle Effekt wichtiger ist als das eigentliche Vorhaben, die gesellschaftliche Rolle der Frau sowie gängige Schönheitsideale infrage zu stellen. Die Kritik Auffermanns an Judy Chicago könnte dreißig Jahre später auf Hannah Altman angewendet werden, etwa wenn Auffermann ironisch kommentiert: »Kunst heißt für sie Schmerzen: Schmerzen in Schönheit verwandeln«?[20]

Tatsächlich geht etwa die Kritik Auffermanns, die Arbeit sei oberflächlich und naiv, nur dann auf, wenn man die Bilder der glitzernden Menstruation als Kunstwerk rezipiert. Aber sosehr die Netzfeminist*innen ihre Arbeiten als Kunst ausweisen, so ungeklärt ist ihr Status bei den Rezipient*innen, denen die Bilder im Netz begegnen: Wenn in der Timeline das Foto eines rosafarbenen Slips auftaucht, ist es nicht selbstverständlich, dass es sich dabei um Kunst handelt. Es kann von Nutzer*innen auch als niedliches und keineswegs kritisch zu interpretierendes Foto betrachtet werden. Im Netz kommt es daher leicht zu Missverständnissen. Eine Kunst, die den Prinzipien der Pop-Art und des Readymade folgt, wird oft nicht als solche erkannt, weil es keine sichtbare Kontextverschiebung gibt. Zudem sind derartige Ausdrucksweisen längst nicht mehr nur in der Kunst, sondern auch in Mode, Design und sogar in der Alltagskommunikation im Netz üblich.

Die Frage, ob es sich bei den Bildern netzfeministischer Künstler*innen um Kunstwerke mit erkenntnisstiftendem Anspruch oder einfach nur um unterhaltsame Meme handelt, die nach kurzer Zeit wieder in Vergessenheit geraten, kann deshalb nicht eindeutig beantwortet werden. Das Motiv der glitzernden Menstruation mag schlechte Kunst sein, weil es weder formal noch inhaltlich interessant ist. Es ist sogar derart unverfänglich und harmlos, dass es mittlerweile von sämtlichen Stockfotografie-Agenturen verwendet wird. So wenig Sinn die Bilder im Kunstmuseum machen würden, so relevant sind sie jedoch im Netz und für den Feminismus. Warum? Weil sie Qualitäten besitzen, die zu einer viralen Verbreitung des Motivs und des damit verbundenen Statements anregen – unabhängig davon, ob es Kunst ist oder nicht, und auch unabhängig davon, ob das Bild von einem Mann oder einer Frau stammt. Zwar sind die Bilder selten komplex, aber gerade die Einfachheit begünstigt ihre kommunikative Funktion. Solche Bilder werden nicht nur öfter geteilt, weil sie zugänglich und verständlich sind oder unterschiedlichen interkulturellen Kontexten standhalten, sondern auch, weil sie leicht nachzuahmen sind: Ein Slip oder eine Binde und Glitzer sind schnell besorgt, fotografiert und mit entsprechenden feministischen Hashtags versehen. Es ist ein »Kick-Off-Bild«,[21] das den Startschuss für Neuinterpretationen gibt. Wer ein solches Bild postet, kann sich umstands- und mühelos zum Feminismus an sich bekennen.

Ob bloßes Teilen oder aufwendigeres Nachstellen von Bildern: Diese Techniken ermöglichen es Menschen, sich zu engagieren, zu solidarisieren und politisch zu handeln. Zugleich fordern die Sozialen Medien auch Partizipation ein, belohnen rege Interaktion und zahlreiche Inhalte mit mehr Aufmerksamkeit. Die Teilnahme an einer Bild- oder Hashtag-Aktion kann die Followerzahl erhöhen und Likes und Kommentare von Gleichgesinnten generieren. Insofern sind die Sozialen Medien nicht nur ein geeigneter Ort für Demonstrationen und politische Diskurse, sondern kommen heute gar nicht mehr ohne sie aus.

Ähnlich oft wie das Motiv der glitzernden Menstruation kursieren Bilder einer aufgeschnittenen Frucht, die formal an eine Vulva erinnert. Seit Jahren wird dieses Sujet in den Sozialen Medien immer wieder neu interpretiert und geteilt, mal mehr, mal weniger sexualisiert. Mittlerweile ist es außerdem ein beliebtes Werbemotiv geworden, zuerst für kleinere Unternehmen wie die Unterwäschefirma THINX, die 2015 mit einer halbierten Grapefruit für Slips während der Periode warb, (#9) gefolgt von Calvin Klein, die Kendall Jenner für ihre Frühjahrskollektion 2016 eine Grapefruit leicht quetschen ließen, so dass die Assoziation zur feuchten Vulva hergestellt wurde, (#10) schließlich aber auch für große Luxuslabels wie Loewe, für das der Fotograf Steven Meisel aufgeschnittene und klebrig wirkende Früchte zur Präsentation der Frühling/Sommer-Kollektion 2018 inszenierte, die sich an der Stelle des Mundes befanden. (#11) Schnell werden die Motive mit einem festen Code versehen, der jederzeit beliebig abrufbar ist.

Auch Netzkünstler*innen machen und posten Bilder und Videos von aufgeschnittenen Früchten, zum Beispiel Stephanie Sarley, die 2016 damit begonnen hat, Arbeiten mit aufgeschnittenen sexualisierten Früchten (die zum Teil befingert werden) **(#12)** zu zeigen. Dabei wiederholt sie Bilder und Bildtypen, die längst umfangreich im Netz kursierten, ohne Abweichungen (höchstens in der Bildqualität), stellt diese aber in einen künstlerischen Kontext. Das gelingt durch eine entsprechende Präsentation auf der Website der Künstlerin sowie mit beschreibenden Texten, die ihre Werke als Kunst kennzeichnen. In ihrem »Artist Statement« heißt es etwa: »Ich setze mit meiner Kunst bei der Suche nach dem Unsichtbaren und Unerwarteten an.« (»I approach my art in search of the unseen and unexpected.«)

Seltsamerweise bleibt jedoch eine Auseinandersetzung mit kunsthistorischen Traditionen aus, etwa mit den sehr ähnlichen Arbeiten von Judy Chicago (anders bei dem Label THINX, das auf Instagram explizit auf Judy Chicago, Georgia O' Keeffe und andere verweist). Nicht zuletzt deshalb ist die Zuordnung ›Kunst‹ in diesem Fall eine Machtgeste, schließlich werden Kunstwerke noch immer als bedeutender angesehen als alles, was Laien im Internet veröffentlichen. Kunst wird mit Nennung der Künstler*innen im Feuilleton besprochen – andere Bilder finden allenfalls Erwähnung als Teil eines Phänomens. Kunst wird im Museum gezeigt, jenem Ort, wo eine nur sehr kleine Anzahl an Artefakten Eingang findet, die als besonders wertvoll – im kulturellen Sinne – gelten. So wurden auch Stephanie Sarleys aufgeschnittene Früchte 2018 im Museum der bildenden Künste in Leipzig ausgestellt.[22] Hier stellt sich die Frage, was eine solche Spielart von Pop-Art, die mit den Strategien der Affirmation und Hyper-

#9

#10

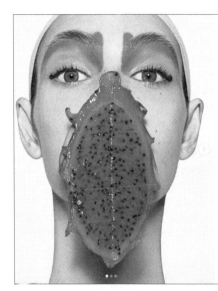

11

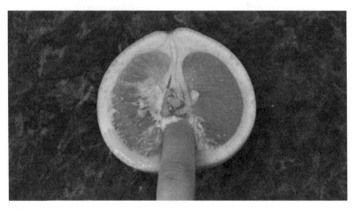

12

affirmation arbeitet, im Zeitalter Sozialer Medien als Kunst leisten kann. Als feministischer Aktionismus sind Motive wie die von Sarley hingegen ernstzunehmen und sogar zu schätzen, weil sie es vermögen – anders als gemeinhin die Werke der Kunst –, ein großes Publikum anzusprechen und zur Partizipation zu inspirieren.

#aufschrei statt *#girlpower*: Feministische Kritik an ›empowernden‹ Bildern

Stephanie Sarley wird dem sogenannten »webnativen Post-Feminismus«,[23] der »New Feminism Wave«[24] oder einer »vierten Welle des Feminismus«[25] zugeordnet. Künstlerinnen dieser Bewegung sind neben Sarley vor allem Petra Collins, Molly Soda, Signe Pierce oder Arvida Byström. Zwar sind sie keine selbsterklärte Gruppe, doch kann man von einer Bewegung sprechen, da die Produzentinnen größtenteils untereinander vernetzt sind, Einflüsse erkennbar sind und teilweise eine gemeinsame Bildästhetik sowie ein übergreifendes Bildrepertoire erarbeitet wurden. Sie sind zudem auf denselben Online-Plattformen (Tumblr und Instagram), in gemeinsamen Ausstellungen (zuerst *In Bloom*, 2011 in Toronto), Publikationen (Magazine wie *Rookie*[26]) sowie in zusammen initiierten Buchprojekten (beispielsweise *Babe*[27] 2015 oder *Pics or It Didn't Happen*[28] 2016) zu finden.

Dabei handelt es sich vorwiegend um Feministinnen, die selbst Bilder machen, teilen oder anderweitig publizieren. In ihrem Motivrepertoire haben sich populäre Sujets etabliert, die häufig körperbezogen sind: von der Norm abweichende Körperbehaarung, Menstruation, das Schminken. Außerdem dominiert eine Bildästhetik, die sich mit den Vorstellungen von Weiblichkeit auseinandersetzt, zugleich aber auch kindlich und niedlich anmutet. Oft sind die Bilder in Rosa- und Pinktönen gehalten und setzen sich vielfach in Beziehung mit der Figur des ›Girl‹ und den damit verbundenen Assoziationen. Die abgebildeten Frauen sind überwiegend Teenager.

Bezeichnenderweise wird in aktuellen Büchern über Feminismus der (schriftliche) #*aufschrei*- oder #*metoo*-Hashtag stark beachtet, während die hier erörterten Bildmotive oder Kleidung mit feministischen Slogans, inszeniert auf einem Instagram-Bild, abschätzig kommentiert oder gar nicht erwähnt werden. Einige Feminist*innen halten die Bilder für oberflächlich, lassen sich ernsthafte Anliegen doch nicht mit sexy Slips und pinkfarbenem Licht artikulieren. Der intellektuelle Feminismus nimmt den visuellen Netzfeminismus kaum ernst, kritisiert seine gefällige Ästhetik und reduziert ihn auf einen kontraproduktiven Popfeminismus. Skeptische Stimmen fanden etwa, hier »werden keine männlich induzierten Machtstrukturen kritisiert, es geht nicht um Gleichstellung in Beruf oder Bezahlung, Kritik am Leistungs- bzw. Warensystem, sondern darum, dass man seine Körperbehaarung auf Instagram ausstellen darf und das Geschlechtsteil einer masturbierenden, menstruierenden Frau auf ein T-Shirt drucken lassen kann.«[29]

Die Kritik an den Bildern der Netzfeminist*innen entzündet sich unter anderem an der mangelnden Klarheit hinsichtlich ihres Status, was wiederum daran liegt, dass Frauen erst seit kurzer Zeit überhaupt mit selbstbestimmten Bildern öffentlich sichtbar sind. Entsprechend unsicher und für viele fragwürdig sind die ersten Versuche, den bisher ausschließlich von Männern dominierten Medien der Bildproduktion –

bildende Kunst, Kino, Fernsehen, Zeitschriften – etwas Eigenes entgegenzusetzen. 1979 wagte die Literaturwissenschaftlerin Silvia Bovenschen in ihrer Untersuchung zu kulturgeschichtlichen Präsentationsformen des Weiblichen mit dem Titel *Die imaginierte Weiblichkeit* die These, dass Frauen an der Erzeugung ihres Images weitgehend unbeteiligt waren. »Ihr Kulturschicksal ist in der Geschichte vom Wettlauf zwischen Igel und Hase abgebildet – der Igel, der vorgegebene Entwurf, ist immer schon vor ihnen da.«[30]

Und wenn die weibliche Attraktivität patriarchal bestimmt ist, muss sie – so die gängige Annahme innerhalb der feministischen Theoriebildung in den 1970er Jahren – mit weiblicher Intellektualität unvereinbar sein. Dadurch entstand die Vorstellung, »dass Frauen, die sich ausdrücklich weiblich gebärden wollten, immer eine Form von Verrat am Feminismus begingen«.[31] Dies ist ein weiterer Grund dafür, dass die Produktion von eigenen Bildern als feministische Strategie lange behindert wurde: Der Feminismus war (als Reaktion der behaupteten Unvereinbarkeit von Attraktivität und Intellektualität) vor allem eine theorie- und politikbezogene Bewegung, die sich im Verlauf des 20. Jahrhunderts immer konsumkritischer äußerte – aber auch bildkritisch, schon weil das (bewegte oder unbewegte) Bild als wichtigstes Medium der Werbeindustrie gelten kann.

Diese kapitalismuskritische, oft linke Perspektive gab es bei den frühen Frauenrechtlerinnen – den sogenannten »Suffragetten« – in Großbritannien und den Vereinigten Staaten nicht. In ihrer Dissertation *Artikulationen des Konsums*[32] weist die Kunstwissenschaftlerin Antonia Wagner darauf hin, dass die aktivistischen Frauen dieser Zeit noch keine Konsumkritik übten, sondern im Gegenteil das Einkaufen als weibliches Recht und als emanzipatorischen Akt ansahen. Wagner erinnert an eine Protestaktion im Jahr 1912, bei der einige Suffragetten zwar mit Steinen die dekorierten Schaufenster (als Sinnbild für die Verführungen durch den Konsum) einschlugen, in einem Flugblatt an die Händler jedoch erklärten: »Die Frauen sind Ihre besten Freunde und ohne sie und ihre Unterstützung, was würde aus Ihrem so blühenden Geschäft werden?«[33] Die Konsumkultur avancierte nicht nur zum Druckmittel, um politische Interessen durchzusetzen, sondern brachte vor allem die nicht erwerbstätige bürgerliche Hausfrau erstmals in den öffentlichen Raum.

#femvertising: Die Frau als verführbare Konsumentin und ›Girl‹

Doch ging umgekehrt mit der Eroberung der Sphäre des Konsums durch die bürgerliche Frau auch eine »Feminisierung der Konsumwelt«[34] einher. Es entstand eine eigens für die Bedürfnisse von Frauen ausdifferenzierte Produktwelt, die die Auffassung bestätigte, Frauen seien verführbarer als Männer.

Das Zusammendenken von Frauen und Konsum führte im Zuge der linken und westlichen Kritik am Kapitalismus in den 1960er Jahren dazu, dass die verführbare Konsumentin in den Fokus eines neuen, kultur- und kapitalismuskritischen Feminismus rückte. In *Der Weiblichkeitswahn oder die Selbstbefreiung der Frau* (1963) schreibt Betty Friedan: »[A]ls einziges Ziel einer Frau wird ihr die Jagd nach dem Mann zugestanden. Ausgiebig werden Essen, Trinken, Kleidung, Kosmetik, Möbel und die Körper junger Frauen in Wort und Bild behandelt, aber wo bleibt die Welt des Denkens und der Ideen, das

Leben des Geistes und der Seele?«[35] Die enge Korrelation von Konsum und Frau ist deshalb problematisch, weil die negativen Eigenschaften des Konsumierens (Oberflächlichkeit und Geistlosigkeit) auf die Frau übergehen, die dann ihrerseits als oberflächlich und geistlos wahrgenommen wird.

Ähnliches hat Thomas Hecken für die Figur des »Girl« festgestellt. In seinem Buch *Girl und Popkultur* von 2006 heißt es: »Pop ist offensichtlich ein Mädchen.«[36] Bei den Beschreibungen des Girls verhält es sich wie bei der Charakterisierung des Pop: »Die Produkte der Popkultur seien oberflächlich und standardisiert, heißt es fast immer abfällig, ihre verführerischen Schlüsselreize zielten auf schnelle, körperlich spürbare Wirkungen. Bei Mädchen und jungen Frauen sieht es ganz ähnlich aus.«[37] Schon bevor mit ›Girl‹ die moderne junge Frau bezeichnet wurde, stand der Begriff für die Tänzerinnen der englischen und amerikanischen Revuen, die stets im Gleichschritt ihre Beine zeigen.[38] Über solche Tänzerinnen schrieb Siegfried Kracauer 1931: »[S]ie entsprechen dem Ideal der Maschine.«[39] Diese Äußerung deutet auf eine Analogie zwischen Girl, Konsum (massenindustrielle Produktion) und Pop (der sich durch Wiederholung auszeichnet). An dem Bild der durch Konsum verführbaren Frau arbeiten jedoch bis heute nicht nur Männer, Antifeminist*innen oder Geschlechtskonservative mit, sondern auch Feminist*innen, etwa wenn die Autorin Julia Korbik feministische Konsumprodukte wie T-Shirts mit einschlägigen Slogans – das sogenannte und abschätzig gemeinte »Femvertising« – zynisch auf die Erkenntnis reduziert, »dass Frauen eine wichtige Zielgruppe sind (Überraschung!)«.[40]

Sofern Weiblichkeit als konsumistisch, als Ausdruck oberflächlicher Marktfreuden gilt, kann sie für den Feminismus nicht fruchtbar gemacht werden. So stimmen Gegner heutiger Bildwelten (die Weiblichkeit affirmieren) in die lange Tradition der Kritik am ›Popfeminismus‹ ein, der in den 1980er und 1990er Jahren durch Madonna oder die Spice Girls verkörpert und von dem Slogan »Girl Power« begleitet wurde. In einem Artikel von 2011 (»Was ist da bloß schiefgelaufen?«) im feministischen Magazin *Emma* fasst die Autorin Charlotte Raven die üblichen Einwände prägnant zusammen: »Aus Feminismus wurde Narzissmus und Konsumismus.«[41] Frauen seien, so Raven, nur noch auf Erfolg, Geld und persönliches Vergnügen aus, wer sich Madonna zum Vorbild nehme, instrumentalisiere seinen eigenen Körper.[42]

Es bleibt festzuhalten, dass der Feminismus heute gespalten ist in einen tendenziell linken, intellektuellen Feminismus auf der einen Seite, der Hashtag-Aktionen wie *#aufschrei* (2013) oder *#metoo* (2017) initiiert hat, und einen ›Popfeminismus‹ auf der anderen Seite, der sich gezielt vor allem mit Bildpolitik beschäftigt, um Sichtbarkeit kämpft und mit Bildern gegen Geschlechterkonventionen anzugehen versucht. Zwar kommt es insbesondere im Social Web auch zu Überschneidungen, doch scheinen die beiden Pole stabil zu sein. Wegen dieser Spaltung und der Verachtung von Konsum- und Bildwelten haben es viele Feminist*innen verpasst, starke Gegenbilder zu schaffen. Und während beispielsweise durch Make-up und Mode immer wieder versucht wurde, Stärke auszudrücken, gab es aus den eigenen weiblichen Reihen keine Anerkennung für derartige Strategien.

Viele Frauen weigern sich sogar dezidiert, starke weibliche Bilder zu entwickeln, und fordern im Gegenteil ein Bildverbot. Im November 2017 schrieb die Soziologin Barbara Kuchler in einem Artikel in der ZEIT: »Frauen, Schwestern,

Geschlechtsgenossinnen: Lasst das Schminken sein! Legt die Kosmetikdosen in den Schrank und kauft sie nie mehr nach. [...] Hört auf, jeden Tag schicke, formlich und farblich aufeinander abgestimmte Klamotten zu tragen! [...] Spart die Energie, die das Schminken, Augenbrauenzupfen, Nägellackieren, Beinerasieren, Schmuckanlegen, Shoppen, Durchblättern von Modemagazinen kostet, und steckt sie in das Voranbringen eurer Karriere durch Lernen, Leistung, Sachverstand, oder wahlweise in Spaß und Erholung. Geht nicht mehr als einmal im Vierteljahr zum Friseur. Werft die High Heels auf den Müll!«[43] Dass es sich hierbei um eine Bildkritik handelt, wird deutlich, wenn Kuchler schreibt: »›Gut aussehen‹ ist per Definition etwas, das man für andere oder anderen gegenüber macht. ›Aussehen‹ heißt ›Gesehenwerden‹«[44] – so wie auch ein Bild gesehen, ja betrachtet wird.

#prettyinpink: Weiblichkeit affirmieren – eine Untergrabung oder Bestätigung des männlichen Blicks?

Mit der Arbeit *The Dinner Party* von Judy Chicago kam die Diskussion auf, ob mit dieser Art von weiblicher Kunst die phallozentrische, patriarchale Rangordnung untergraben werden könne oder ob sie bestehende Hierarchien nicht sogar bestätige. Diese Frage stellt sich immer wieder. Immerhin wurde auch die selbstbewusste, emanzipierte Frau in der Kulturgeschichte häufig von Männern entworfen. Man denke nur an Frauenfiguren des Popfeminismus: an die von Bob und Chris Herbert gegründeten Spice Girls, die Mädchen-Clique aus der Komödie *Heathers* von Michael Lehmann oder an Andie

Walsh aus dem von John Hughes geschriebenen Drehbuch zu *Pretty in Pink*. Diese Figuren dienen vielen heutigen Netzfeminist*innen als Referenz für ihre eigenen Bildwelten; sie finden sich auf ihren Instagram-Profilen und Tumblr-Blogs wieder und haben auch ästhetisch Einfluss auf ihre Arbeit genommen.

Was die gegenwärtigen Netzfeminist*innen an diesen imaginierten Frauen interessiert, zeigt Andie Walsh in *Pretty in Pink*. Trotz der vielen Klischees im Plot des Films steht mit Andie (nicht zufällig changiert dieser Name zwischen weiblich und männlich) eine höchst individuelle Figur im Mittelpunkt, von der aus das Gefüge von Gesellschaft und Gender in Frage gestellt wird, ohne es zu zerstören. Das mag daran liegen, dass der Film nicht explizit feministisch motiviert ist, weshalb seine gegenwärtige Rezeption auch den Versuch darstellt, den Streitigkeiten des Feminismus, ja seiner negativen Konnotation zu entkommen.

Pretty in Pink beginnt mit dem Kontrast zwischen dem menschenleer-grauen amerikanischen Vorort und der einige Sekunden später eingeblendeten Andie Walsh, die sich gerade in ihrem glamourös anmutenden Teenie-Zimmer aufhält. Die folgende Szene lässt bereits ahnen, dass die Stylings für den gesamten Film von Bedeutung sein werden, da Andie den Zuschauern anhand ihres Ankleidens vorgestellt wird: Erst sieht man nur ihre Füße, über die eine halbtransparente weiße Strumpfhose gestülpt und dann über die Beine gezogen wird. Sie legt ihren Rock an und schließt den Reißverschluss über einem rosafarbenen Seidenslip. Dann sieht man ihre Socken, Schuhe, den Schmuck in Nahaufnahmen, es folgt ein prüfender Blick in den Kleiderschrank, Wimpern werden getuscht und Gloss wird auf die Lippen gelegt.

Dann folgt ein Schnitt, und die Kamera zeigt, wie Andie in voller Montur aus ihrem Zimmer kommt. Jetzt kann der Zuschauer das Outfit als Ganzes, als Bild betrachten: Über ihrer weißen Strumpfhose trägt sie einen langen cremefarbenen Rock sowie einen rosafarbenen Gürtel und Socken mit Blumenmuster. Darüber hat sie eine kurzärmlige 50er-Jahre-Bluse in hellem Rosa mit einem Kragen aus Spitze gezogen, dazu eine auffällige Kette, die an Kopfschmuck aus den 1920er Jahren erinnert, und eine Blumenweste. Ebenfalls auffällig: Links trägt sie einen großen Ohrring, rechts nur einen kleinen Stecker – ein Mashup unterschiedlicher Stile aus verschiedenen Zeiten. Genauso ihr Zimmer: Ein Plakat von Mondrian hängt neben Modebildern und privaten Fotos. Die Welt der Andie Walsh ist wie Pinterest oder Tumblr: voller Anspielungen und Referenzen, die jedoch weniger dazu dienen, einen bestimmten Sinn zu stiften, als in der Gesamtheit inspirierend zu wirken. Sie ist selbstbestimmt, selbstbewusst und clever. Das Ankleiden und Gestalten der Zimmerwände wird hier als kreativ-künstlerische Praxis verstanden, und wenn Andie wenige Sequenzen später ihrem Vater begegnet, der sie auffordert: »Dreh dich mal um, ich will mir deine Aufmachung ansehen«, fragt er: »Ist das deine neueste Kreation?«

Andie Walsh trägt Rosa und Pink, obwohl sie weiß, dass die meisten Menschen – die im Film von ihren Mitschüler*innen repräsentiert werden – diese Farbtöne mit Barbies und Prinzessinnen, dem Naiv-Kindlichen, assoziieren. Andies Outfits provozieren ihre Umwelt. Und weil dieser Effekt gewünscht ist, können ihre Stylings als eine Form von feministischem Aktivismus interpretiert werden. Gerade für Protest durch Affirmation interessieren sich auch die Netzfeminist*innen, die sich daher alles andere als zufällig häufig mit Pink und Rosa auseinandersetzen.

In Form von Filmstills, Gifs und Memes wird Andie Walsh deshalb in den Sozialen Medien unzählige Male gepostet und geteilt. Ein Tumblr-Blog wie »Girls and Guns«,[45] den Petra Collins 2009 begann, zeigt insgesamt, dass – so wenig auf feministische Positionen in der Kunst Bezug genommen wird – vor allem die Popkultur des 20. Jahrhunderts als Referenzsystem dient. In den Blogs der Netzfeministinnen finden sich Mashups von Frauen, Typen, Momenten und Situationen aus der Bild-, Film- und Fernsehgeschichte, die in der Summe das Bild von Weiblichkeit entwerfen, das ihrem Selbstbild entspricht. Sie schreiben sich damit in die Tradition des Popfeminismus ein und bekennen sich zu seinen Strategien: dem Fokussieren auf eine positiv konnotierte weibliche Bildsprache – statt einer Kritik daran. Und sie haben auch kein Problem mit der Vermarktung.

Dies unterschiedet sie von vielen intellektuellen Feminist*innen, die in den weiblichen Figuren der Popkultur eine Unterminierung des Feminismus sehen. Ein Beispiel dafür gibt Angela McRobbie in ihrer mittlerweile zum Klassiker avancierten Monografie *Top girls: Feminismus und der Aufstieg des neoliberalen Geschlechterregimes* von 2010. Darin beschreibt sie, wie »bestimmte Elemente der zeitgenössischen Populärkultur die Errungenschaften des Feminismus untergraben und zersetzen«.[46] Die Haltung der Post-, genauer Popfeminist*innen charakterisiert McRobbie am Beispiel der Verfilmung von *Bridget Jones's Diary*: Der Film präsentiert eine selbstbestimmt-kluge, ironische junge Frau, die ihre Sexualität frei auslebt, im Berufsleben steht und sich trotz alledem – besonders dem Feminismus zum Trotz – nach romantischer

Liebe, Heirat und Kindern sehnt. Das Problem an dieser Darstellungsweise sei, so McRobbie, dass damit die Ziele des Feminismus als etabliert dargestellt würden. Implizit liest sie sogar eine Feminismus-Kritik darin: Indem Bridget Jones trotz ihrer Selbstbestimmtheit in eine Sinnkrise verfällt und sich nach der traditionellen Rolle sehnt, werde auch die Frage gestellt, ob die Entwicklung, die der Feminismus ausgelöst hat, überhaupt richtig war.

Dass sich die Forderungen der Frauenbewegung – sprich: Teilhabe an der Macht und Überwindung traditioneller Rollenverteilung – bereits erfüllt hätten, sei allerdings eine Täuschung. McRobbie analysiert Werbeplakate der 1990er Jahre, um die vermeintliche Selbstermächtigung zu entlarven, darunter eine Wonderbra-Werbung mit dem Model Eva Herzigova. Diese Werbung könne »einem Lehrbuch über sexistische Werbung entnommen sein«.[47] Da das Model aber selbst auf ihre aus dem Wonderbra hervorlugenden Brüste schaut, unterstellten Betrachter*innen »den MacherInnen des Plakats ein ironisches Spiel mit der feministischen Kritik an dieser Art von Werbung«.[48] Schließlich inszeniere es nur auf provokative Weise Sexismus, um damit auf feministische Debatten über die Rolle von Frauen als Objekte zu verweisen. Aus der Sicht McRobbies ist das eine pseudo-feministische Strategie.

Darin liegt der größte Unterschied zwischen dem Popfeminismus der 1990er Jahre, wie ihn Feminist*innen wie McRobbie zuspitzten, und den heutigen feministischen Netzkünstler*innen: Ihre Bilder und Videos sind nicht mehr – eindeutig – ironisch. Das lässt sich gut an einer populären Arbeit von Juno Calypso zeigen: *The Honeymoon Suite* (#13) von 2015, die nicht nur im Netz vielfach geteilt und besprochen, sondern auch in einer Museumsausstellung gewürdigt wurde.⁴⁹ Auf der Fotografie sieht man eine Frau in einem Whirlpool, die sich selbst in vielen darum gruppierten Spiegeln betrachtet. Im Katalog zur erwähnten Ausstellung mit dem Titel *Virtual Normality* (2018) wird das Bild als »Neuinterpretation der Geburt der Venus im 21. Jahrhundert«⁵⁰ interpretiert. Aber es lässt sich noch eine andere Referenz ausmachen, nämlich zu einer Ikone des Popfeminismus: Madonna im Musikvideo zu *Hollywood* von 2003 (#14). Darin stellt sie im Bewegtbild verschiedene Fotografien des Modefotografen Guy Bourdin nach, darunter eine von 1972 für Vogue Paris, deren Setting eine ebenfalls verspiegelte Honeymoon-Suite darstellt (#15). Es handelt sich durch und durch um eine Männerphantasie: Eine betrunkene Frau liegt lachend und mit leicht gespreizten Beinen auf der Matratze. In den Spiegeln kann man unter ihren Rock sehen (was inzwischen, nach den Anschuldigungen sexuellen Missbrauchs, die im Zuge der #metoo-Bewegung im Hollywood-Milieu erhoben wurden, undenkbar geworden ist).

#13

#14

#15

Bereits im Musikvideo wird der männliche Blick thematisiert und vorgeführt, indem Madonna die Macht über ihn gewinnt. Aus Passivität wird Aktivität: In übertrieben lasziven Posen führt sie aggressiv und zugleich ironisch die Rolle der Frau in Hollywood vor, wohl wissend, dass die Betrachter*innen sich der Reflexion darüber bewusst sind. Hier trifft McRobbies Analyse zu: Die (vermeintlich) allgemein bekannte feministische Haltung wird zum Thema – allerdings ohne formal die Männerphantasie zu verlassen.

Bei Juno Calypso ist hingegen eine neue Ernsthaftigkeit zu erkennen. Zwar arbeitet sie ästhetisch mit den Mitteln des Popfeminismus, mit der Farbe Pink, dem Herz (Form des Whirlpools) und den Klischeebildern der Frau – insbesondere wenn sie eine 50er-Jahre-Frisur zitiert –, doch dient die Affirmation hier nicht dazu, über die Bildwelten zu bestimmen. Das Rosa ist in diesem Fall keine ironische Provokation, auch kein ›Trotz-alledem‹. Es ist das nie verschwundene Rosa. Das Rosa, das immer wieder neu bewertet und mit anderen Vorzeichen verwendet wurde, aber noch stets die Honeymoon-Suite auskleidet. Insofern ist es ein sehr melancholisches Bild, das sogar das Scheitern des Feminismus thematisiert, wenn es anschaulich macht, dass, nimmt man die Ironie weg, alles beim Alten geblieben ist. Das Bild ist keine Parodie auf ein vermeintlich längst vergangenes Frauenklischee, sondern zeigt schlichtweg eine Frau, die im Dienst ihrer Rolle steht. Das wird besonders deutlich mit Blick auf die gesamte Serie, aus der die Einzelaufnahme stammt und in der es wesentlich um die Arbeit an der Schönheit geht. Anders als bei künstlerischen Vorgängerinnen ist Calypsos Arbeit aber nicht eindeutig kritisch zu verstehen. Das verdeutlicht eine Aussage der Künstlerin über ihre Serie: »[Ich dachte] daran, wie witzig es wäre, eine depressive und ledige Person in ein so ausgesprochen romantisches Szenario zu stecken.«[51]

#rebrandingfeminism: ›Male Gaze‹ vs. ›Female Gaze‹

Wo Walsh und viele Figuren des Postfeminismus noch von Männern ›entworfen‹ wurden (auch die Regie zum Musikvideo von *Hollywood* führte ein Mann – Jean-Baptiste Mondino), gestalten die Netzfeminist*innen ihr Bild selbst und arbeiten an einem eigenen ›weiblichen Blick‹: dem sogenannten ›Female Gaze‹. Dass damit durchaus eine Programmatik verbunden ist, zeigt sich in jüngeren Publikationen. So heißt es in dem Bildband *Girl on Girl. Art and Photography in the Age of the Female Gaze*, der sich mit der feministischen Bildkultur der Sozialen Medien beschäftigt, dass es »eine politische Handlung ist, wenn eine Frau ein Foto von einer Frau macht« (»[a] woman taking a photograph of a woman is an political act«).[52]

Im Deutschen wird »gaze« gemeinhin mit »Blickregime« übersetzt, damit der Begriff nicht zu sehr an den physiologischen Blick gebunden ist. Einzelne Blicke und Blickweisen (»views«) prägen ein Blickregime, das Blickregime bringt wiederum einzelne Blickweisen hervor. Für feministische Theorien ist insbesondere der »Male Gaze« – das männliche Blickregime – relevant, ein Konzept, das 1975 von der Filmtheoretikerin Laura Mulvey in ihrem Essay *Visual Pleasure and Narrative Cinema*[53] entwickelt wurde. Dieses Konzept prägt bis heute feministische Kulturanalysen, aber auch die allgemeine Vorstellung davon, worum es im Feminismus eigentlich geht.

Mulvey zeigt, wie durch die sexuelle Ungleichheit die Frau im »Male Gaze« zum Bild gemacht, während der Mann zum Träger des Blickes wurde: »Der bestimmende männliche Blick projiziert seine Phantasie auf die weibliche Gestalt, die dementsprechend geformt wird.«[54] Das Weibliche gerät zum Bild, das angeschaut wird, zum passiven Objekt, wohingegen dem Mann als Betrachter eine aktive Rolle zukommt. Anhand von Kinofilmen der 1930er bis 1950er Jahre macht sie deutlich, dass der männliche Blick durch die neuen Medien zum einzig zulässigen geworden ist, da sich die Kinozuschauer beim Blick auf die im Film präsentierten Frauen ausschließlich mit männlichen Protagonisten identifizieren.

Im Begriff »Blickregime« klingt an, dass es um Machtverhältnisse geht: Wie auf Weiblichkeit und Männlichkeit ›geblickt‹ wird und wie sie sich umgekehrt selbst präsentieren, trägt wesentlich zum Geschlechterverhältnis bei. Doch gelangt eine Gesellschaft über Bilder zu ihrem jeweiligen Blickregime: nicht nur über die Bilder der öffentlichen Medien, der Zeitschriften, des Fernsehens, der Kunst oder des Internets, sondern auch über Körperbilder. Deshalb kritisieren viele Feminist*innen bis heute, zuletzt im Zuge der #metoo-Debatte, die etablierte Ästhetik des Weiblichen, die den ›Leib‹ zum Äußeren und damit zum Bild macht: sei es das geschminkte Gesicht oder der trainierte und mit Mode ausgestattete Körper. Wenn Barbara Kuchler in dem bereits erwähnten Artikel in der ZEIT prognostiziert, dass die Bestrebungen von #metoo folgenlos blieben, »solange es nur darum geht, sich täglich hübsch zu machen, in Sachen Kleidung und Make-up eine perfekte Performance hinzulegen«,[55] dann bleibt sie bei der Feststellung von Laura Mulvey, also in den 1970er Jahren. Doch woran erkennt man den Unterschied, ob Frauen sich für sich selbst oder für den Mann – die patriarchale Gesellschaft – schminken? Was unterscheidet das Foto einer nur leicht bekleideten Frau, das eine Frau aufgenommen hat, von dem, das ein Mann aufgenommen hat? Was genau ist der ›Female Gaze‹, insbesondere dann, wenn er sich vom Motiv her kaum vom ›Male Gaze‹ unterscheidet?

1999 haben Judy Chicago und der Kunstwissenschaftler Edward Lucie-Smith Bilder von Frauen, die auf sich selbst und andere Frauen blicken, in einem Bildband mit dem expliziten Titel *Der andere Blick* versammelt und den Bildern von Männern gegenübergestellt, in denen Frauen meist als Modell agieren.[56] In der Analyse dieser Werke aus der Kunstgeschichte deutet sich an, was auch für die gegenwärtige Rezeption von Bildern im Social Web und darüber hinaus gilt, nämlich dass die Interpret*innen meist von eindeutigen Bildaussagen ausgehen. Immer ist Chicago völlig klar, ob das jeweilige Porträt oder der jeweilige Akt eine sinnliche Muse, eine fürsorgliche Mutter, eine demütige oder unterwürfige Frau zeigt. Dass ein Gemälde sich möglicherweise gerade dadurch auszeichnet, die Töne dazwischen einzufangen und Emotionen und Haltungen ins Bild zu setzen, die gerade nicht eindeutig fassbar sind, wird kaum in Betracht gezogen.

Als eindeutig wird auch die Zuordnung zum männlichen oder weiblichen Blick dargestellt. Bezüglich des Motivs der Badenden heißt es, »[m]ännliche Künstler haben das Baden erotisch aufgeladen«.[57] Wohingegen »[d]ie Künstlerin den Badeakt als solchen [betrachtet hat] und nicht das erotische Potential des weiblichen Körpers«.[58] Die Gegenüberstellungen folgen fast immer dem Schema: der erotisierende und idealisierende Blick des Mannes auf den Körper der Frau einerseits, die Infragestellung dieses Blickes durch die Frau andererseits. Diese Zuordnung liegt zwar nahe, ist aber auch voreingenommen. In dem Kapitel »Die Möse« (so die deutsche Übersetzung) stellen Chicago und Lucie-Smith programmatisch das Bild *Helen* aus der Serie *Great American Nudes* von Tom Wesselmann (1966) der Fotografie *February 15* von Hannah Wilke (1992) gegenüber. **(# 16)** Während die Frau in der Darstellung von Wesselmann »ausschließlich darauf reduziert [wird], dem Mann sexuelles Vergnügen zu verschaffen«, konfrontiere die Fotografie von Wilke »den Betrachter auf drastische Weise mit den tradierten Einstellungen des Mannes dem weiblichen Geschlecht gegenüber«.[59] Die Tatsache, dass es sich bei Wesselmann (wie in der Pop-Art allgemein) um eine reflexive Auseinandersetzung mit der Medienwelt handelt und bei der Arbeit von Wilke um ein Krebstagebuch, die beiden Arbeiten also unter abweichenden Bedingungen, mit verschiedenen Zielen und zu unterschiedlichen Zeiten

#16

entstanden sind, wird elegant umschifft – und zeigt die Polemik und Problematik feministischer Diskurse. Zudem führen die vielen, zum Teil tendenziösen Bildvergleiche dazu, dass Frauen – Künstlerinnen – stets als reaktionär dargestellt werden, immer in Bezugnahme auf den männlichen Blick.

Insgesamt ist das Buch von Chicago und Luci-Smith als Verfallsgeschichte des Weiblichen gestaltet, das einst Ausdruck sexueller und spiritueller Macht gewesen sei, nun aber als Objekt von Männern beherrscht werde. Die den Bildern unterstellte Perspektive ist die aus der Gefangenschaft in einer durchweg männlichen Welt. Die Bildräume, in denen Frauen sich und andere inszenieren, sind häufig intim: Als gängige Kulisse dienen etwa Schlaf- und Badezimmer. Dort findet vieles von dem statt, was als weibliche Tätigkeit gilt (Schminken oder Ankleiden); zudem wird der öffentliche Raum als vom männlichen Blick dominiert empfunden. Die privaten Räume ermöglichen insofern einen weitgehend reinen weiblichen Blick.

Sosehr in den meisten Werken der Kunstgeschichte der Mann oder der männliche Blick als Referenz präsent war, so wenig kommt er in den Arbeiten feministischer Netzkünstler*innen in der Gegenwart vor. Dort wird die Frau weder als Opfer männlichen Begehrens gezeigt, noch wird das männliche Begehren von Frauen als Darstellungsform adaptiert, um es zu okkupieren oder zu kritisieren. Gerade Letzteres unterscheidet die Perspektive heutiger Netzkünstler*innen von derjenigen, die feministische Künstler*innen in den 1960er und 1970er Jahren eingenommen hatten. Erinnert sei beispielsweise an die Arbeiten der polnischen Künstlerin Natalia LL, insbesondere *Consumer art* (1972–1974) oder *Post-consumer art* (1975): Bildserien, in denen die Künstlerin als Pin-up-Girl frisiert und geschminkt wahlweise mit einer Banane oder Wurst oral verkehrt. Hauptmotiv in Bildern wie Happenings der belgischen Pop-Art-Künstlerin Evelyne Axell sind ebenfalls der weibliche Körper und die weibliche Erotik. Das ist zwar als emanzipatorischer Akt zu verstehen, da die lange übliche Negation weiblichen Begehrens durch ein aktives Bekenntnis zur Lust an Erotik und Sex ersetzt wurde, doch bleibt der Einwand, dass die Bilder weiterhin stark am männlichen Blick und an männlichen Darstellungsweisen orientiert sind. Hier ist, würde Bovenschen sagen, der Igel in Form des männlichen Blicks schon wieder vor der weiblichen Darstellungsweise da.

Nun lässt sich diese Kritik auch gegenüber den aktuellen Netzfeminist*innen vorbringen, etwa wenn die auf ihren Bildern dargestellten Frauen sich allein und in Spitzenunterwäsche und T-Shirt gekleidet in ihren Teenager-Zimmern die Zeit vertreiben und dabei doch sehr sexy aussehen. Anders als bei den kunstgeschichtlichen Vorläufern wird der männliche Blick aber dennoch nicht einfach affirmiert und zugespitzt. Brüste und Ärsche spielen keine Rolle, sondern es wird ein bestimmter Style, eine spezifische Pose, Individualität demonstriert. Zudem wird keine Frau gezeigt, die – wenn auch selbstbestimmt – für einen Mann posiert. Die Protagonistinnen der netzfeministischen Bilder erscheinen also nicht als leidvoll gefangen in einer patriarchalen Welt. Frühe Fotoserien von Petra Collins, zum Beispiel *Selfie* (2013) oder *The Teenage Gaze* (2010–2015), zeigen das Leben von Frauen und Freundinnen – gemäß der Idee des ›Female Gaze‹ – in intimen Momenten: Sie weinen, lachen, schminken und fotografieren sich mit dem Smartphone. **(#17)** Durch diese Orte und Tätigkeiten wird der Mann zunächst erfolgreich aus den

Bildern verbannt – wie schon oft in der Geschichte der Kunst. Der entscheidende Unterschied besteht darin, dass Frauen nicht als Opfer oder Gequälte in Erscheinung treten und damit nicht reaktiv – sondern aktiv – sind. Das Ziel des »rebranding of feminism«,[60] also der Befreiung des Feminismus von seinem biederen, ernsten und humorlosen Image, ist in einem Raum ohne Männer erreicht.

Noch deutlicher zeigt sich dies in den Bildern von Mayan Toledano, die vor allem für ihren Online-Shop *Me and You* fotografiert. Die Frauen ihrer Bildserien sind nicht nur ganz unter sich, sondern tragen die Abwehr des männlichen (Blick-) Regimes als Slogans – »feminist« oder »don't touch« – auf Unterwäsche, T-Shirts und Pullovern. Auch dabei agieren sie nicht reaktiv, sondern proaktiv. Das wirkt beinahe so, als handle es sich um eine Welt, in der die von Valerie Solanas in ihrem S.C.U.M. – Manifest formulierte Utopie einer weibli-

#17

chen Welt ohne Männer Realität geworden ist – eine Utopie, in der das »völlig egozentrisch[e], in sich selbst eingekerkert[e] [...] Einzelwesen« Mann »vernichtet« wird und stattdessen eine durchweg weibliche Welt aus Liebe, Mitgefühl und Kollektivität entsteht.[61]

Toledano sagt über ihre Arbeiten und ihr Label *Me and You*: »Wir wollten etwas anfangen, das sich integrativer, sicherer und einladender anfühlt« (»We wanted to start something that felt more inclusive, safe and inviting«).[62] Umgekehrt wird die bestehende männliche Welt dadurch als exklusiv und unsicher beschrieben. Es sind also Bilder, mit denen erklärtermaßen für eine bessere, rein weibliche Welt gekämpft wird. Der neue ›Female Gaze‹ setzt die Frauen so ins Bild, dass sie mit sich selbst beschäftigt sind – und dabei Reaktionen hervorrufen. Auf die Spitze getrieben haben das sicherlich Signe Pierce und Alli Coates in ihrem Film *American Reflexxx* von 2013, in dem Pierce eine silberfarbene, spiegelnde Maske trägt und durch die touristische Promenade von Myrtle Beach in South Carolina schlendert. Sie gibt keinen Ton von sich, nicht die geringste Provokation geht von ihr aus, trotzdem wird ihr Auftreten als solche rezipiert und immer mehr Menschen folgen ihr, gruppieren sich um sie, werden zunehmend aggressiv und handgreiflich.

#girlboss: **Weibliche Bildmacht**

Im gegenwärtigen (Netz-)Feminismus ist »Girl Boss« ein populärer Slogan, der Frauen gezielt in eine Machtposition versetzen soll. Bekanntheit erlangte er 2014 mit der Veröffentlichung des gleichnamigen Buchs von Sophia Amoruso, in dem sie ihre Erfolgsgeschichte als Unternehmerin auf eBay erzählt. 2015 wurde das Buch ins Deutsche übersetzt und 2017 als Serie verfilmt und auf Netflix international herausgebracht. »#GIRLBOSS ist ein feministisches Buch«, schreibt Amoruso im Vorwort, aber auch, dass es »kein feministisches Manifest« sei.[63] Denn »[z]u keinem Zeitpunkt in [ihrem] Leben habe [sie] gedacht, eine Frau zu sein, sei etwas, das man überwinden müsse.«[64] McRobbie nennt diese Art des Feminismus »liberalen Feminismus«, da er – und hier erfolgt wieder die klassische linke Kritik an Pop-Phänomenen – keine Sozialkritik artikuliert, sondern lediglich eine Verbesserung der Chancengleichheit und der Position der Frauen in einer ansonsten weitgehend unveränderten sozialen Ordnung einfordert.

Es gibt aber einen großen Unterschied zwischen Angela McRobbies sogenannten »Top Girls« des Popfeminismus aus den 1990er Jahren und den »Girl Bosses« des gegenwärtigen Netzfeminismus: Letztere haben – nicht zuletzt durch die vielfältige weibliche Bildpolitik im Social Web – bereits große Wirkungen erzielt. Sie haben den eigenen Körper und seine Verzierung durch Mode und Make-up zu einem politischen Instrument gemacht. Dabei gehen manche Aktivistinnen sehr direkt vor, insbesondere wenn es um den Körper als Werbeplakat geht. Andere sind hingegen subversiv, etablieren einen ›weiblichen‹ Stil, von dem man nicht mehr als ›weiblich‹ sprechen muss, da er von allen Geschlechtern angewendet wird.

Tatsächlich etablierten die Bilder der feministischen Netzkünstler*innen eine Ästhetik, die so dominant ist, dass sie mittlerweile viele Bereiche unserer Kultur prägt, auch die männlich codierten. Wenn Petra Collins für das Luxuslabel Gucci Männer fotografiert, dann tut sie das auf die gleiche

Weise, wie sie zuvor Teenager-Mädchen ins Bild gebracht hat: sinnlich, verträumt, unter bunt schillernden Lichtern. Diese Entwicklung war nicht möglich, solange die Bilder im Bereich der Kunst blieben, sie wurde es erst, als sie durch die Sozialen Medien eine große Anhängerschaft finden konnten, die bewirkte, dass sich auch Unternehmen und die Werbebranche in großem Ausmaß dieser Ästhetik bedienen.

Das gilt nicht nur für Luxuslabels wie Gucci, sondern genauso für Unternehmen wie H&M. 2016 hat das Unternehmen beispielsweise seine Herbstkollektion mit einem kurzen Video beworben, das zu großen Teilen so aussieht, als sei es dem ästhetischen Kosmos von Petra Collins entsprungen: Es beginnt mit einer jungen Frau, die offensichtlich nicht den Model-Maßen entspricht, in ein grünlich beleuchtetes Badezimmer läuft und sich selbst im Spiegel betrachtet. Ein anderes Mädchen mit Achselhaaren räkelt sich fröhlich im Bett. Ihre Haare sind hellrosa eingefärbt. Dabei läuft ein Coversong der Band Lion Babe, *She's a Lady*, ursprünglich von Tom Jones aus dem Jahr 1971. Das Lied von Jones wurde schon früher von der Werbebranche adaptiert: für einen Lacoste-Clip von 2006. Aber anders als im zehn Jahre später produzierten Spot von H&M – der Frauen zeigt, die sich Essensreste aus dem Mund pulen – erfüllt die ›Lady‹ der Lacoste-Werbung noch alle Erwartungen der männlichen Phantasiewelt: Im kurzen hellen Kleid tanzt sie im Regen, während der Wind ihren Rock in die Luft wirbelt und perfekte Pobacken freilegt.

An einigen visuellen Trends im Social Web lässt sich beobachten, wie eine ehedem ›weibliche Ästhetik‹ zu einer bestimmenden und prägenden Ästhetik geworden ist. Unter Filtern ist jedes Gesicht geschminkt, egal ob männlich oder weiblich. Instagramfilter oder Snapchatlinsen entsprechen keinesfalls dem, was man einst als ›maskulin‹ charakterisiert hätte: grob, dunkel, hart oder gar martialisch. Sie sind im Gegenteil lieblich-zart, hell und pastellfarben, weichzeichnend und verspielt. Die Filter machen rosige Wangen und große Kulleraugen. Doch bedient diese weibliche Ästhetik nicht nur wieder jene Konsumwelt, für die Frauen die bevorzugte Zielgruppe sind?

Dass nicht nur Mädchen und junge Frauen, sondern auch Jungen und Männer diese Filter verwenden – und das nicht (nur) aus Ironie, sondern ganz selbstverständlich –, könnte den Einwand widerlegen. Für die Sprache hatte bereits Silvia Bovenschen festgestellt, dass die Epoche der Empfindsamkeit im 18. Jahrhundert zu einer »Feminisierung der Literatur« geführt habe.[65] So seien »Elemente des traditionell den Frauen zugeschriebenen Sets sensitiver Eigenschaften und Fähigkeiten [...] aufgewertet und zu einem wesentlichen Bestandteil des kulturellen Gefüges« geworden.[66] Bovenschen verweist auf die »gefühlsseligen Korrespondenzen«, »die damals von Männern verfaßt wurden«.[67] Auch hier prägte offenbar eine als ›weiblich‹ klassifizierte (literarische) Ästhetik weite Teile der kulturellen Produktion. Allerdings, wendet Bovenschen ein, »bedeutet [das] zunächst lediglich eine Erweiterung des männlichen Repertoires und keineswegs zwangsläufig eine Überwindung der geschlechtsspezifischen Schranken«.[68] Grund dafür war vor allem, dass das Mächteverhältnis bestehen blieb, viele – um mit Bovenschen zu sprechen – imaginierte Frauen nur wenigen imaginierenden Frauen gegenüberstanden.

Heute aber ist der entscheidende Punkt die Möglichkeit der Frauen, sich in und mit den Sozialen Medien zu vernetzen und ihre Bilder selbst zu vertreiben. Dominante, die Gegenwartskultur prägende ästhetische Standards und Bildmotive wurden von Frauen entwickelt. Und sie haben es geschafft, dass ihre Bildwelten und Motive schnell in der Werbung, in der Mode und in der Kunst Verbreitung fanden.

So haben die Bilder feministischer Netzkünstler*innen und die Bildpolitik von Aktivist*innen im Social Web enorm zur Popularisierung von Feminismus und ›Body Positivity‹ im Allgemeinen beigetragen. Eine wesentliche Rolle spielt dabei die Kooperation mit großen Firmen, besonders im Bereich Mode und Beauty: Modehäuser initiieren eigene Feminismus-Kollektionen, etwa »Bonjour Simone« von »Kauf Dich Glücklich«, bei der Anfang 2017 unter anderem Motto-Shirts mit dem Slogan »No more Patriarchy« verkauft wurden. Dior bedruckte T-Shirts mit »We should all be feminists«. Und es haben sich zahlreiche feministische Unternehmen gegründet, zum Beispiel der ausschließlich von Frauen geleitete Konzept-Store *Wildfang* oder das Label *Lonely Lingerie*, für das unter anderem Lena Dunham modelte, die als Autorin und Schauspielerin der feministischen Serie *Girls* berühmt wurde. Das sind nur wenige Beispiele unter vielen. Dass es immer mehr Kampagnen zu vielfältigeren Körperbildern gibt, ist allerdings auch eine Folge davon, dass immer mehr Menschen mit Bildern an der digitalen Gesellschaft partizipieren. Denn mit ›Diversity‹-Kampagnen geben Unternehmen oder Labels ihren Käufern ein Werkzeug in die Hand, mit dem es gelingen soll, die alltägliche Herausforderung zu meistern, ein Bild zu machen, das gefällt – sei es mehr oder weniger speziellen Followern oder allen potentiellen Betrachter*innen. Und da das, was gefällt, zwangsläufig aus dem folgt, was sich als gesellschaftliches Ideal etabliert hat, müssen entsprechende Körpermaße oder Hautbilder gerade von Modeunternehmen oder Werbeagenturen pluralistischer repräsentiert werden. Sonst können ihre Produkte nicht von möglichst vielen und unterschiedlichen Menschen in den Sozialen Medien (besonders auf Instagram) beworben werden.

Für die Kampagne »My Body | My Image« hat das Label *Weekday* 2018 bekannte und zum Firmenprofil passende Instagrammer engagiert und dazu aufgefordert, sich mit ihren Produkten, in diesem Fall Bademoden, selbst zu inszenieren. Damit machen sie ihren Followern vor, wie Bademoden für alle denkbaren Körpergrößen und -formen attraktiv in Szene gesetzt werden können – und inspirieren zum Nachmachen. Je mehr Menschen befähigt sind, Produkte zu tragen und zu zeigen – weil sie durch entsprechende Kampagnen wissen, wie es geht –, desto größer ist die Wahrscheinlichkeit, dass sich Käufer*innen auf Instagram damit präsentieren und wieder neue Follower zum Kauf und zu weiterer Inszenierung anregen. Solche Kampagnen-Bilder funktionieren als Schablonen und liefern zugleich eine Garantie, dass ein – bisher unkonventionelles – Körperbild tatsächlich als ›schön‹ gilt.

Trotz zahlreicher Medien wie Zeitschriften, Fernsehen und später das Internet blieb die Zahl der vorherrschenden Körperbilder enorm begrenzt. Erst in den letzten zehn Jahren hat sich diesbezüglich eine unerwartete Vielfalt etabliert. Sie ist allerdings nicht nur den Aktivist*innen und Künstler*innen zu verdanken, sondern vor allem den Unternehmen ein Mittel zum Zweck, die damit auf technische Entwicklungen und veränderte Vertriebswege reagieren und neue Marketingstrategien verfolgen. Konsum- und die damit zusammenhängende Bildkritik bleibt daher berechtigt und sicher weiterhin ein Bestandteil der Debatten darüber, welches Bild Frauen am ehesten entspricht.

Dabei gehen die Meinungen nach wie vor weit auseinander. Wo auf der einen Seite eine weibliche Bildmacht entstanden ist, bleiben auf der anderen Seite die Ressentiments gegenüber ›Girl Power‹ und ›Femvertising‹ bestehen, in denen die Bildpolitik der Frauen als oberflächlich dargestellt wird. Auf ihrem Blog schreibt Bixa Jankovska im März 2018: »Feminismus ist für mich inzwischen wie ein Tripadvisor-Pickerl: auf jeder noch so schäbigen Butze drauf und damit komplett aussagelos. Ein bisschen so wie die gängigen Bio-Siegel.«[69] Aber sie unterschätzt die Wirkmacht von Siegeln, Brandings und Bildern und schreibt damit die hier herausgearbeitete Aversion gegenüber Konsum und Mainstream fort, der – wie gezeigt – lange mitverantwortlich dafür war, dass Feminist*innen kaum mit den Strategien des Populären, also gerade mit Bildern politisch aktiv wurden. Unter den neuen Bedingungen der Sozialen Medien wurde dieses Verhältnis jedoch ins Gegenteil verkehrt. Feministischer Aktivismus findet mittlerweile überwiegend mit Bildern im Social Web statt. Hier sollten die grundsätzliche Bildkritik überwunden und die neuen Werkzeuge anerkannt und ernst genommen werden.

#imperfect: Darstellungsweisen von ›Diversity‹

Während es Netzkünstlerinnen wie Stephanie Sarley oder Petra Collins darum geht, etwas sichtbar zu machen, was sonst im Verborgenen oder Privaten liegt (Vulven, intime Toilettengänge oder prüfende Spiegelblicke), um daraus eine eigene weibliche Ästhetik, einen ›Female Gaze‹, zu entwickeln, geht es anderen Aktivist*innen im Social Web darum, bereits alltäglich Sichtbares auch medial sichtbar zu machen und durch angemessene Repräsentation aufzuwerten. Eindrucksvoll hat der Philosoph Günther Anders 1956 die Folgen fehlender Repräsentation am Beispiel der Schauspielerin V. zum Ausdruck gebracht. Sie habe nicht etwa aus »Ruhmsucht« unbedingt vor die Kamera (und damit zum Bild werden) gewollt, sondern um »überhaupt zu sein«.[70] Ihr Ziel habe darin bestanden, in der medialen Welt, die der realen längst zum Vorbild geworden sei, präsent zu werden. Die Schauspielerin V. habe sich in der Bilderwelt eventuell so gefühlt wie ehedem ein Bürger in der feudalen Welt: nicht existent, weil nicht repräsentiert.

Während Günther Anders die Medien und ihre Wirkung mit seiner Abhandlung über die Schauspielerin V. noch grundsätzlich kritisieren wollte, erkennen feministische Aktivist*innen sie als Hilfsmittel der Erneuerung etablierter Bilder an. Exemplarisch für ein solches Vorgehen ist die ›Body Positive‹-Bewegung, mit der die gängigen und als restriktiv empfundenen Schönheitsideale (schlanke weiße Frauen) prinzipiell infrage gestellt und ergänzt werden.

Die Kritik an Schönheitsidealen hat eine lange Tradition, doch die Sozialen Medien haben die Bewegung enorm forciert. Obwohl bereits in den 1980er Jahren Zeitschriften für eine Akzeptanz aller Körperformen unter anderem mit Bildern kämpften – darunter etwa *Radiance. The Magazine for Large Women* oder *FAT!SO?: Because You Don't Have to Apologize for Your Size* –, blieb dies weitgehend wirkungslos. Die Sozialen Medien haben die Möglichkeiten der Vernetzung erleichtert, so dass besonders mithilfe von Hashtag-Kampagnen Vielfalt und die Akzeptanz diverser Körperformen sowie eine Annäherung der Medienlandschaft an ›echte‹ Frauen statt an Ideale vermittelt wird.

Eine solche Kampagne stammt etwa vom »All Woman Project«, einer Stiftung, die in verschiedenen Initiativen positive und unretuschierte Bilder oder Filme mit Frauen produziert. Auf ihrem Instagram-Account wechseln sich Bilder mit erbaulichen Zitaten ab: »Wenn Frauen zusammenkommen, passieren magische Dinge.« (»When women come together, magical things happen.«),[71] heißt es zum Beispiel. Angestoßen werden Hashtag-Aktionen selten von privaten Personen (diese beteiligen sich allerdings mit eigenen Bildern umfänglich daran), sondern gezielt von Influencer*innen – vor allem auf Instagram.

Die Hashtag-Titel vermeiden jede Defizitbekundung, erinnern sogar an Motivationssprüche und haben auch die gleiche Funktion: *#bodylove*, *#justmegeorgeous*, *#celebratingdiversity*, *#choosebeautiful*, *#iamallwoman*, *#ichsagja* oder *#mybeautymysay*. Letztere wurden von Unternehmen ins Leben gerufen. Seit 2015 häufen sich Werbekampagnen, die von der ›Body Positive‹-Bewegung inspiriert wurden: Darunter die *#ImPerfect*-Kampagne von Esprit, die mit dem doppelten Wortsinn »imperfect« versus »I'm perfect« spielt und bei der Nutzer*innen Bilder von sich posteten, die einen Makel zeigen, um im Kommentarbereich zu erklären, warum dieser Makel keiner ist – sondern Perfektion. (#18) Die Aufforderung, sich selbst zu lieben, ist so allgemein formuliert, dass der Hashtag sich als Standard unter ›Body-Positive‹-Postings durchgesetzt hat.

Als Vorläufer derartiger Werbekampagnen darf zum einen Dove gelten, die 2005 mit »Keine Models, aber straffe Kurven« Frauen auf Plakate brachten, die nicht die Idealmaße eines Models besaßen, und zum anderen das Modelabel United Colors of Benetton. In den 1990er Jahren machte Benetton mit einer Plakatreihe von sich reden, die Menschen unterschiedlichster ethnischer Herkunft zeigt. Während Benetton in vielen anderen Kampagnen auf Provokation setzte, indem beispielsweise Aids- oder Kriegsopfer auf Plakate gedruckt wurden, waren die multikulturellen Gruppenbilder positiv besetzt: Verschiedene Hautfarben, bunte Hosen und freundliche Gesichter riefen angenehme Gefühle hervor. Sie wirkten inklusiv – eben ›united colors‹ – statt provokativ.

Das verbindet sie mit den gegenwärtigen Kampagnen, bei denen ›Diversity‹ weniger über einen Stil oder die Bildästhetik als vielmehr über das Motiv zum Ausdruck gebracht wird. Ein gängiges Setting ist etwa ein Gruppenbild mit einer schlanken Frau, einer schwarzen Frau, einer fülligen Frau, einer Frau mit Pigmentstörung und (das allerdings eher selten) einer Frau im Rollstuhl. **(#19)** Solche Gruppenbilder entstehen, um die Vielfalt im unmittelbaren Kontrast zu zeigen – im Gegensatz zu vielen klassischen Mode- und Beauty-Werbebildern, die Porträts und Einzelaufnahmen ins Zentrum ihrer

#18 Kampagnen stellen. Im Vergleich der beiden Bildtypen wird

der jeweilige Anspruch deutlich: Während die Gruppenbilder ›Realität‹ abbilden, um Identifikation zu stiften, idealisieren Werbeporträts, um bei Betrachter*innen Bewunderung – beispielsweise für makellose Haut – auszulösen.

Ein anderes Beispiel ist die ›Barbie‹ von Mattel, die lange Zeit nur als Standardmodell existierte, von dem sich die unterschiedlichen Puppen lediglich in der Physiognomie, der Hautfarbe, dem Haarschnitt und dem Styling unterschieden. Anfang 2016 wurden als Folge der ›Body Positive‹-Bewegung auch dicke, große und kleine Barbies eingeführt, damit möglichst viel von dem, was tatsächlich existiert, repräsentiert wird. So lobenswert und pädagogisch wertvoll diese Unternehmung sein mag, stimuliert sie doch vor allem den Vergleich und schärft die Sensibilität für Typisierung – und eben nicht für Individualität. Vor allem aber entstehen neue Ansprüche: Müsste es – wenn schon, denn schon – nicht auch eine Barbie im Rollstuhl geben oder eine mit Pigmentstörungen?

#19

Das gilt auch für Emojis, die seit 2010 in den Unicode aufgenommen wurden – einen internationalen Standard für Schriftzeichen. Was zunächst als Abstraktion von Mimik und Gestik gedacht war, zugleich ein (interkultureller) Konsens (ähnlich wie bei einem Model, das gemeinhin als ›schön‹ gilt), in einem möglichst einfachen, gelben und geschlechtslosen Gesicht, erlebt seit einigen Jahren eine gegenläufige Tendenz. Mittlerweile wurden nicht nur das Geschlecht und neben dem üblichen Gelbton weitere fünf Hautfarben eingeführt (2015), sondern auch das Kopftuch und die Möglichkeit, unterschiedliche sexuelle Vorlieben anzuzeigen.

Die Aufnahme der neuen Emojis ist eine Reaktion auf Debatten über Diskriminierungsvorwürfe und mehr Vielfalt. Sie führt nicht nur zu neuen Typisierungen, denen man eigentlich entgehen wollte, sondern auch zu höheren Ansprüchen an noch umfassendere Darstellungen von Vielfalt. Darin besteht das Dilemma von ›Diversity‹-Bildern: Einerseits braucht es Repräsentation, um Zugehörigkeit und Selbstverständlichkeit im Umgang mit Minderheiten oder Randgruppen zu erzeugen. Wird daraus allerdings eine Erwartungshaltung, ja sogar ein Anspruch, der an einzelne (Werbe-)Bilder oder Bildtypen (Emojis) gestellt wird, so wird die Exklusion, die überwunden werden soll, lediglich reproduziert. Das ist insofern problematisch, als die Entwicklung unumkehrbar ist, erscheint es doch ausgeschlossen, dort, wo einmal ein Plural eingeführt wurde, wieder zum Singular zurückzukehren.

Auch in der Kunstgeschichte gab es immer wieder Bildformen, die verschiedene Menschentypen nebeneinander stellten, etwa die vier Temperamente – visualisiert in den Physiognomien des Sanguinikers, des Phlegmatikers, des Cholerikers und des Melancholikers. Doch im Gegensatz zu heutigen ›Diversity‹-Darstellungen ging es in solchen Bildern stets um Modellhaftigkeit und Systematik, weshalb sie immer auch limitiert waren – etwa auf vier Typen und vier Physiognomien. Zwischen diesen als Extremen verstandenen Charakteristika konnten Betrachter*innen sich und andere verorten. Dies war auch deshalb möglich, weil sich die Bilder – anders als im Konsum oder in den Sozialen Medien – nicht praktisch aneignen ließen, man sie nicht zur Kommunikation verwendete oder für den persönlichen Gebrauch erwarb. Sie dienten nicht als Bekenntnismedien.

#bildermacht: Wie Bilder Geschlechterrollen erzeugen

Neben den Sozialen Medien und den damit verbundenen neuen Möglichkeiten uneingeschränkter und eigenständiger Bildproduktion hat auch eine allgemeine Sensibilisierung für das Wissen um die ›Macht der Bilder‹ dazu geführt, dass man zunehmend mit visuellen Mitteln politisch agiert. In der Bildwissenschaft und -philosophie begann man erst im 20. Jahrhundert, die Wirkmacht der Bilder umfassend und grundsätzlich zu untersuchen und danach zu fragen, wodurch und wie Bilder den Blick auf Gesellschaft und Geschlecht prägen.

Das gilt auch für feministische Motive. Immer öfter wird das Posten bestimmter Bilder zum Politikum erklärt. Man denke an die eingangs geschilderten Bilder stillender Frauen. Was sich manchmal wie die absurde Spitze einer Debattendynamik anhört, hat aber schon allein deshalb eine Daseinsberechtigung, weil viele Bild-Aktionen eine gefährliche

Wirkung auf die Rezipient*innen haben. So existieren zum Beispiel mehrere Hashtags, unter denen meist junge Frauen Wettbewerbe austragen, wer schlanker ist: darunter *#BikiniBridge* (es wird verglichen, wie viel Raum zwischen Bikinihose und Bauch im Liegen entsteht), *#ThighGap* (es wird verglichen, wie groß die Lücke zwischen den Oberschenkeln ist) oder die *#CollarboneChallenge* (bei der Frauen Fotos veröffentlichen, auf denen sie zeigen, wie viele Münzen auf ihr Schlüsselbein passen). Nicht erst wenn diese Hashtags in Kombination mit *#proana* (Pro-Anorexie) – kürzer: *#ana* – auftreten, wird deutlich, dass solche Bilder gerade unter Magersüchtigen sehr beliebt sind und immer weiter zu extremem Verhalten anspornen. Zwar werden entsprechende Hashtags von Instagram gelöscht, doch etablieren sich dann sogleich Abwandlungen: Aus *#bulimia* wird *#bulima* und aus *#thin* wird *#thynn*.[72]

Zu Recht kritisiert und hinterfragt man bestimmte Bilder, insbesondere wenn sie massenmedial verbreitet werden. Das geschieht auch innerhalb der Sozialen Netzwerke selbst, etwa wenn sich als Antwort auf besagte ›Magerwahn‹-Hashtags der gesundheitsbewusste Hashtag *#healthnotsize* etabliert, der allerdings deutlich weniger Anklang findet und damit auch weniger zum Vorbild wird – weder zum bildpraktischen Vorbild, das zum Liken, Teilen oder Nachmachen anstiftet, noch zum gesellschaftlichen Vorbild. Es ist deshalb konsequent, wenn beispielsweise die Organisation *Pinkstinks* für »vielfältige Mädchen- und Jungenbilder«, »jenseits zarter Prinzessinnen und starker Helden« kämpft, indem sie »gegen Produkte, Werbe- und Medieninhalte agiert«, die solche produzieren.[73]

Insgesamt ist die Kritik an vorhandenen weiblichen Frauenbildern in der Populär- und Konsumkultur eine beliebte

Strategie, um zu begründen, warum Feminismus notwendig sei. Auch Margarete Stokowski richtet sich in ihrem Buch *Untenrum frei* gegen falsche Vorbilder. Das lässt sich bereits anhand des Titels für das erste Kapitel erahnen: »Nicht als Prinzessin geboren.«[74] In diesem Kapitel erinnert sich Stokowski unter anderem an den Disney-Film *Arielle, die Meerjungfrau*. In der Hauptfigur sieht sie ein »klassisches Attribut des ›Frauseins‹, neben dem Streben nach Schönheit und der Fürsorge für andere« verkörpert: »das Objekthafte«.[75] Die Unzufriedenheit der Meerjungfrau mit dem Leben unter dem Meer finde die »Erlösung durch einen Mann«, Schönheit werde zum wichtigsten Anliegen einer Frau erklärt, wenn Arielle ihre Stimme freiwillig abgibt.[76] Wie auch in Judy Chicagos Bildband *Der andere Blick* liegt für Stokowski in der Repräsentation der Frau – hier im Film – eine eindeutige Bildaussage und somit auch eine eindeutige Lesart vor.

Dass das reduktionistisch ist, zeigt sich, wenn man alternative Interpretationen zumindest in Betracht zieht. So könnte man – trotz des Prinzen, der im Märchenformat nicht fehlen darf – Arielles Weg vom Meer zum Land auch als Emanzipation beschreiben. Nicht der Prinz hat das Bedürfnis in ihr geweckt, ein Mensch zu werden, sondern ein Spleen, der sie schon viel früher dazu brachte, fast manisch die Gegenstände von Landbewohnern zu sammeln. Wenn sie ihre Stimme für ihr persönliches Ziel an die Meereshexe Ursula abgibt, wird Arielle nicht, wie von Stokowski wahrgenommen, auf Schönheit reduziert, sondern es wird im Gegenteil vorgeführt, dass Schönheit ohne Stimme und Charakter defizitär, nicht viel wert ist. So versucht sie vergeblich, ohne Stimme die Aufmerksamkeit des Prinzen zu erregen, worin sich zeigt, dass die Persönlichkeit nicht allein am Äußeren hängt. Überhaupt wird Arielle als diejenige inszeniert, die sich im Vergleich zu ihren Schwestern nicht mit weiblichen Tätigkeiten wie Schminken befasst, diese sogar regelrecht ablehnt, sondern mit eher männlich konnotierten, etwa dem Herumstromern in gefährlichen Regionen, in denen sie spielerisch mit Haien kämpft.

Vielleicht ist das eine erwachsene Perspektive auf eine alte Geschichte, die an Kinder vermittelt werden muss, und die Lesart Stokowskis hat durchaus ihre Berechtigung. Doch werden in der Radikalität der Kritik an etablierten Weiblichkeits- und Frauenbildern zwei Probleme sichtbar, die sich im Umgang mit Bildern oft stellen. Zum einen wird die Wirkung von Bildern und Vorbildern häufig überschätzt. Dabei sind sie – besonders im Social Web – nicht autonom, stehen nie isoliert, sondern sind abhängig vom Ort der Präsentation, von der Einstellung ihrer Betrachter*innen sowie von der Einordnung durch die Medien. Auch entsteht ein Selbstbild nicht nur anhand eines einzelnen Bildes, sondern mithilfe vieler verschiedener medialer Vorbilder. Sie sind wie ein Outfit von Andie Walsh oder ein Tumblr-Blog ein Mashup aus unzähligen Bild- und Vorbild-Teilen, das sich lange Zeit nicht visuell nachvollziehen ließ, heute aber innerhalb der Sozialen Medien sehr deutlich zum Vorschein kommt.

Zum anderen wird die Wirkung von Bildern häufig unterschätzt. Einerseits hat die ritualisierte Warnung vor der Macht der Bilder die Betrachter*innen zwar enorm sensibilisiert, andererseits erscheinen Bilder (insbesondere von Weiblichkeit) weiterhin als Werkzeug für Feminist*innen ungeeignet. So wird schnell Kritik laut, wenn jemand mit Bildern – statt nur mit Worten – agiert, wie der Spott der Bloggerin Bixa Jankovska zeigt: »[W]enn eine ›starke Businessfrau‹ abends noch ein nettes Foto von zwei sich anlächelnden, normschönen Frauen hochlädt und mit dem Text ›*Cheers Mädels, auf uns! An alle, die zusammenhalten, sich gegenseitig pushen und gemeinsam die Welt erobern!*‹ begleitet, ist das *#femaleempowerment*-Barometer für diesen Monat in den Orbit geschossen«. [77] Zwar hält sie »Heilung, Body-Positivity und Self-Care« für »wichtige Praxen«, sobald diese allerdings (bildlich) auf Instagram inszeniert werden, handelt es sich nur noch um »ein gutes Ablenkungsmanöver, um beschäftigt zu sein und still zu bleiben.«[78]

#afterbabybody: Provokation durch Bilder im Netz

Die Gleichzeitigkeit der Über- und Unterschätzung von Bildern im Social Web liegt auch daran, dass die Grenze zwischen privaten und öffentlichen Räumen unscharf ist und Funktion und Adressat*innen von Bildern kaum einmal eindeutig bestimmt werden können. Obwohl viele Soziale Netzwerke ursprünglich der privaten Vernetzung unter Freunden und Bekannten dienten, werden Facebook, Instagram und Co. nun häufig als öffentliches Medium genutzt, mit dem man ein breites Publikum erreichen kann. Auch das Influencer-Marketing hat dazu beigetragen, dass soziale Netzwerke zugleich Werbeplattformen geworden sind.

Je nach Followerzahl gibt es zudem kleinere und größere Öffentlichkeiten. Bei den sich aneinanderreihenden Bildern etwa im Instagram-Feed kann nicht immer sofort und eindeutig bestimmt werden, was an den privaten Freundeskreis und was an die Öffentlichkeit adressiert ist. In den meisten Fällen werden Inhalte sowohl an Bekannte als auch an unbekannte Follower versendet, sind also teilweise privat und teilweise öffentlich. Das führt sowohl bei Absender*innen als auch bei Empfänger*innen zu Verwirrungen.

2015 veröffentlichte die Modebloggerin Nike van Dinther auf ihrem Instagram-Profil ein Foto, auf dem sie in einem Bikini zu sehen ist. Im Kommentarbereich zu dem Bild bedankt sie sich bei ihrer Blog-Partnerin und notiert: »Summer, I'm ready« und »Thank you, @sarah_jane«. **(#20)** Auf den ersten Blick ist das ein normales Instagram-Foto einer Frau, die sich bei ihrer Freundin für ein Geschenk bedankt. Dennoch löste das Bild Kritik aus. Auf ihrem Blog schreibt Nike van Dinther im Rückblick: »Erst ein Kommentar, dann 40, sieben davon habe ich gelöscht. [...] Auf die Blacklist haben es Kommentare wie #»*morgenskaffeemittagskotzen*‹ oder #*dünnumjedenpreis* [...] geschafft. Nichts im Vergleich zu einer Email, die ich in der Nacht darauf erhielt: ›[...] ich finde dein Verhalten

#20

unverantwortlich. [...] Deine Zurschaustellung kranker Schönheitsideale ist nicht nur für dich gefährlich, sondern auch für deine Leser.‹«[79]

Nun müssen die Kommentator*innen den persönlichen Blog oder das Instagram-Profil von Dinther bereits einige Zeit verfolgt haben, wenn sie #*afterbabybody* kommentierten. Denn acht Monate vor dem besagten Bikini-Foto hat die Bloggerin ein Kind zur Welt gebracht. Von ihrem Bild fühlen sich nun diejenigen provoziert, die nach der Schwangerschaft nicht wieder zu ihrem Idealgewicht gelangt sind. Dinther ist, wie die meisten Influencer*innen, im Internet sowohl eine private als auch eine öffentliche Person, da sie – gekennzeichnet, doch oft auch unbemerkt – Werbeträgerin ist.

Das Bild provoziert erst durch die falsche Rezeption, und dies in zweierlei Hinsicht, wurde es doch als privat – und demnach als ›authentische‹ Wiedergabe ihres körperlichen Zustands nach der Geburt – angesehen, zugleich jedoch mit denselben Ansprüchen betrachtet wie eine öffentliche Werbefotografie, die als Vorbild fungieren soll. Einem Privatfoto würde man nicht unterstellen, dass es für Betrachter*innen gefährlich sei, von einer Werbefotografie kann wiederum nicht abgeleitet werden, dass die Abgebildete einen #*afterbabybody* besitzt.

Weil man zwischen ›privat‹ und ›öffentlich‹ nicht unterscheiden kann, werden die jeweiligen Teil-Öffentlichkeiten üblicherweise durch Adressierung definiert. So dienen Hashtags ja gerade dazu, eine ausgewählte Öffentlichkeit, ein bestimmtes Milieu zu erreichen. Der Hashtag #*afterbabybody* richtet sich nicht an die lässig-entspannte Mutter, der es egal ist, ob sie einen straffen Bauch hat, sondern an die motivierte sportliche Mutter, die durch Vergleiche mit anderen einen Ansporn sucht, ihr Idealgewicht zu erreichen. Allerdings generieren Empfehlungsdienste – sogenannte Recommender Systems – aufgrund gesammelter Daten für sämtliche Nutzer des Internets permanent Vorschläge, auf die keinerlei Einfluss genommen werden kann. Auf solche Weise kommt ein #afterbabybody auch manchmal bei den Falschen an.

Wer Bilder macht und sie ins Netz lädt, kann nur bedingt kalkulieren, in welche Kontexte sie geraten – auch wenn sich navigieren lässt, indem die Bilder auf dem eigenen kuratierten Profil veröffentlicht und mit Hashtags versehen sind, unter denen sie gefunden werden sollen. Die Bilder kommen also zu den Nutzer*innen und nicht umgekehrt.

Anhand der Frage, ob die Nutzer*innen zum Bild kommen oder das Bild zu den Nutzer*innen, hat Boris Groys in seinem Aufsatz »Die Topologie der Aura«[80] von 2003 die Definition von Original und Reproduktion im Internet thematisiert: Gibt es überhaupt Originale im Netz oder nur Reproduktionen? Groys schreibt, in Anlehnung an Walter Benjamin: »Wenn man sich zu einem Kunstwerk begibt, ist es ein Original. Wenn man das Kunstwerk zwingt, zu einem zu kommen – ist es eine Kopie.«[81]

Daraus ließe sich ableiten, dass das Internet und damit auch der Newsfeed als eine Welt der Reproduktionen anzusehen ist. Groys lehnt diese Folgerung allerdings ab. Für ihn operiert das World Wide Web nicht mit Kopien, sondern, wie das Museum, ausschließlich mit Originalen – weil jede Seite eine eigene Adresse (URL) zugewiesen bekommt und damit ein Ort ist, den man aufsuchen muss. Hier unterscheiden sich das Internet vor Existenz der Sozialen Medien und das Internet von heute. Denn auf den gegenwärtigen Profilen und Feeds werden eine Vielzahl von Bildern und Links unter einer einzigen URL vereint. Sie sind somit als Kopien der originalen Adressen anzusehen.

Dies mag kleinlich anmuten, ist aber entscheidend für die Rezeption von Bildern wie dasjenige Nike van Dinthers. Während das Original einen festen Ort hat und mit konkreten Autor*innen oder zumindest der Idee von Autorschaft verbunden ist, so dass Betrachter*innen sich meist respektvoll verhalten, sind Reproduktionen von diesen Bezugsgrößen frei und lassen sich unabhängiger gebrauchen. Für die Bilder im Netz, die als Reproduktionen betrachtet werden, bedeutet das ein potentiell endloses Weiterverwenden, Kopieren, Bearbeiten, Zerstören – da es keinerlei Verpflichtungen gegenüber Autor*innen gibt. Es gibt kein Original im Social Web.

#affectme: Neuer Umgang mit Bildern im Social Web

Die Produktion und vor allem der Umgang mit Bildern haben sich durch die Sozialen Medien grundlegend verändert. Sowohl die theoretische als auch die alltägliche Rezeption sind davon jedoch bisher weitgehend unbeeindruckt geblieben. Die bedeutendste Veränderung dürfte sein, dass Bilder im Social Web keine ›Einzelbilder‹ mehr sind. Sie treten auf Profilen oder in Feeds immer im Plural auf, zudem in Verbindung mit Text – mit wenigen Hashtags oder einem umfangreichen Kommentar. Dass Bilder keine ›Einzelbilder‹ und auch keine Originale sind, ermöglicht es, mit ihnen aktiv zu werden.

Umgekehrt wird jede Form des Netzaktivismus durch Bilder begünstigt, da sie mehr als viele andere Medien affizieren. Bilder, so die Kunstwissenschaftlerin Kerstin Schankweiler, lösen im Netz starke Gefühle und spontane Reaktionen aus. Diesen Affekten wird dann durch Liken, Teilen oder Rebloggen und Kommentieren nachgegangen – nicht selten durch das Bearbeiten, Nachahmen und die Partizipation an einem Mem oder einer anderen viralen (Hashtag-)Aktion.

Doch geht es dann wirklich immer um die Durchsetzung feministischer Ziele, den Kampf um Sichtbarkeit – oder nur um das Aufrechterhalten einer Debattendynamik? Auf *#brelfies* wird mit *#bressure* reagiert, auf *#afterbabybody* mit *#healthnotsize*, auf *#thighgap* mit *#mermaidlegs*. Der Debattenverlauf hat Muster ausgebildet. Sobald sich der Erfolg einer Aktion einstellt, kommt es zu einer Art Rebound-Effekt; die entstandenen Bilder werden beklagt, neue Achtlosigkeiten ausgemacht und als Diskriminierung angeprangert.

Die Initiator*innen und Aktivist*innen stellen eine Minderheit dar, der die Mehrheit jener Menschen gegenübersteht, die sich mit einem schnell gemachten Bild oder Tweet lediglich beteiligen und für die jedes Statement für eine bessere Welt vor allem ein Instrument ist, um sich im Netz in ein positives Licht zu rücken. Ihr Sendungsbewusstsein entsteht in dem Wissen, dass ihr Beitrag den Usern angezeigt wird, aber auch schnell wieder im Feed verschwindet, wenn neue Postings nachrücken. Nicht jedes Online-Posting ist daher geeignet, als Symptom für ein gesellschaftliches Phänomen gedeutet zu werden.

Aus der Summe der Themen und Debatten kann man herauslesen, wofür eine Gesellschaft sensibilisiert ist und worauf Nutzer*innen achten, wenn sie Bilder und andere Inhalte im

Netz rezipieren. Gegenwärtig ist dies vor allem der Anspruch auf totale Repräsentation, auf Sichtbarkeit aller Körperteile und -formen sowie aller Kulturen und Geschlechter.

Anmerkungen

1. Vgl. Ilse Lenz, 2018, S. 20.
2. Zum Beispiel Svenja Flaßpöhler, 2018.
3. Sigmund Freud, 1925, S. 70. In den ersten beiden Auflagen der Schrift tauchen die Begriffe »Kastrationskomplex« und »Penisneid« noch nicht auf.
4. Ebd.
5. Gloria Steinem, 2001, S. ix.
6. Margarete Stokowski, 2016, S. 18.
7. Ebd.
8. Ebd.
9. Vgl. Mithu M. Sanyal, 2009.
10. Verena Auffermann, 1987.
11. Ebd.
12. Leopold Zahn; Klaus Jürgen-Fischer (Redaktion), 1964, S. 2.
13. Ebd.
14. Verena Auffermann, 1987.
15. Vgl. Norbert Herriger, 2002.
16. Alie Newell-Hanson, 2015.
17. Ines Alwardt, 2015.
18. bia (Brigitte Online Redaktion), 2015.
19. Deborah Schmitt, 2018.
20. Verena Auffermann, 1986.
21. Annekathrin Kohout, 2018.
22. Im Rahmen der Ausstellung »Virtual Normality«, die vom 12.1. bis 6.5.2018 im Museum der bildenden Künste in Leipzig gezeigt wurde.
23. Arte Creative Redaktion, 2015.
24. Carolin Würfel, 2014.
25. Adelheid Müller-Lissner, 2013.
26. Tavi Gevinson, 2012–2015.
27. Petra Collins, 2015.
28. Arvida Byström/Molly Soda, 2016.
29. Ebd.
30. Silvia Bovenschen, 1979, S. 139.
31. Katja Kauer, 2009, S. 33.
32. Antonia Wagner, 2018.
33. Zitiert nach Antonia Wagner: Erika D. Rappaport, 2000, S. 217 (Übersetzung A.W.).
34. Antonia Wagner, 2018, S. 39.
35. Betty Friedan, 1970, S. 28.
36. Thomas Hecken, 2011, S. 141.
37. Ebd.
38. Ebd., S. 152.
39. Zitiert nach ebd., S. 153.
40. Julia Korbik, 2016.
41. Charlotte Raven, 2011, S. 28.
42. Ebd., S. 29.
43. Barbara Kuchler, 2017.
44. Ebd.
45. Vgl. http://girlsandguns.tumblr.com; der Tumblr

wurde im November 2018 aufgrund aktualisierter Nutzungsbedingungen gesperrt.
46 Angela McRobbie, 2010, S. 15 (Originaltitel: The aftermath of feminism: gender, culture and social change, 2009).
47 Ebd., S. 23.
48 Ebd.
49 Die Ausstellung »Virtual Normality« vom 12.1. bis 6.5.2018 im Museum der bildenden Künste in Leipzig.
50 Anika Meier, 2018, S. 199.
51 Ebd.
52 Charlotte Jansen, 2017, S. 9.
53 Laura Mulvey, 1975.
54 Laura Mulvey, 1994, S. 55.
55 Barbara Kuchler, 2017.
56 Judy Chicago/Edward Lucie-Smith, 2000.
57 Ebd., S. 160.
58 Ebd.
59 Ebd., S. 145.
60 Charlotte Jansen, 2017, S. 164.
61 Valerie Solanas, S. 25.
62 Charlotte Jansen, 2017, S. 164.
63 Sophia Amoruso, 2015, S. 23.
64 Ebd.
65 Silvia Bovenschen, 1979, S. 162.
66 Ebd., S. 161.
67 Ebd., S. 161–162.
68 Ebd., S. 162.
69 Bixa Jankovska, 2018.
70 Günther Anders, 2002, S. 207.
71 Via: https://www.instagram.com/p/Bf6kfMVnx_S/?taken-by=allwomanproject, 4.3.2018.
72 American Psychological Association (APA), 2016.
73 Vgl. https://pinkstinks.de/ueber-uns/, 2018.
74 Margarete Stokowski, 2016, S. 17.
75 Ebd.
76 Ebd.
77 Bixa Jankovska, 2018.
78 Ebd.
79 Nike van Dinther, 2015.
80 Boris Groys, 2003.
81 Ebd., S. 36.

Bildnachweis

Frontispiz: © Jess MacCormack,
https://jessicamaccormackrmack.tumblr.com

- # 1 @gisele, Instagram, 10.12.2013.
https://www.instagram.com/p/hvz4wzntH_/
- # 2 @mrsrachelbrady, Instagram, 28.5.2015.
https://www.instagram.com/p/3No669l8sW/
- # 3 Judy Chicago: The Dinner Party, 1974–1979. © Judy Chicago / VG Bild-Kunst, Bonn 2019 (Foto: Annekathrin Kohout).
https://www.brooklynmuseum.org/exhibitions/dinner_party
- # 4 Judy Chicago: The Dinner Party (Emily Dickinson place setting), 1974–1979. © Judy Chicago / VG Bild-Kunst, Bonn 2019 (Foto: Annekathrin Kohout)
- # 5 Judy Chicago: Flesh Spreading Her Wings and Preparing to Fly, 1974. © Judy Chicago / VG Bild-Kunst, Bonn 2019 (Foto: © Donald Woodman)
- # 6 Georgia Grace Gibson: I don't only have glitter in my veins, 2013.
https://imgur.com/gallery/BZrKTd3
- # 7 Cassidy Paul: Girlhood, 2013. https://bust.com/arts/12223-photography-for-girls-by-girls-cassidy-paul-is-the-voice-we-need.html
- # 8 Hannah Altman: And Everything Nice, Sizes Variable, Archival Inkjet Prints, 2015. https://www.hannahaltmanphoto.com/andeverythingnice#6
- # 9 THINX-Werbung, 2015. https://jezebel.com/thinx-period-underwear-is-now-clashing-with-taxi-televi-1742669999
- # 10 Calvin-Klein-Werbung, 2016. https://www.grazia-magazin.de/iprovokeinmycalvins-calvin-klein-liefert-uns-die-kontroverseste-kampagne-des-sommers-18951-id-99306.html
- # 11 LOEWE-Werbung, 2018. https://www.instagram.com/p/BfOQNNleZf/
- # 12 © Stephanie Sarley: Grapefruit, 2017.
https://stephaniesarley.com/work/

- #13 © Juno Calypso: The Honeymoon Suite, 2015. https://www.junocalypso.com/produce/kdov7lmlohi6gea393xmahjhcpuy9g
- #14 Filmstill aus: Madonna: Hollywood, 2003. https://www.youtube.com/watch?v=uaNLvjCkYDE (Min. 1:57)
- #15 Guy Bourdin, French Vogue, März 1972. https://www.artsy.net/artwork/guy-bourdin-french-vogue-march-1972
- #16 Judy Chicago/Edward Lucie-Smith: Der andere Blick. Die Frau als Modell und Malerin, München 2000 [1999], S. 145. Für Tom Wesselmann und Hannah Wilke: © VG Bild-Kunst, Bonn 2019
- #17 Petra Collins: Selfie, 2013. http://www.petracollins.com/selfie/
- #18 Filmstill aus: Esprit #ImPerfect Fall, 2016. https://www.youtube.com/watch?v=LHWtHUaMwyI (Min. 0:17)
- #19 #BeyondBeauty-Kampagne, 2015 (Foto: Elena Kulikova). https://www.bustle.com/articles/125988-wear-your-voice-magazine-launches-beyondbeauty-campaign-photos
- #20 @nikejane, Instagram, 10.6.2015. https://www.instagram.com/p/3vpzlblRc9/

Alle angegebenen Links wurden am 11. Februar 2019 abgerufen.

Literaturverzeichnis

Alwardt, Ines: Glitter-Kritik am weiblichen Schönheitsideal, in: Süddeutsche Phänomeme, 25.2.2015, via: http://phaenomeme.sueddeutsche.de/post/112059626464/glitter-kritik-am-weiblichen-schönheitsideal.

American Psychological Association (APA): Wie Instagram Magersucht triggert, in: Der Standard, 4.8.2016, via: https://derstandard.at/2000042327739/Wie-Instagram-Magersucht-triggert.

Amoruso, Sophia: #Girlboss. Wie ich aus einem Ebay-Shop das Fashionimperium Nasty Gal erschuf, München 2015 [2014].

Anders, Günther: Die Antiquiertheit des Menschen, Bd. 1: Über die Seele im Zeitalter der zweiten industriellen Revolution, München 2002 [1956], S. 204–211.

Arte Creative Redaktion: Emanzipation 2.0: Der webnative Post-Feminismus von Petra Collins, 8.6.2015, in: http://creative.arte.tv/de/magazin/emanzipation-20-der-webnative-post-feminismus-von-petra-collins.

Auffermann, Verena: Mit den Mitteln eines Mannes, in: Die Zeit, Nr. 26/1986 [20.6.1986], via: http://www.zeit.de/1986/26/mit-den-mitteln-eines-mannes/komplettansicht.

Auffermann, Verena: Das Leidensdreieck. Ein Monument der Frauenbewegung, in: Die Zeit, Nr. 20/1987 [8.5.1987]

bia (Brigitte Online Redaktion): Glitzer statt Tränen: Was wäre, wenn unsere Verletzlichkeit funkeln würde?, in: Brigitte, 25.2.2015, via: https://www.brigitte.de/aktuell/gesellschaft/foto-projekt-glitzer-statt-traenen--was-waere--wenn-unsere-verletzlichkeit-funkeln-wuerde--10434672.html.

Bovenschen, Silvia: Die imaginierte Weiblichkeit. Exemplarische Untersuchungen zu kulturgeschichtlichen und literarischen Präsentationsformen des Weiblichen, Frankfurt am Main 1979.

Byström, Arvida/Molly Soda (Hg.): Pics or It Didn't Happen, München/London/New York 2016.

Chicago, Judy/Edward Lucie-Smith: Der andere Blick. Die Frau als Modell und Malerin, München 2000 [1999].

Collins, Petra (Hg.): Babe, München/London/New York 2015.

Dinther, Nike van: BRAIN-BLAH // #Afterbabybody – Vom Körper-Krieg & Verantwortung, in: This is Jane Wayne, 15.6.2015, via: http://www.thisisjanewayne.com/news/2015/06/15/brain-blah-afterbabybody-vom-korper-krieg-verantwortung/.

Flaßpöhler, Svenja: Die potente Frau. Für eine neue Weiblichkeit, Berlin 2018.

Freud, Sigmund: Drei Abhandlungen zur Sexualtheorie, Leipzig/Wien 1925 [1915].

Friedan, Betty: Der Weiblichkeitswahn oder die Selbstbefreiung der Frau, Hamburg 1970 [1963].

Gevinson, Tavi (Hg.): Rookie Yearbook, Toronto (One 2012, Two 2013, Three 2014, Four 2015).

Groys, Boris: Die Topologie der Aura, in: ders.: Topologie der Kunst, München 2003, S. 33–46.

Hecken, Thomas: Girl und Popkultur, Bochum 2011 (Erstveröffentlichung in: Ders.: Populäre Kultur. Mit einem Anhang »Girl und Popkultur«, Bochum 2006).

Herriger, Norbert: Empowerment in der sozialen Arbeit, 2. Aufl., Stuttgart 2002.

Höner, Julia/Kerstin Schankweiler: Affect Me. Social Media Images in Art, Leipzig 2017, S. 13–53.

Jankovska, Bixa: Entschuldigung, aber was ist eigentlich aus diesem Feminismus geworden?, in: Groschenphilosophin, 16.2.2018, via: http://www.groschenphilosophin.at/2018/02/entschuldigung-aber-was-ist-eigentlich-aus-diesem-feminismus-geworden/.

Jansen, Charlotte: Girl on Girl. Art and Photography in the Age of the Female Gaze, London 2017.

Kauer, Katja: Popfeminismus! Fragezeichen! Eine Einführung, Berlin 2009.

Kohout, Annekathrin: Kick-Off-Images, in: Moritz Neumüller (Hg.): The Routledge Companion to Photography and Visual Culture, New York 2018, S. 355–362.

Korbik, Julia: Kann Konsum feministisch sein?, in: This is Jane Wayne,

31.10.2016, via: http://www.thisisjanewayne.com/news/2016/10/31/feminismus-und-konsum-kann-konsum-feministisch-sein/.

Kuchler, Barbara: #OhneMich, in: ZEIT ONLINE, 12.11.2017, via: http://www.zeit.de/kultur/2017-11/sexismus-metoo-sexuelle-uebergriffe-aussehen/komplettansicht.

Lenz, Ilse: Von der Sorgearbeit bis #metoo. Aktuelle feministische Themen und Debatten in Deutschland, in: bpb (Hg.): APuZ. (Anti-Feminismus) 17/2018, S. 20–27.

McRobbie, Angela: Top girls: Feminismus und der Aufstieg des neoliberalen Geschlechterregimes, Wiesbaden 2010.

Meffert, Christine: Über öffentliche Aufmerksamkeit, in: ZEITMAGAZIN NR. 2/2015 [2.1.2015], http://www.zeit.de/zeit-magazin/2015/02/miley-cyrus- aufmerksamkeit-gesellschaftskritik.

Meier, Anika: Juno Calypso. Wahlfreiheit, in: dies./Alfred Weidinger: Virtual Normality, Wien 2018, S. 90–102 und 199.

Müller-Lissner, Adelheid: Schlampe oder Prinzessin: Dürfen Frauen andere Frauen kritisieren? In: Der Tagesspiegel, 4.3.2013, in: http://www.tagesspiegel.de/weltspiegel/vierte-welle-des-feminismus-schlampe-oder-prinzessin-duerfen-frauen-andere-frauen-kritisieren/7864502.html.

Mulvey, Laura: Visual Pleasure and Narrative Cinema, in: Screen, Glasgow 1975 (16:3), S. 6–18.

Mulvey, Laura: Visuelle Lust und narratives Kino, in: Liliane Weissberg (Hg.): Weiblichkeit als Maskerade, Frankfurt am Main 1994, S. 48–65.

Newell-Hanson, Alie: mit glitzer gegen schönheitsideale: im gespräch mit hannah altman, in: i-D, 31.3.2015, via: https://i-d.vice.com/de/article/neb397/mit-glitzer-gegen-schoenheitsideale-im-gespraech-mit-hannah-altman-871.

Rappaport, Erika D.: Shopping for Pleasure: Women in the Making of London's West End, Princeton 2000.

Raven, Charlotte: Was ist da bloß schief gelaufen?, in: Emma, Winter [1.1.2011], S. 28–31.

Sanyal, Mithu M.: Vulva: Die Enthüllung des unsichtbaren Geschlechts, Berlin 2009.

Schmitt, Deborah: Diese Fotografin lässt die Schmerzen von Frauen glitzern, in: ze.tt, 25.1.2018, via: https://ze.tt/diese-fotografin-laesst-die-schmerzen-von-frauen-glitzern/.

Shifman, Limor: Meme. Kunst, Kultur und Politik im digitalen Zeitalter, Berlin 2014.

Solanas, Valerie: Manifest der Gesellschaft zur Vernichtung der Männer. S.C.U.M. Society for Cutting Up Men, Darmstadt 1969.

Steinem, Gloria: Foreword, in: Eve Ensler: The Vagina Monologues, London 2001 [1998], S.U.

Stokowski, Margarete: Untenrum frei, Reinbek bei Hamburg 2016

Unfried, Martin: Last Exit Ökosex, in: taz, 4.7.2011, via: http://www.taz.de/!5117175/.

Wagner, Antonia: Artikulationen des Konsums – Feministische Perspektiven in der Gegenwartskunst der 1960er bis 1980er Jahre, 2018, unveröffentlichte Dissertation.

Würfel, Carolin: Alle Mädchen hassen sich, in: FAZ, 21.8.2014, in: http://www.faz.net/aktuell/feuilleton/kunst/kuenstlerin-petra-collins-alle-maedchen-hassen-sich-13101801.html.

Zahn, Leopold/Klaus-Jürgen Fischer (Redaktion): das kunstwerk. the work of art. Eine Zeitschrift über alle Gebiete der bildenden Kunst, 10|XVII, April 1964, Baden-Baden/Krefeld 1964.

Annekathrin Kohout, geboren 1989, ist Kultur- und Medienwissenschaftlerin. Als freie Autorin schreibt sie über Popkultur, Internetphänomene und Kunst. Seit 2015 betreibt sie den Blog *Sofrischsogut.com*. Sie ist Herausgeberin und Redakteurin der Zeitschrift *Pop. Kultur und Kritik* und arbeitet als wissenschaftliche Mitarbeiterin an der Universität Siegen.

Der Screenshot als Schnappschuss: beim Ansehen von Instagram-Stories

Paul Frosh
SCREENSHOTS
Racheengel der Fotografie

Aus dem Englischen von Franka Kathrin Wolf

Die »fotografische« Zeugenschaft digitaler Welten

Der Screenshot ist die Allzweckwaffe der digitalen Kultur. Obwohl sie fast überall zum Einsatz kommen, finden Screenshots jedoch, anders als etwa Selfies, in der öffentlichen Debatte und in wissenschaftlichen Untersuchungen kaum Beachtung. Will man auf etwas aus den digitalen Medien Bezug nehmen, sind Screenshots eine allgegenwärtige Praxis. Da man dabei jedoch meist *innerhalb* digitaler Medien bleibt, wird der Screenshot in der Regel nicht als eigenständige Kulturtechnik wahrgenommen; man übersieht, dass es sich um eine Darstellungsform handelt, die bestimmte Annahmen voraussetzt und auch befördert. Diese Annahmen betreffen nicht nur den Status des Screenshots und das, was mit ihm ausgesagt werden soll, sondern ebenso die Verfasstheit der Sozialen Medien, auf die er sich (meist) bezieht und über die er etwas mitteilt. Die Naivität und das unreflektierte Verhalten gegenüber Screenshots sind nicht ansatzweise vergleichbar mit der Skepsis, dem Sarkasmus oder auch der ehrfürchtigen Bewunderung, die wir gegenüber anderen Kulturformen – oft sogar demonstrativ – an den Tag zu legen gewohnt sind. Nach wie vor ist es daher kaum möglich, auch nur eine einzige öffentliche oder wissenschaftliche Debatte über die Glaubwürdigkeit oder den Wahrheitsgehalt eines Screenshots zu nennen, obwohl Screenshots in vielerlei und zentraler Hinsicht nicht weniger manipulierbar und ideologisch sind als digitale Fotos. Um mit dem Rhetoriker Richard Lanham zu sprechen, schauen wir durch Screenshots fast ausnahmslos *hindurch* und konzentrieren uns darauf, was sie darstellen – statt *auf* sie zu blicken, um zu reflektieren, wie

#1 Screenshot des Twitter-Beitrags von US-Präsident Donald Trump, 31.5.2017.

sie funktionieren.¹ Trotz der Bedeutung des Screenshots als Diskursgegenstand (immerhin hat er einen Namen bekommen) gehört er in seiner geläufigen Verwendung also zu den bisher am wenigsten beachteten digitalen Phänomenen.

Betrachten wir ein berühmtes Beispiel aus dem Jahr 2017 (**#1**). Es geht um einen Tweet, der am 31. Mai kurz nach Mitternacht im Twitter-Feed von US-Präsident Donald Trump veröffentlicht und am selben Tag um kurz vor sechs Uhr morgens wieder gelöscht wurde. Da Trump zu diesem Zeitpunkt auf Twitter rund 31 Millionen Follower hatte, dürften viele seinen Tweet »originär« über die Twitter-App gesehen haben – entweder in Form des ursprünglichen Beitrags von Trump selbst oder durch (häufig süffisante) Retweets. Weitaus mehr Leute dürften jedoch aus anderen Quellen davon erfahren haben, da auf Online-Nachrichtenportalen, in Blogs und Sozialen Netzwerken sowie in traditionellen Medien wie Fernsehen,

Radio und Zeitung ausführlich darüber berichtet, diskutiert und gespottet wurde. Allerdings berichteten diese Kanäle nicht einfach nur *über* Trumps Tweet, dessen sprachlichen Inhalt, seine Absurdität und das seltsam verspätete Löschen.

 # 2 Beitrag in *The Guardian* von Elle Hunt über den »covfefe«-Tweet von US-Präsident Donald Trump, 31.5.2017.

Fast immer wurde der Tweet auch selbst abgebildet (häufig zusammen mit Kommentaren anderer Nutzer), und zwar mit Hilfe von Screenshots. So zeigt #2 Teile eines Beitrags in der Nachrichtenrubrik der Website von *The Guardian* vom selben Tag (der immer noch online war, als ich etliche Monate später meinerseits einen Screenshot davon machte).

In gewisser Weise ist der Screenshot hier überflüssig, da im zweiten Absatz des Beitrags der Wortlaut des Tweets, als Zitat gekennzeichnet, wiedergegeben wird. Zudem ist der Screenshot mit keinerlei Legende versehen, sondern steht einfach da (sogar zweimal – zuerst in der Anfangseinstellung des Videos und dann nochmals im Beitragstext). Seine Herkunft wird nicht näher erklärt, vielmehr liefert er offenbar das Ausgangsmaterial für den Bericht: als Nachrichtenteilchen, das in den Text eingebunden wird.[2] Es gibt keine Hinweise darauf, dass es sich bei dem Screenshot um eine mediale Aufbereitung oder Wiedergabe – um ein Abbild – des Tweets handelt.

Genauer gesagt: Es fehlen Anzeichen dafür, dass die mediale Aufbereitung als solche reflektiert wird – womit zugleich die Aufmerksamkeit auf den Screenshot als eigenständiges Medienobjekt gelenkt würde. Im Gegensatz dazu ist der Screenshot voll von Zeichen, die zu seinem »Inhalt« sowie dem Medium gehören, das er abbildet; sie absorbieren alle Aufmerksamkeit. So gibt der Screenshot nicht nur den Wortlaut des »covfefe«-Tweets wieder, sondern umfasst auch alle zusätzlichen Angaben und Informationen, die auf Twitter erscheinen, wie etwa den Namen Trumps, sein Profilbild, Datum und Uhrzeit des Tweets sowie die Anzahl der Retweets und Likes zum Zeitpunkt des Screenshots. Das ist aus zwei

Gründen relevant, wie ich später ausführen werde: Einerseits weil der Screenshot dadurch so präsentiert wird, als würde er den Tweet scheinbar unvermittelt in seiner vermeintlich ursprünglichen Form erfassen, und andererseits weil dadurch die Twitter-Oberfläche als Schauplatz permanenter Aktivität, als ein Aktionsfeld in sogenannter Echtzeit erscheint.

Was also ist ein Screenshot – und woraus ergibt sich, dass er als solcher so leicht übersehen wird? Und noch wichtiger: Wozu führt das? Rein technisch betrachtet wird ein Screenshot erzeugt, indem man auf die Informationen aus dem sogenannten Bildspeicher eines Computers oder Mobilgerätes zugreift. Dieser Speicherbereich enthält die visuellen Informationen, die zu einem bestimmten Zeitpunkt auf dem Bildschirm dargestellt werden, zudem die Befehle an das Gerät, diese Informationen als Bilddatei (zum Beispiel im JPEG-Format) zu entschlüsseln. Hinsichtlich seiner kommunikativ-sozialen Funktion ist der Screenshot jedoch eine gänzlich andere Sache – genau genommen ist er sogar mehrerlei Sachen: Er ist ein Dokument, er ist ein Foto in neuem medialen Gewand, er ist ein Mittel der Zeugenschaft *(mode of witnessing)* und taugt sogar zu einer gleichsam poetischen Welterschließung.

Vom Prozess zum Dokument

Der Medientheoretiker Lev Manovich vertritt die Auffassung, dass die zeitgenössische »Software-Kultur« durch die Abkehr vom statischen »Dokument« als dem elementaren »Atom« der kulturellen Praxis im 20. Jahrhundert zugunsten der Hinwendung zu dynamischen Prozessen gekennzeichnet ist:

> Ich verwende den Terminus »Prozess«, da das, was wir erleben, durch Software in Echtzeit erzeugt wird. Wenn wir eine dynamische Website besuchen, ein Computerspiel spielen oder eine App auf dem Smartphone nutzen, um Orte oder Freunde in der Nähe zu lokalisieren, so interagieren wir nicht mit vordefinierten statischen Dokumenten, sondern mit den dynamischen Resultaten eines Rechenprozesses, der in Echtzeit auf unserem Gerät und/oder dem Server abläuft.[3]

Dieses Argument macht den Screenshot zu einem etwas paradoxen Objekt. Denn während er – wie Manovich zu Recht hervorheben würde – durch Echtzeit-Berechnungen auf unseren Geräten erzeugt, gespeichert, verbreitet und angezeigt wird, erscheint er uns eindeutig als ein statisches Element. Screenshots suggerieren (ähnlich wie Ausdrucke), dem ständig in Veränderung begriffenen Strom an Prozessen, der die digitalen Medien auszeichnet, Festigkeit und Beständigkeit zu verleihen. Sofern in der zeitgenössischen Medienkultur tatsächlich ein historischer Übergang von statischen Textobjekten zu dynamischen Prozessen erfolgt, zeugt der Screenshot also vermeintlich von einer Gegentendenz.

Natürlich lässt sich der von Manovich beschriebene Gegensatz in historische Bezüge bringen. Die von ihm beschriebenen Formen von Fluidität und fortwährender Transformation sind in der zeitgenössischen Kultur und in den digitalen Medien keineswegs neu oder einzigartig. Variabilität und dauernde Transformation sind vielmehr bereits in der gesamten Moderne des 19. und 20. Jahrhunderts Schlüsselthemen.[4] So wurden etwa Fernsehübertragungen vom Autor und Kritiker Raymond Williams[5] schon vor geraumer Zeit als »fluid« beschrieben – im Gegensatz zu Texten in einem statischen Medium. Doch auch Dokumente waren – wie die komplexen Editionsgeschichten von Manuskripten und gedruckten Texten immer wieder bewusstmachen – nie einfach nur beständige »Atome«; Manovichs Diktion neigt dazu, ihren zutiefst historischen und prozesshaften Charakter zu verwischen. Der Gegensatz zwischen analoger Beständigkeit *(analogue fixity)* und digitaler Fluidität *(digital fluidity)* vermengt zudem die technische Infrastruktur mit der kommunikativ-sozialen Funktion.[6] Bezeichnenderweise spielt das Anlegen von Dokumenten sowohl in der Geschichte der Computertechnik als auch in der modernen digitalen Praxis eine zentrale Rolle: Denken wir etwa an den auf nahezu jedem PC standardmäßig vorhandenen Ordner »Eigene Dokumente« oder an die Popularität und Geläufigkeit des Dateiformates PDF (Portable Document Format) von Adobe.[7] Dass Dokumente in der Ära der digitalen Medien immer noch allgegenwärtig sind, überrascht kaum, tragen sie doch dazu bei, so etwas wie »Zuverlässigkeit in der Kommunikation« *(communicative stability)* zu erzeugen. Und dies ist die Voraussetzung für die Errichtung, Bewahrung und Koordination der gesellschaftlichen Institutionen und des Alltagslebens. Der Informatiker David Levy bringt es auf den Punkt: »Bei den Argumenten für ein angebliches Ende von Festem und Beständigem *(death-of-fixity)* bleibt der Stellenwert von Stabilität innerhalb der Kommunikation unberücksichtigt. Die Fähigkeit, Gesprochenes zu fixieren und so seine Wiederholbarkeit zu garantieren, ist eine Grundlage menschlicher Kultur. [...] Tatsächlich wäre es merkwürdig, ginge dieser wesentliche Faktor verloren, nur weil Kommunikation unter neuen Voraussetzungen stattfindet«.[8]

Doch wenn wir den von Manovich aufgezeigten Gegensatz zwischen Dokumenten und digitalen Prozessen hinterfragen, müssen wir seine Definition, was eigentlich ein Dokument ist, genauer ansehen. Ihr zufolge ist ein Dokument »ein materiell gespeicherter Inhalt, der den Konsumenten in physischer Form (Bücher, Filme, Tonaufnahmen) oder durch elektronische Übertragung (Fernsehen) zugänglich gemacht wird«.[9] Wie Levy (und nicht nur er) anmerkt, sind statischer Zustand und physische Form nicht ausschließlich Eigenschaften von Dokumenten: Auch andere Gegenstände weisen diese auf, ohne dass wir sie als Dokumente bezeichnen würden. Ein Dokument ist somit eine spezielle Art von Gegenstand, zu der nach Ansicht einiger Wissenschaftler sogar Software oder Algorithmen gehören.[10] Was also macht gerade den Screenshot zu einem Dokument und was folgt daraus?

Obwohl die Forschung zu Dokumenten und Dokumentation auf die Geschichte des Begriffs und seine Abweichungen in verschiedenen Wissenschaftsdisziplinen hinweist,[11] benennt der Bibliothekswissenschaftler Michael Buckland drei grundlegende Definitionstypen.

Die »materielle Sichtweise« – zugleich die traditionellste – definiert Dokumente als »grafische Aufzeichnungen, üblicherweise in Textform, geschrieben oder dargestellt auf einer flachen Oberfläche (Ton, Schrifttafel, Papier, Mikrofilm, Computerbildschirm), deren Träger transportabel und die nicht ortsgebunden sind«.[12] Bemerkenswert ist dabei, dass diese Definition ein weit gefasstes Verständnis von Materialität verrät: Die »grafische Aufzeichnung« erfordert keine eigenständige physische Form als Medium, wie an der Berücksichtigung des Computerbildschirms als möglichem Oberflächenmaterial neben Ton und Papier deutlich wird. Den zweiten Definitionstyp bezeichnet Buckland als »instrumentell«: »Aus dieser Perspektive kann nahezu alles als Dokument dienen, etwas anzeigen oder in irgendeiner Form als Beweismittel fungieren«.[13] Dieser Ansatz wird durch die Thesen der Bibliothekarin und Dichterin Suzanne Briet[14] begründet, ursprünglich 1951 in einem viel zitierten Text über das Wesen der Dokumentation veröffentlicht. Darin geht es unter anderem darum, dass eine Antilope in freier Wildbahn nicht als Dokument gelten könne, während eine als Vertreterin ihrer Art im Zoo gehaltene Antilope ein Dokument darstelle – da sie als Studienobjekt diene, katalogisiert werde, von ihr Ton- und Filmaufnahmen gemacht würden und sie (nach ihrem Tod) ausgestopft in einem Museum gezeigt werde; dabei seien Film- und sonstige Aufnahmen, wissenschaftliche Beiträge usw. als »sekundäre« Dokumente einzustufen.[15] Ebenso wäre ein Kieselstein in einem Fluss kein Dokument, ließe sich als Ausstellungsstück in einem Museum für Mineralogie jedoch durchaus als solches ansehen. Dokumente sind also Gegenstände – keineswegs nur grafische Aufzeichnungen –, die bewusst zu Dokumenten gemacht und im Rahmen bestimmter (hauptsächlich institutioneller) Praktiken als solche behandelt werden.[16] Wenn man die Kategorie des Dokuments von den scheinbar inhärenten Eigenschaften bestimmter Artefakte (hauptsächlich in Textform) trennt, stellt man die kontextbezogenen Praktiken der Dokumentation und nicht die Dokumente selbst in den Mittelpunkt der Forschung. Das ist insofern berechtigt, als diese Praktiken den Gegenständen vorausgehen, ja, sie sogar erst hervorbringen. Ein solches Vorgehen nimmt Dokumenten aber auch den Status von quasi-natürlichen Einheiten, die als kulturelle »Atome« »vordefiniert« sind, wie sie Manovich basierend auf ihrem Charakter als physische Speicher nennt.

Schließlich gibt es Buckland zufolge noch einen dritten, »semiotischen Ansatz«, der die Definition noch weiter fasst und alles einschließt, »was als Dokument betrachtet werden könnte, sofern es als Beweisstück für etwas angesehen wird – unabhängig davon, was sein Schöpfer (falls vorhanden) damit beabsichtigte (sofern überhaupt etwas beabsichtigt wurde)«.[17]

Dieser letzte Ansatz bekräftigt den springenden Punkt, der diese zunehmend umfassenden Definitionen miteinander verbindet: die Idee des Dokuments als Beweisstück. Ohne diesen Punkt drohen die Definitionen das Dokument mit nahezu allen zeichenhaften Objekten gleichzusetzen und zudem seine Entwicklung als Gegenstand von Wissen sowie als Mittel der Wissenserzeugung zu enthistorisieren.[18] Unter Verweis darauf, »dass das Wort ›Dokument‹ von der lateinischen Wurzel *docer* abgeleitet ist, die sowohl ›lehren/Erkenntnis vermitteln‹ als auch ›zeigen‹ bedeutet«, beschreibt die Medienhistorikerin Lisa Gitelman diesen springenden Punkt wie folgt: »Dokumente helfen bei Definitionen und werden ihrerseits wechselseitig durch die Verbindung von Erkennen *(knowing)* und Zeigen *(showing)* – die *know-show-function* – bestimmt. Dokumentieren heißt, dass Zeigen und Erkennen untrennbar miteinander verbunden sind.«[19]

Die große Bedeutung des Zusammenhangs von Erkennen und Zeigen wird am Beispiel des Screenshots im Beitrag von *The Guardian* über Trumps »covfefe«-Tweet deutlich (siehe oben in Abbildung 2). Der Screenshot ist deshalb nicht redundant, weil er als Beweis für den Tweet fungiert (ihn enthält und darstellt), was sich mit einem wörtlichen Zitat allein nicht erreichen ließe. Sein Zweck als Beweismittel wird durch die Einbettung in den Artikel so deutlich kommuniziert, dass er vollkommen für sich spricht und keiner zusätzlichen Beschriftung bedarf, um seinen Status als Wiedergabe (oder Bild) eines anderen Inhalts zu verdeutlichen. Geht man von der Dualität der Darstellungsformen »Zeigen« und »Sagen« aus, so repräsentiert der Screenshot, vergleicht man ihn mit dem Text des Beitrags, in den er eingebettet ist, eindeutig das Element des Zeigens. Während der Text den Tweet lediglich innerhalb eines sprachlichen Zusammenhangs wiedergeben kann, bildet der Screenshot ihn 1:1 ab. Er bringt ihn damit vermeintlich unmittelbar zu Bewusstsein und versetzt ihn in eine Position »direkter Zeugenschaft«.[20]

Zum Teil ergibt sich die rhetorische Klarheit des Screenshots, sein Potenzial als Beweismittel und die Tatsache, dass er wie selbstverständlich als eigene mediale Form übersehen wird, aus den Konventionen von Dokumenten als einem speziellen Genre. (»Genre« ist laut Gitelman »eine im jeweiligen Diskurs angelegte Erkenntnisform«.)[21] Ein Genre – wie zum Beispiel die Anekdote, der Krimi oder der Witz – bezieht sich dabei nicht nur auf eine Klasse von Texten mit einigen gemeinsamen formalen Eigenschaften und Bezügen, sondern auch darauf, dass Begriffe und Umgangsformen kategorisiert werden, die bei Sendern und Empfängern »spezifische Systeme von Hypothesen und Erwartungen« ausprägen.[22] Wer Dokumente erzeugt, wahrnimmt und interpretiert, behandelt sie daher allgemein (und häufig unreflektiert) als Einheiten, die aufschlussreiches Wissen enthalten und zur Geltung bringen. Das bestätigt im Gegenzug die Selbstverständlichkeit der Verbindung von Erkennen und Zeigen, die solchen Artefakten eigen ist.[23] Manovichs These, dass ein Dokument ein »in physischer Form gespeicherter Inhalt« sei, ist demnach nicht *völlig* falsch. Sie nimmt lediglich als selbstverständlich an, was jedoch begründet werden muss: nämlich jene Idee, dass ein bestimmtes materielles oder symbolisches Objekt ein verlässliches Kommunikationsmittel sein kann, ein Medium zur sicheren Speicherung und genauen Darstellung von Inhalt. Und im Fall des Screenshots kann dies sehr rasch geschehen, mit geringem erkenntnistheoretischem Aufwand hinsichtlich Wahrhaftigkeit, Wahrheitswert und anderen Aspekten – in einem Zeitalter vermeintlicher digitaler Fluidität.

Die Rahmung des Screenshots

Damit der Screenshot Stabilität als Kommunikationsmittel erlangt, bedarf es einer wichtigen grafischen Konvention, die allzu leicht unbeachtet bleibt oder fälschlicherweise als trivial gilt. So hat er die Form eines Rechtecks und besitzt deutlich erkennbare Begrenzungen. Stets erscheinen Screenshots zudem vor einem Hintergrund innerhalb von Rahmenlinien (entweder gehören diese zu einem geöffneten Fenster einer grafischen Benutzeroberfläche oder sind grafisch reproduziert). Bei einigen Geräten, wie beispielsweise Smartphones und Tablets, zeigt diese rechteckige Form an, dass der Screenshot deckungsgleich mit dem gesamten Display des Gerätes ist, da die vorinstallierte Kamera-App nicht zulässt, dass der Screenshot lediglich einen Teil des Displays abbildet.[24] Dagegen lassen sich mit Desktop-Computern oder Laptops Screenshots sowohl vom kompletten Bildschirm wie auch von Teilen davon erzeugen. Dabei herrscht bei den Screenshot-Funktionen, die in die meistverwendeten Betriebssysteme integriert sind, ebenfalls die Form des Rechtecks vor.

Was die Genealogie der rechteckigen Rahmenlinien des Screenshots anbelangt, so wird eine doppelte Assoziation geweckt: Einerseits entsteht ein Bezug zur westlichen illusionistischen Bilddarstellung, insbesondere der von Gemälden und Fotografien, und andererseits lässt sich an ein Dokument denken, das als autonom materielles Objekt in Form eines Blatts Papier vor einen Hintergrund geheftet ist. Ungeachtet ihrer grundlegenden Unterschiede und historischen Wandlungen sorgen diese beiden Traditionslinien jeweils für stillschweigend vorausgesetzte Vorstellungen davon, was ein Screenshot ist und wie er Wissen konstruiert und darstellt.

Diese Vorstellungen lassen sich anhand von zwei miteinander verknüpften Gedankengängen analysieren: Zum einen geht es um die Konstruktion von Bildern als Darstellungsräumen, zum anderen um die Zuschreibung von Objekteigenschaften. Zuerst einmal wird mit den Rahmenlinien des Screenshots das »grundlegende grafische Prinzip« der Strukturierung einer Fläche angewendet; sie grenzen also »einen Bereich oder Raum so ab, dass ihm eine spezifische Bedeutung zugeschrieben werden kann.«[25] Die Rahmenlinien schaffen zudem kompositorische Verbindungen und Abgrenzungen zwischen (sowohl textlichen als auch bildlichen) grafischen Elementen, sodass die innerhalb des Rahmens befindlichen Elemente als miteinander zusammenhängend und mit Elementen außerhalb der Rahmenlinien nicht zusammenhängend interpretiert werden.[26] Dieser semiotische Effekt tritt selbst dann auf, wenn das Material des internen »Dokuments«, das in den Rahmenlinien eingeschlossen ist, und der externe »Hintergrund« der gesamten Fläche genau gleich sind (dies ist etwa dann der Fall, wenn die Rahmenlinien auf eine Papieroberfläche gedruckt sind oder auf einem Bildschirm erscheinen).

Doch die Rahmenlinien haben bei einem Screenshot noch weiter reichende Auswirkungen. So sind Rahmen Voraussetzung dafür, dass Bilder als darstellende Konstrukte überhaupt zur Erscheinung kommen und verständlich werden.[27] Die Relevanz dieser Wirkung eines Rahmens lässt sich vielleicht am besten anhand eines bekannten Beispiels illustrieren, nämlich an der durch ihn ermöglichten Umstellung der Wahrnehmung von zwei Dimensionen auf drei, wie sie durch die Linearperspektive erzielt wird. Albertis berühmte Abhandlung *De Pictura* (im Jahr 1435 auf Latein veröffentlicht) beschreibt recht launig die außergewöhnliche transformative Kraft des Rahmens: »Zuerst zeichne ich auf der Fläche, die das Gemälde tragen soll, ein vierwinkliges Rechteck beliebiger Größe: Es dient mir gewissermaßen als offenstehendes Fenster, durch welches der ›Vorgang‹ betrachtet wird.«[28]

Gemäß dieser Beschreibung geht der (Fenster-)Rahmen dem Bild voraus und ist die Bedingung dafür, dass es als eine Art von Darstellung verständlich wird. Er markiert nicht nur die Grenze zwischen den Räumen – innerhalb und außerhalb des Rechtecks –, sondern genauso zwischen den Arten der Wahrnehmung, die diese Räume prägen: zwischen der Wahrnehmung der Umwelt außerhalb des Rahmens und der Wahrnehmung einer charakteristischen Welt – in diesem Fall einer Welt mit Tiefenwirkung – innerhalb des Rahmens und durch ihn »hindurch«. Begleitend zu diesem Wechsel in der Wahrnehmung wird innerhalb der Rahmenlinien sowohl die physische Oberfläche des Bildes als auch seine Qualität als eine Darstellung übersehen. Wie zu Beginn dieses Essays erörtert, wird der Screenshot trotz seiner großen Verbreitung kaum je als Screenshot bemerkt, selbst wenn wir ihn direkt vor Augen haben. Zumeist schauen wir durch ihn »hindurch« statt »auf« ihn. Man sieht daran: Der grafische Rahmen ist selbst bereits bei einer so schlichten Version wie einem gezeichneten Rechteck mit wahrnehmungsspezifischen, kognitiven und semiotischen Konventionen aufgeladen: Ohne sie würde der Rahmen gar nicht als solcher wirksam, sondern ein Rechteck bleiben.[29]

Dass die Rahmenlinien des Screenshots in einer Tradition von Bildern stehen, wird durch den zweiten Gedankengang noch deutlicher. Schreibt man dem Screenshot einen Objektstatus zu, wird nämlich relevant, dass Rahmenlinien häufig ein grafisches Echo auf die physischen Grenzen materieller Objekte sind, die als Oberflächen für Texte und Bilder verwendet werden: Papier- und Kartonbögen, Schreibtafeln, Leinwände, Fotodrucke usw. Darüber hinaus setzen sie in visueller Form die Idee von Abgegrenztheit und Eigenständigkeit um, die mit physischen Objekten assoziiert wird. Im Fall des Screenshots wird dieser Objektstatus durch seine quasi-physischen Eigenschaften als interaktives Objekt verstärkt, das (wie einige andere digitale Elemente) am Computer verschoben, in seiner Größe verändert werden und zudem mit Hilfe einer Reihe von Text-, Grafik- und Bildbearbeitungsprogrammen auf digitalen Geräten herausgelöst, übertragen und neu angeordnet werden kann. Der Screenshot lässt sich mit Maus, Touchpad oder Touchscreen wie ein räumlich eigenständiges und dreidimensionales Artefakt handhaben – wobei die Rahmenlinien als fixe Außenkanten des Objekts fungieren, das sich gewissermaßen »auf« der Bildschirmoberfläche befindet (und uns die Sicht auf andere Oberflächen oder Objekte versperrt, »über« die es sich scheinbar bewegt).[30]

Die formale Ganzheit und Quasi-Beständigkeit des Screenshots als separates, begrenztes Objekt wird ferner durch seine vermeintliche Autonomie als eigene Computerdatei verstärkt. Die Ähnlichkeit mit Papierdokumenten (und ihre historische Assoziation mit bürokratischen Praktiken) ist sowohl funktionaler als auch metaphorischer Natur: Der Screenshot kann nicht nur zwischen unterschiedlichen Positionen auf dem Bildschirm bewegt und verschoben, sondern auch gespeichert und abgelegt werden.[31] Es gilt hier, was Gitelman über Dokumente generell schreibt: »Manchmal ist etwas nur deshalb ein Dokument, weil es grundsätzlich die Fähigkeit hat, etwas zu zeigen. Solche Dokumente werden für die Zukunft markiert und abgelegt, nur für den Fall, dass man sie einmal braucht.«[32]

Dass der Screenshot als eingerahmtes und eigenständiges Objekt beweglich, speicherfähig und wieder abrufbar ist, widerspricht jedoch, wie wir gesehen haben, den Ansprüchen auf eine Vorrangstellung der Fluidität in den digitalen Medien. Dafür scheinen diese Eigenschaften des Screenshots einer gegenwärtig verbreiteten Idee von Information zu entsprechen. Ihr zufolge ist Information das, was der Linguist Geoffrey Nunberg eine »intentionale Substanz« nennt, »die in der Welt vorhanden ist«.[33] Sie ist scheinbar unabhängig von den jeweiligen kulturellen Praktiken und technischen Infrastrukturen, die sie hervorbringen. Als abstrakter und dennoch realer »Stoff« ist Information zumindest implizit mit so etwas wie einer materiellen Struktur ausgestattet. Und diese Struktur lässt sich leicht fragmentieren: »Im Gegensatz zu Wissen, das wir oft ganzheitlich betrachten, besteht Information im Wesentlichen aus kleinen Einzelteilen, wie Sand oder ein Risotto. Sie setzt sich aus kleinen Inhaltsatomen – Aussagen, Sätzen, Bits – zusammen, die jeweils unabhängig voneinander abtrennbar, manipulierbar und tabellierbar sind. [...] Wir können Stücke von Informationen herauslösen und versenden, während wir gleichzeitig ihre Geltung bewahren.«[34]

Der Screenshot fungiert demnach geradezu als Musterbeispiel für die Idee einer Fragmentierbarkeit von Information:

Er scheint die Eigenschaften zu bestätigen, die Information laut Nunberg zugeschrieben werden. Tatsächlich finden sich in Nunbergs Kritik am vorherrschenden Informationsbegriff in der digitalen Kultur erstaunliche Anklänge *(avant la lettre)* an die Atom-Metapher von Manovich, mit der er Dokumente als Teil eines früheren, *prä-digitalen* Medienregimes beschreibt. Unbeirrt von seiner These, dass statische Dokumente durch fluide digitale Prozesse ersetzt werden, stellt sich der Screenshot als beispielhaft beständiges Gebilde dar, das ganz selbstverständlich die Idee verkörpert, dass sich Information in feste Einheiten zerteilen lässt.[35]

Sofern der Screenshot den Eindruck einer Stabilität von Information erzeugt, kommt aber noch ein anderer Aspekt ins Spiel, der von seiner primär räumlichen und semiotischen Betrachtung als Dokument zu einem zeitlichen und gewissermaßen poetischeren Verständnis von ihm als eines Mittels der Zeugenschaft und Welterschließung führt. Dokumente, so David Levy, seien »sprechende Dinge. Es sind Teile der materiellen Welt – Ton, Stein, Tierhaut, Pflanzenfasern, Sand –, die wir mit der Fähigkeit zu sprechen durchdrungen haben«.[36] Diese Art von »Bauchrednerei« ist keine einmalige Angelegenheit: Dokumente besitzen nur eine relative Stabilität hinsichtlich dessen, was sie mitteilen. Dass eine Aussage verändert wird oder verschwindet, wird verhindert, indem man sie aus dem unmittelbaren Zeitfluss herausnimmt und dank Wiederholung, Geschichte und Archivierung in weniger turbulente, verlangsamte Zeitlichkeiten verlagert. Somit kündet der Screenshot gerade in seiner Stabilität von etwas, das sich permanent verändert: Das Verlangen, ihn zu fixieren, legt nahe, dass die Welt, auf die er sich bezieht, in Bewegung ist und sich fortwährend wandelt. Im Fall von Trumps »covfefe«-Tweet wurde diese offensichtliche Implikation einer Welt im Wandel dadurch verstärkt, dass der ursprüngliche Tweet einige Stunden nach seiner Veröffentlichung entfernt wurde. Auf die Erfahrung der Wandelbarkeit der Welt lässt zudem die verbreitete Praxis schließen, Screenshots dazu einzusetzen, die gewollte Vergänglichkeit von Bildern bei Anwendungen wie Snapchat zu umgehen, bei denen über die App versandte Fotos und Videos innerhalb von zehn Sekunden von den Bildschirmen der Empfänger verschwinden. Man könnte den Screenshot sogar als Racheengel der traditionellen Fotografie bezeichnen, weil er das radikale Unterfangen von Snapchat unterläuft, die konventionelle Verwendung von Fotos als Erinnerungsstücken und Beweismitteln unmöglich zu machen.[37]

Eine Fotografie in neuem medialen Gewand

Wenn der Screenshot ein sprechendes Ding ist, stellt sich die Frage, in welcher Form genau er sich äußert. Inzwischen ist deutlich geworden, dass der Screenshot nicht nur irgendein beliebiges digitales Dokument ist (von denen es in der Tat sehr viele gibt). Wie sein Name nahelegt, ist er die mächtige »Remediation« einer Fotografie: die Neugestaltung von Aspekten eines Mediums in einem anderen Medium,[38] wobei spezifische Konventionen der Fotografie reproduziert werden, wie sie etwa für Nomenklatur, Bildproduktion, Bildsprache und Bildrezeption gelten.[39] Auf diese Remediation lässt sich nicht nur wegen der Anspielung von »Screenshot« auf den umgangssprachlichen Ausdruck »Schnappschuss« [engl. *snapshot*] schließen, sondern sie wird erst recht durch das Klickgeräusch einer mechanischen Kamerablende beim Erzeugen von Screenshots nahegelegt – ein Geräusch, das auch ertönt, wenn man mit dem Smartphone ein Digitalfoto aufnimmt, obwohl in keinem dieser Fälle eine Blendenmechanik betätigt wird. So werden Digitalfotos und Screenshots durch das nachgestellte Geräusch äquivalent zu einer analogen Kamera gestaltet. Diese Gleichheit im Moment der Bilderzeugung wird beim Betrachten der Aufnahmen noch verstärkt: Der Zugriff auf meine Screenshots erfolgt standardmäßig durch dieselbe App, mit der auch alle meine Fotos verwaltet werden – und die sogar den Namen »Fotos« trägt. Obwohl Screenshots technisch vollkommen anders entstehen als Digitalfotos, werden sie demzufolge genauso behandelt wie Fotos, indem sie identisch beschrieben, im Moment der Erstellung akustisch als Fotos inszeniert und von der Archivierungssoftware als Fotos klassifiziert werden.

Was aber hat diese Annäherung an die Fotografie für Folgen? Zuerst einmal heißt das, dass man auch dem Screenshot dieselbe Beweiskraft attestiert, die der Fotografie lange Zeit zugeschrieben wurde. »Fotos liefern Beweismaterial«, sagt Susan Sontag: »Etwas, wovon wir gehört haben, woran wir aber zweifeln, scheint ›bestätigt‹, wenn man uns eine Fotografie davon zeigt. [...] Eine Fotografie gilt als unwiderleglicher Beweis dafür, dass ein bestimmtes Ereignis sich tatsächlich so abgespielt hat.«[40] Ebenso wie bei Dokumenten stellt die Beweiskraft der Fotografie jedoch ein technisch-kulturelles, ideologisches und institutionelles Konstrukt dar, wie Generationen von Theoretikern und Forschern immer wieder betont haben.[41] In der Tat legt bereits die Existenz der Unterkategorie »Dokumentarfotografie« nahe, dass die Beweiskraft der Fotografie nicht gleichmäßig über die verschiedenen Praktiken, Gattungen und Bildtypen verteilt ist. So meint »Dokumentarfotografie« ja nicht nur eine Tradition der ungeschönten Darstellung sozialer Realitäten mit dem Ziel eines gesellschaftlichen Wandels,[42] sondern wird vor allem auch in Abgrenzung zu anderen, mutmaßlich weniger »dokumentarischen« Kategorien (Werbefotografie, Kunstfotografie, Privatfotografie) begriffen. Behauptungen in Bezug auf die Wahrhaftigkeit von Fotos, ihre mechanistische Unpersönlichkeit und Objektivität oder ihre indexikalische Beziehung zum Bildinhalt (dies die drei »Realismen« der Fotografie, wie sie Slater[43] analysiert), waren nie hinreichend abgesichert, um Einwänden standzuhalten, denen zufolge jedes dieser Merkmale dazu führen kann, dass Fotografien manipuliert werden können und demnach als Wissensvermittler unzuverlässig sind.[44] Sofern die fotografische Beweiskraft also eher diskursiv konstruiert und weniger technisch inhärent ist, gilt dasselbe aber erst recht für Technologien und Bilder, die einige technische oder semiotische Merkmale der Fotografie aufweisen und – wie etwa der Screenshot – üblicherweise wie Fotos behandelt und angesehen werden.

Offenbar hat der Screenshot heutzutage die Fotografie als Objekt dessen verdrängt, was die Kommunikationswissenschaftlerin Cara Finnegan – in Anlehnung an die rhetorische Tradition – als »naturalistisches Enthymem« bezeichnet hat. So war die rhetorische Kraft des (prä-digitalen) Fotos laut Finnegan abhängig davon, dass sich die Betrachter von kulturspezifischen und weitgehend verborgenen Annahmen über seinen Charakter als einer Art visueller Argumentation leiten ließen (das versteht man unter einem Enthymem), allen voran von der Annahme, »dass Fotos ›wahr‹ oder ›real‹ sind, bis wir Grund zu Zweifeln bekommen.«[45] In jüngerer Zeit haben Finnegans Kollegen Damien Pfister und Carly Woods eine radikale Umkehr dieser Position formuliert. Sie argumentieren, dass eine zeitgenössische digitale visuelle Kultur durch ein »*un*naturalistisches Enthymem« gekennzeichnet sei – dies bestehe in der unausgesprochenen, weit verbreiteten Annahme, dass Fotos gerade *nicht* wahr oder real seien, da sie digital manipuliert sein könnten: »Wachsende Skepsis hinsichtlich der Glaubwürdigkeit von Bildern prägt den öffentlichen Diskurs zunehmend.«[46]

Der Screenshot scheint dieses Argument jedoch zu unterlaufen. Sosehr sich die öffentliche Meinung über den Wahrheitsgehalt von Fotos verändert haben mag, so sehr sollte man sich also davor hüten, unterschiedliche fotografische Praktiken und Genres auf einen Nenner zu bringen. Vielmehr gilt die Beobachtung, dass die Einstellungen gegenüber digitalen Bildern heutzutage nach wie vor unterschiedlich sind und man in vielen Zusammenhängen am »naturalistischen Enthymem« festhält. Weiterhin werden somit – wie zu Beginn des Essays erwähnt – unhinterfragte Behauptungen zu Beweiskraft und Realitätsgehalt leichtfertig und folgenschwer auf einen *originär digitalen* Bildtyp angewandt, nämlich auf den Screenshot. Diese Behauptungen werden zudem durch bestimmte Praktiken der Remediation verstärkt, die ihre Autorität nach wie vor aus der Fotografie beziehen – und das in einem Zeitalter, in dem der Fotografie von Pfister und Woods unterstellt wird, allgemein unzuverlässig zu sein.

Die Frage nach der Beweiskraft stellt aber lediglich eine Facette der fotografischen Verfasstheit von Screenshots dar. Eine weitere besteht in seiner Unbewegtheit im Verhältnis zur räumlichen und vor allem zeitlichen Veränderung der Welt. Die Fototheorie tendiert dazu, die statische Natur des fotografischen Bildes (anders als im Fall einer Zeichnung oder eines Gemäldes) weniger als semiotische und technische Konstruktion zu begreifen, die durch Markierungen auf einer bestimmten Art von Oberfläche erzeugt wird, sondern darin die Übernahme und Konservierung »eingefrorener« Zeitabschnitte zu sehen. Das Foto, so der Film- und Fototheoretiker André Bazin, »konserviert Zeit und errettet sie vor der ihr eigenen Vergänglichkeit«.[47]

Die Remediation von Unbewegtheit als einer »fotografischen« Eigenschaft des Screenshots ist im Diskurs vielfach evident.[48] Wie bei Fotos sprechen wir etwa davon, dass wir

Screenshots »aufnehmen« *(take)*, die wiederum Tweets, Snapchat-Bilder oder Ähnliches »einfangen« *(capture)* – praktisch alles, was jeweils auf unserem Bildschirm sichtbar ist und was wir in Bildform festhalten wollen, ehe es sich verändert. Die Remediation überträgt unausgesprochene Überzeugungen auf den Screenshot, wie etwa jene, das fotografisch »Erfasste« besitze gleichsam metaphysische Kräfte und sei ontologisch einzigartig: Teilweise scheint der Screenshot unbewegt sogar *kraft* seiner Fähigkeit, einen flüchtigen Vorgang festzuhalten und zu konservieren. Interessant ist dabei die Terminologie, die aufzeigt, dass Remediation nicht nur eine semiotische Aktivität ist, sondern auch ein diskursives und performatives Mittel, durch das Erwartungen und Praktiken von einem Medium auf ein anderes übertragen werden: So wie die Fotografie in großen Teilen der Fototheorie sowie umgangssprachlich als etwas verstanden wird, das von Zeit handelt, wird dieses »Handeln« an den Screenshot weitergegeben.[49]

Die Bedeutung des »Erfassens« beziehungsweise »Aufnehmens« wird noch klarer, wenn wir uns zwei andere englische Bezeichnungen für den Screenshot vor Augen halten. So gibt es *screen cap* als Kurzform für *screen capture*, womit das »Erfassen« des Bildschirms gemeint ist, was sich zugleich als Verb verwenden lässt *(to screen cap)*.[50] Ein anderer, weniger geläufiger Ausdruck für den Screenshot ist *screengrab* (etwa: Bildschirmgreifer). Das fotografische »Erfassen« fügt sich hier in die Ästhetik (und Haptik) von Zerstückelung, Übernahme und Verbreitung ein, was die Medientheoretikerin Theresa Senft der Webcam[51] sowie in jüngerer Zeit dem Selfie[52] zuschrieb und was von ihr ausdrücklich als ein »Greifen«

(grab) bezeichnet wird: »Nutzer Sozialer Medien erzeugen, konsumieren und verbreiten visuelles Material weder durch gezieltes Anschauen (wie im Fall eines Kinofilms) noch durch flüchtiges Hinsehen (wie im Fall eines Fernsehers, der irgendwo im Zimmer läuft), sondern auf eine zergliedernde und taktile Weise, die mir mittlerweile als ein Greifen erscheint.«[53] Wie ein Screenshot einen bestimmten Moment abgreift, ist er selbst – wie zuvor bei der Erörterung seiner Objekteigenschaften erwähnt – dazu angetan, abgegriffen zu werden.

Aber worauf greift der Screenshot zu? Hier kommt dem Vergleich mit der Fotografie noch größere Bedeutung zu. Ein wesentliches Merkmal von Fotos besteht darin, dass sie ein prä-fotografisches Sichtfeld wiedergeben (auch wenn dieses Feld, eine Verknüpfung von Objekten in Raum und Zeit, für das Foto speziell arrangiert oder gestellt wurde). In der gängigen Fotografie – gleichgültig ob analog oder digital – ist das prä-fotografische Sichtfeld etwas anderes als die verwendete Kamera oder das fotografische Aufnahmegerät. Im Gegensatz dazu wird beim Screenshot der dargestellte Inhalt des Gerätes selbst reproduziert. Das Foto »erfasst« ein Bild von der Welt, während der Screenshot ein Bild vom Gerät »erfasst«.[54]

Diese zweite Aussage muss näher erklärt werden. Der Screenshot ist selbstverständlich kein Bild vom internen technischen oder physischen Zustand des Computers oder Smartphones, von dem er aufgenommen wurde. Was der Screenshot »erfasst« und »abgreift«, sind vielmehr die auf dem Bildschirm zu einem bestimmten Zeitpunkt angezeigten visuellen Daten: Oberflächenelemente, Desktop/Startbildschirm-Hintergrund, offene Tabs, Fenster und Apps (samt ihrem Inhalt) sowie gelegentlich die Position des Cursors. Der

Screenshot unterbricht kurzzeitig und gezielt die sich ständig verändernden Bewegungen heutiger Bildschirme als »Verkehrsknoten für die in unserem sozialen Raum zirkulierenden Bilder«.[55] Darüber hinaus ist der Screenshot ein Bild vom Zustand des Geräts, wie es sich zur Betrachtung und Interaktion durch den Nutzer zeigt. Er konserviert einen Moment, den wir als *screenshape* bezeichnen könnten: das dynamische, kontingente, auf den Menschen ausgerichtete »Gesicht« des Gerätes, wie es auf dem Bildschirm erscheint.[56] Um die Analogie noch ein wenig auszuweiten, könnte man sagen, dass der Screenshot ein Selfie des Geräts darstellt.

Aber könnte der Screenshot mittels des Gerätes nicht auch ein Bild der Welt, zumindest *einer* Welt erfassen? Aus zwei Gründen würde ich argumentieren, dass er dies in der Tat kann und tut: Der erste hängt damit zusammen, dass auf den Screenshot eine andere fotografische Eigenschaft übertragen wird. So wird er als ein »Ausschnitt« verstanden, und diese Eigenschaft impliziert eine Welt jenseits des Rahmens, wobei letztlich sogar ethische Belange eine Rolle spielen (wie ich noch zeigen werde). Der zweite Grund betrifft die Leistung des Screenshots, eine bestimmte Art von Inhalt der Sozialen Medien und diese selbst als eine eigene Welt zu bezeugen.

Der fotografische Schnitt und die »Härte« des Screenshots

Wie schon erläutert, wiederholt der Screenshot die Unbeweglichkeit der fotografischen Abbildung. Das wird durch die Bezeichnungen *capture* (Erfassen) und *the grab* (Greifen) artikuliert und anschaulich gemacht. Die Idee vom »Ausschnitt« oder »Ausschneiden«, ebenso wie die semantisch verwandten englischen Ausdrücke *cropping* (Abschneiden), *incision* (Einschneiden), *excision* (Entfernen) – und schließlich auch *piercing* (Durchstechen) –, fügt nun auch dem Screenshot als einer Fotografie in neuem medialen Gewand wichtige zeitliche und räumliche Dimensionen und Wesensmerkmale hinzu.

In der klassischen Fototheorie verweist der Ausschnitt auf ein ganzes Feld von Beziehungen zwischen dem Bild und dem, was sich jenseits seines Rahmens befindet. Durch das Ausschneiden *(cut/crop)* eines ausgewählten Bereichs wird das Foto von der Welt separiert, wobei *durch* das entstandene Bild selbst immer auch auf die Existenz der Welt außerhalb des Bildraums hingewiesen wird. In räumlicher Hinsicht schließt der Ausschnitt also an den durch die Rahmenlinien erzeugten Prozess der gegenständlichen Abgrenzungen von etwas an, das nicht ausgewählt wurde. Der Ausschnitt beschwört sowohl die Idee des »Einschneidens in« als auch des »Ausscheidens aus« dem Zeitfluss. Der Philosoph Stanley Cavell plädiert in *The World Viewed* für einen ungebrochenen Seinszusammenhang des Fotos mit der Welt, die es abbildet, sowie mit der impliziten raum-zeitlichen Ausdehnung über diese Welt hinaus: »Die Kamera begrenzt, sie schneidet einen Teil aus einem unbegrenzt großen Feld aus. […] Wenn ein Foto zugeschnitten wird, wird der Rest der Welt ausgeschnitten. Die implizite Präsenz dieses Restes der Welt und ihre ausdrückliche Ablehnung sind für die Erfahrung einer Fotografie ebenso wichtig wie das, was sie explizit präsentiert.«[57]

Auch der Filmtheoretiker Christian Metz beschreibt das bei der Auswahl eines Bildausschnitts bewusst ausgeschlossene »Off« (das räumlich außerhalb und zeitlich vor oder nach dem Bild liegt) als Abwesenheit, die innerhalb des Bildraums implizit eingeschlossen ist.[58] Doch für ihn ist dieser Vorgang gewaltsam, das Ausschneiden kommt seiner Ansicht nach dem Töten gleich: »Wie der Tod« sei der fotografische Schnappschuss »eine plötzliche Entführung des Objektes von der einen Welt in eine andere. [...] Fotografie ist ein Einschnitt in den Referenten, sie schneidet ein Stück von ihm heraus, ein Fragment, ein Teil des Objekts, und geht mit ihm auf eine lange Reise, ohne je zurückzukehren.«[59]

Während Cavell die Fotografie als Weg zur Welterschließung beschreibt, da die Betrachter in die dort abgebildete Welt verwickelt sind, versteht Metz sie als einen unumkehrbaren Akt der Besitznahme (»Entführung«), einen »Einschnitt« in das räumlich-zeitliche »Fleisch« der Welt, das zu einem »Ausschnitt« des Referenten führt. So erzeugt der fotografische Ausschnitt einen Stillstand, der sich gegen die Fülle, die Bewegung und die Lebendigkeit des anhaltenden Lebensflusses abgrenzt.[60]

Ähnliche Konzepte der Fotografie als eines Einschnitts in das raum-zeitliche Kontinuum der Welt wurden in jüngerer Zeit von Theoretikern der digitalen Medien aufgegriffen, und die daran anknüpfende Diskussion hat erhebliche Konsequenzen für unser Verständnis des Screenshots, da es die zuvor angeführten Überlegungen zur digitalen Unveränderlichkeit und Fluidität signifikant bereichert. Beispielsweise merken die Bildwissenschaftler Ingrid Hoelzl und Rémi Marie in einem Essay über das digitale Bild an: »Es ist gerade der Bildausschnitt, der die Unendlichkeit jenseits des Bildraums als Gegenstück zum sich im Bild befindlichen Objekt ausmacht. [...] Das Foto ist ein unvollständiges Objekt, das permanent auf sein abwesendes Gegenstück verweist.«[61] Sie stellen dem traditionellen fotografischen Bildausschnitt den der »erweiterten Fotografie« gegenüber – also der heute gängigen Bildbearbeitung, »die mittels digitaler Montage, Collage, Animation und Loop-Technik die räumlichen und zeitlichen Grenzen der Fotografie überschreitet«. Sie werde vom »Wunsch nach Unendlichkeit« geleitet und versuche, die Grenzenlosigkeit von Raum und Zeit im fotografischen Bild anschaulich zu machen.[62] Durch die Integration von Bewegung und dank digital zusammengefügter Räume beraubt die erweiterte Fotografie das Foto seiner »*Ob-szönität* im ursprünglichen Sinne, also seinem Verweis auf das, was sich jenseits des Geschehens, ›off scene‹ befindet«.[63] Interessanterweise schwingt bei dieser Analyse latent eine Kritik an der digitalen Bildbearbeitung mit: Die Autorinnen erklären, dass die »erweiterte Fotografie« aus einem »begrenzten Verständnis der Fotografie« resultiere,[64] während die traditionelle Fotografie die Fähigkeit besitze, wie eine echte Welt anzumuten. Das ist ein durchaus überraschendes Eingeständnis in einem Werk, das – wie auch jenes von Manovich – den Tod des statischen Bildes propagiert, der auf den technischen Wandel zurückzuführen ist und durch den das »fotografische Paradigma« überwunden wird. Kurz gefasst betonen Hoelzl und Marie: »Was eine solide Repräsentation einer soliden Welt sein sollte, die auf dem Prinzip der geometrischen Projektion (unser Betriebsmodus seit Jahrhunderten) basiert, ein *hard image* sozusagen, offenbart sich als etwas ganz anderes, rundum Anpassungsfähiges, das durch und durch mit der Software verschmolzen ist: ein *softimage*«.[65]

Selbstverständlich könnte man einwenden, dass die Fotografie als *hard image* doch nie ganz so »hart« oder »fest« war, man denke nur an die unterschiedlichen Abzüge, die man von ein und demselben Bildnegativ herstellen konnte. Zudem ist das Foto als *hard image* in der digitalen Kultur keineswegs verschwunden. In der Tat bleibt die Verarbeitung und Herstellung von *hard images* (am geläufigsten sind Ausdrucke) sogar aus *soften* Computeranwendungen gängige fotografische Praxis[66] – ungeachtet anhaltender Bedenken hinsichtlich der Manipulierbarkeit und Vergänglichkeit von Bildern (die auch schon angesichts der traditionellen Fotografie artikuliert wurden). Tatsächlich hat die digitale Kultur aber bereits aus dem Wesen des *softimages* heraus ein neues *hard image* geschaffen, denn was ist der Screenshot, wenn nicht eine »harte« Abbildung eines ihm zugrundeliegenden *softimages*? Hält der Screenshot nicht das im Moment unbewegte, von unseren Digitalbildschirmen erzeugte Bild fest, das (im technischen Sinne) eigentlich gar nicht unbewegt ist, sondern eine optische Illusion, die durch ein in ständiger Bewegung befindliches elektronisches Signal entsteht? Gerade weil der Screenshot so allgegenwärtig und unscheinbar ist, beweist dieses rechteckige, scharfkantige, autarke Instrument zur Abbildung fotografischer Unveränderlichkeit in neuem medialen Gewand, wie viel Härte und Festigkeit Bilder selbst in der Bildschirmgesellschaft – der »society of the screen«, von der Manovich sprach – aufweisen müssen.[67]

Während sich Hoelzl und Marie in ihrer Auseinandersetzung mit der Terminologie des Ausschnitts dem Verhältnis von Unveränderlichkeit *(fixity)* und Beweglichkeit *(flux)*, *hard photographs* und *softimages* widmen, schlagen Sarah Kember und Joanna Zylinska vor, von einem »differenzierenden Schneiden« *(differential cutting)* oder »guten Schneiden« *(cutting well)* zu sprechen. Zum einen bieten sie eine alternative Sichtweise auf die *flux/fixity*-Dichotomie, die Pole von Beweglichkeit und Unveränderlichkeit, indem sie Medialisierung in Anlehnung an eine philosophische Tradition definieren, in der die Beziehungen zwischen Mensch und Technik als lebendige und notwendige Prozesse von Werden, Hervorbringen und Schöpfen herausgestellt werden (insbesondere durch Henri Bergson, Gilles Deleuze und bis zu einem gewissen Grad auch Martin Heidegger): »Die Medialisierung ist der ursprüngliche Prozess der Medienentstehung, wobei einzelne Medien als (kontinuierliche) Stabilisierung des Medienflusses angesehen werden […] Die Medien müssen jeweils als Inszenierungen von Technik *(tékhne)* oder als temporäre Fixierungen *(fixings)* von technologischen und anderen Formen des Werdens wahrgenommen werden.«[68]

Die Unterscheidung von Unveränderlichkeit und Beweglichkeit ist somit falsch konzipiert, wenn sie die spezifischen Gegensätze von Medien (Fotografie/Bewegtbild), Medientechnologien (analog/digital) oder Medienzeitalter (alt/neu) isomorph überlagert: Es gibt Medialisierung und dabei historisch, technisch und kulturell jeweils unterschiedliche Ausprägungen davon in Form bestimmter Medien, Genres und Artefakte. Zum anderen aber werden diese Fixierungen (fixings) zwangsläufig von Unregelmäßigkeiten und Unterbrechungen in den Medialisierungsprozessen begleitet, die von den Autorinnen als Schneiden (cutting) oder Schnitt (cut) bezeichnet werden. Zwar ist das Schneiden bei sämtlichen Medialisierungspraktiken gebräuchlich – nicht nur in der Fotografie, sondern auch in der Filmproduktion, in der Bildhauerei, beim Schreiben oder bei jeder anderen technischen Praxis. Immerhin wird dabei jeweils Material transformiert und gestaltet und Zeitlichkeit reguliert. Kember und Zylinska legen allerdings nahe, dass die Fotografie dafür ein besonders gutes Beispiel darstellt. Das Schneiden oder Ausschneiden ist also nicht nur spezifisch für ein bestimmtes Medium oder eine sozialhistorische Praxis – und insofern werden digitale softimages ebenfalls [aus]geschnitten, da sie Material und Zeit organisieren, wenn auch möglicherweise auf eine andere Art als Fotografien das tun. Dem Schneiden sind dabei sowohl ontologische als auch ethische Dimensionen zu eigen: Es unterteilt den Lauf der Welt in Einheiten, aber es handelt sich auch um »einen Akt der Entscheidung im Hinblick darauf, wo die Grenzen dieser Einheiten liegen«.[69]

Durch die Kluft zwischen Fotografien als Medienobjekten und der Fotografie als Praxis einer Medialisierung, die das Vergehen der Zeit erfassen will, aber daran scheitert, wird ein ethischer Imperativ sichtbar. Er beinhaltet die Forderung, bei Bedarf Schnitte vorzunehmen, ohne dabei die zeitliche Dauer der Dinge zu vergessen. Anstatt also auf eine Technik reduziert zu werden, welche die instabile und sich in Bewegung befindende Welt nur falsch wiedergibt, kann die Fotografie auch als helfende Hand bei der Bewältigung von Zeit und Dauer betrachtet werden.[70]

Dies ist freilich ein weniger eingeschränktes Verständnis des fotografischen Ausschnitts sowie von Medialisierung und Medien im Allgemeinen als Hoelzls und Maries Konzentration auf einen umfassenden technologischen Wandel. Und im Gegensatz zu Metz' Assoziation des fotografischen Ausschnitts mit dem Tod, mit dem gewaltsamen Herausschneiden aus der Zeitlichkeit, die sich nur vor dem Hintergrund der fortlaufenden Veränderung wahrnehmen lässt, erscheint der fotografische Ausschnitt bei Kember und Zylinska dank ihrer komplexeren Begrifflichkeit als eine geradezu ethische und poetische Errungenschaft, mit deren Hilfe wir den Lauf der Welt zu »bewältigen« vermögen.

Wenn wir den Screenshot als eine Praxis des Ausschneidens im Sinne von Kember und Zylinska betrachten, sollten wir allerdings auch noch etwas genauer auf die »Welt« eingehen, die ein derartiges Ausschneiden überhaupt erst möglich macht und sogar dazu anregt. Darüber hinaus stellt sich die Frage, wie der Screenshot dazu beitragen kann, den zeitlichen Verlauf dieser Welt zu bewältigen – und dies nicht nur im ganz praktischen Sinne eines »Organisierens«, sondern auch grundsätzlicher im Sinne eines »Beherrschens«. Wir müssen verstehen, wie der Screenshot das, was er darstellt, als weltähnlich wiedergibt, und vor allem, wie er diese Welt als etwas konstruiert und offenbart, das sich überhaupt bezeugen lässt.

Soziale Medien als Welten, die sich bezeugen lassen

Wie wir schon festgestellt haben, erfasst der Screenshot ein Bild von einem Gerät zu einem bestimmten Zeitpunkt – aber nicht vom inneren Zustand des Gerätes, sondern vom Bildschirm. Der Screenshot ist ein Bild der sogenannten Benutzeroberfläche, wo die Interaktion mit dem Nutzer stattfindet. Hier stoßen wir auf eine wichtige Einschränkung: Der Screenshot *kann* auf vielfältige Weise welterschließend sein – je nachdem, was sich bei der Aufnahme auf dem Bildschirm befindet und was dies über die Wahrnehmung, die Intentionen und Wünsche derer aussagt, die das Bild erzeugen. Doch nicht jeder Screenshot erzeugt auf die gleiche Weise einen Ausschnitt, nicht jeder Screenshot erschließt dieselbe Art von Welt. Erinnern wir uns an den eingangs behandelten Screenshot vom Tweet Donald Trumps. Das war nicht nur der Ausschnitt einer flüchtigen, sich verändernden Bildschirmlandschaft des digitalen Gerätes irgendeiner Person. Es war auch der Ausschnitt aus dem zeitlichen Fluss bei Twitter als einem System von Datenströmen, die eine Vielzahl von Geräten und Menschen miteinander verbinden. Somit macht der Screenshot mehr, als lediglich einen Moment in einem bestimmten Feed auf einem Gerät festzuhalten. Und er umfasst mehr als nur die *private* »Welt« eines einzelnen Nutzers, auf die sich aus dem zu einem bestimmten Zeitpunkt konservierten Inhalt seines Bildschirms schließen lässt.[71] Vielmehr repräsentiert der Screenshot auch Twitter selbst, also eine kollektiv genutzte Plattform, die sich durch ihre Reichweite und zahlreichen Verknüpfungen permanent verändert. Der Screenshot fängt demnach nicht nur den Tweet ein, sondern hält gleichzeitig das umfassende Treiben auf Twitter als einer Welt fest, die sich bezeugen lässt. Der Screenshot macht den Tweet zugleich zu einer Botschaft innerhalb dieser und über diese Welt.

Doch was bedeutet *bezeugbar*, wie lässt sich eine Welt bezeugen? Der Medienhistoriker John Durham Peters sprach in diesem Zusammenhang von »zwei Seiten« der Zeugenschaft, nämlich einerseits einer »Erfahrung«, die andererseits in einen »Diskurs« für diejenigen umgewandelt werden muss, die bei einem Ereignis räumlich oder zeitlich nicht anwesend waren. So macht erst die Möglichkeit, bei einem Ereignis absolut »abwesend« zu sein, ein Bezeugen sowohl möglich als auch notwendig: »Bei einer Zeugenaussage handelt es sich um den Diskurs eines anderen, dessen Universum aus Referenzen und Bezügen von meinem eigenen abweicht.«[72] Der raum-zeitliche Rahmen eines solchen »Universums von Referenzen und Bezügen« muss jedoch zweierlei unmöglich machen: zum einen die Umkehrbarkeit der Zeit und zum anderen die Gleichzeitigkeit vollkommen identischer Punkte im Raum. Wenn die Welt, in der wir leben, es mir erlauben würde, zeitlich und räumlich genau die gleiche Position wie eine andere Person einzunehmen, dann wäre eine Zeugenschaft überflüssig. Etwas zu bezeugen heißt, diese *Nicht-Identität*, also die Unterscheidung des eigenen Standorts von den Standorten der anderen, zu einer Konstante der bezeugten Welt zu machen – das ist eine grundlegende Struktur, die von allen, die zu dieser Welt gehören, geteilt und mutmaßlich auch erkannt wird. Solche bezeugbaren Welten ähneln somit den zeitlichen und räumlichen Strukturen der physischen Existenz. Aufgrund der Nicht-Übereinstimmung mit anderen fungiert die Zeugenschaft als kommunikative Praxis, die – wenn auch nie vollständig, sondern nur unvollkommen – unterschiedliche Positionen miteinander verbindet.

Soziale Netzwerksysteme stellen erlebbare und bezeugbare Welten dar, da sie diese kommunikative Praxis über nicht-identische Orte hinweg ermöglichen. Kommunikation in den Sozialen Medien erfolgt über »beständige Kanäle« *(persistent channels)*, die permanent verfügbar sind. Damit ist nicht gemeint, dass der Kanal nur zur Verfügung steht, sobald ein Nutzer dies wünscht, sondern dass er auch dann in Betrieb ist, wenn ein einzelner Nutzer nicht online oder aktiv ist. Diese permanente Verfügbarkeit der Kommunikationskanäle wird in den Sozialen Medien durch Indikatoren sichtbar gemacht, die auf unsere Präsenz in den Netzwerken verweisen – zum Beispiel indem unser Verbindungsstatus stets und in Echtzeit angezeigt wird. Wir erfahren also die Dauerverfügbarkeit des Kanals durch Marker, die sowohl unsere Anwesenheit als auch unsere Abwesenheit sichtbar machen. Andere können sehen, wenn ich auf Facebook online (oder eben offline) bin oder wann ich bei WhatsApp etwas zuletzt gelesen habe. Auch Metadaten stellen solche Marker dar, ist doch erkennbar, wann einzelne Posts und die Antworten darauf verfasst wurden.

Die fortdauernde Verfügbarkeit von Social-Media-Plattformen ermöglicht eine gemeinsame Zeiterfahrung (einschließlich der gleichzeitigen Existenz in der Zeit), die Unterscheidung von Zeitabschnitten mit linearer Chronologie sowie die Unterteilung in die wesentlichen Zeitformen Vergangenheit, Gegenwart und Zukunft. Diese Merkmale entsprechen den zeitlichen Strukturen der Offline-Welt, wenngleich sie diese nicht vollständig simulieren. Außerdem nähern sie sich einem traditionellen Aspekt der Live-Übertragung an: Soziale Medien sind insofern live, als sie parallel zur Echtzeit bestehen und sich verändern. Das zeitliche Gefüge Sozialer Medien unterscheidet sich in wichtigen Punkten jedoch auch vom Live-Charakter traditioneller Massenmedien wie dem Radio und Fernsehen. So geht das »Live« der Sozialen Medien nicht mit der kollektiven Erfahrung von zentral produzierten und autorisierten Inhalten einher, die potenziell alle Mitglieder einer Gesellschaft gemeinsam empfangen können und dies auch gelegentlich tun (zum Beispiel bei Fußballspielen); vielmehr hat man es mit einem zum Teil höchst unterschiedlichen Erleben der vermeintlich selben Inhalte zu tun, abhängig von den Eigenschaften des jeweiligen Netzwerks der einzelnen Teilnehmer und den Algorithmen, die ihren personalisierten Profilen zugrunde liegen. Der Kommunikationswissenschaftler Nick Couldry spricht daher von einem »gruppenbezogenen Live« *(group liveness)*,[73] das stark von den semi-koordinierten individuellen Netz-Praktiken – dem Posten, Hochladen, Weiterleiten und Reagieren –, aber auch von der Verbreitung durch technisch vermittelte Verbindungen zwischen den Teilnehmern abhängig ist, die sowohl Anwesenheit als auch Abwesenheit der Beteiligten des Systems registrieren. Diese fortwährenden Praktiken – wie Trumps »covfefe«-Tweet – erzeugen die Ereignisse in den Sozialen Medien und machen ihr Erleben möglich. Und solche Ereignisse lassen sich durch Screenshots bezeugen, denn es könnte ja sein, dass ich sie nicht miterlebe, ja, dass ich sie verpasse, weil ich im Moment des Geschehens zufällig gerade nicht auf Twitter oder Facebook aktiv bin.

Da die Sozialen Medien eine kontinuierlich erleb- und damit bezeugbare Welt herstellen, bieten sie auch einen gemeinsamen Erlebnisraum, der als virtueller Ersatz für das Gemeinschaftsempfinden im physischen Raum dient. Genauso wie im physischen Raum können wir auch den Raum der Sozialen Medien gemeinsam nutzen, jedoch nicht zur gleichen Zeit identische Punkte dieses Raumes belegen: Jeder ist ein fester Körper an einer bestimmten Stelle – und ich kann mich nicht an exakt der gleichen Stelle aufhalten, es sei denn, ich bringe einen anderen dazu, sich wegzubewegen. Aufgrund der Verschiedenartigkeit Sozialer Netzwerke und der je eigenen Geschichten und Perspektiven der Nutzer verhält es sich etwa bei Facebook ganz ähnlich: Verschiedene Nutzer verwenden die Plattform zwar gemeinschaftlich, aber innerhalb der Plattform können sie sich nicht an derselben Stelle befinden. Der Raum solcher Sozialen Netzwerke ist vielgestaltig: Es gibt unzählige Orte, an denen ich nicht sein werde, während dort etwas gepostet wird. Nochmal: Genau dies schafft immer wieder Anlässe dafür, etwas mit Hilfe von Werkzeugen wie dem Screenshot zu bezeugen. Mit Screenshots können Ereignisse in den Sozialen Netzwerken für all diejenigen dokumentiert werden, die jeweils nicht »anwesend« waren.

Diese zeitlichen und räumlichen Merkmale Sozialer Netzwerksysteme machen sie zu bezeugbaren Welten: fortwährenden gemeinsamen Erfahrungsräumen, in denen man anwesend oder abwesend sein kann. Worin besteht nun aber Zeugenschaft in den Sozialen Medien – und warum ist der Screenshot dabei so bedeutsam? Zeugenschaft abzulegen bedeutet, etwas zum »Ereignis« zu deklarieren, das in einem bestimmten Moment auf dem Bildschirm meines Gerätes erscheint und das auf die Bildschirme anderer übermittelt werden kann oder soll. Unabhängig davon, ob es sich dabei um etwas handelt, das ich selbst poste, oder um etwas, das ich in meinem Feed sehe: Das »Wann und Wo« des Ereignisses in Zeit und Raum »passiert« auf meinem Bildschirm.

Die Idee dieser bildschirmbasierten Ereignishaftigkeit knüpft an eine wichtige Unterscheidung an, die im Diskurs über die Bezeugung als Kulturtechnik häufig angeführt wird, verkompliziert sie aber auch. Ich meine die Unterscheidung zwischen einer auf Beobachtung basierten Zeugenschaft, die darauf abzielt, anderen detailliert, präzise und »objektiv« Bericht zu erstatten, und einer auf Empfindung basierten Zeugenschaft, bei der die emotionale Intensität des subjektiven Erlebens sowie die absolute Unmöglichkeit einer adäquaten Darstellung dieser Erfahrung als Diskurs betont wird. In einem wichtigen Diskussionsbeitrag zur Entstehung von Zeugenschaft im Kontext moderner Kriegführung hat sich der Philosoph Yuval Noah Harari[74] mit diesen beiden Formen beschäftigt. Die Erstere, die vermeintlich objektive Bezeugung oder Berichterstattung, nennt er recht konventionell »Augenzeugenschaft« *(eye-witnessing)* (ich war dabei, das habe ich gesehen, nun weißt du es). Die Bezeugung des subjektiven Erlebens nennt er hingegen (im Sinne von: etwas am eigenen Leib zu erfahren) »Leibzeugenschaft« *(flesh-witnessing)* (ich war dabei, das habe ich empfunden, aber das wirst du nie genau wissen).

Während sich beide Formen von Zeugenschaft durch Screenshots ausdrücken lassen, konfrontieren uns Screenshots von Sozialen Medien darüber hinaus mit einer dritten Form der Zeugenschaft. Sie entstand mit der Herausbildung moderner visueller und audiovisueller Medien: Ich nenne sie »Welt-Zeugenschaft« und meine damit, dass heutige Medien nicht nur durch die Vermittlung »objektiver« Informationen oder »subjektiver« Erfahrungen etwas bezeugen, sondern auch dadurch, dass sie zugleich und ganz selbstverständlich reale Welten vergegenwärtigen – oder zumindest solche Welten, die von den Betrachtern *allgemein* als real *interpretiert* werden. Der Screenshot stellt das Soziale Netzwerk als tatsächlich erleb- und bezeugbare Welt dar, die nicht nur im übertragenen Sinne, sondern ganz direkt mit der physischen Welt verbunden ist. Der Screenshot präsentiert sich als Spur dieser Welt, während sie sich entfaltet und als Bildschirmlandschaft Gestalt annimmt. Der Screenshot unterscheidet sich nicht gegenüber dem, was in seinem Bildraum erscheint, dabei imitiert er den »referentiellen Überschuss« *(referential excess)* – John Berger sprach von »schwacher Intentionalität« *(weak intentionality)* – des analogen Fotos. Das heißt, es befindet sich immer mehr im Bild als ursprünglich gewollt; es gibt immer Details, die in keinerlei Zusammenhang mit der Intention des Fotografen stehen, aber doch aussagekräftig und interpretierbar sind. Das gilt auch für den Screenshot: Erinnern wir uns an Trumps »covfefe«-Tweet, wo der Screenshot nicht nur den Tweet selbst, sondern auch die zunächst irrelevanten Details auf der Twitter-Oberfläche zeigt. Zugleich präsentiert er einen spezifischen Blickwinkel auf diese Welt: Was auf *meinem* Bildschirm – in *meinen* Twitter- oder Facebook-Feeds – erscheint, ist nicht identisch mit dem, was auf *anderen* Bildschirmen oder Feeds angezeigt wird. Somit ist der Screenshot als Instrument für Zeugenschaft nicht einfach nur eine Technik zur Aufzeichnung oder Konservierung. Vielmehr ist er ein Dokument, dem die Einsicht zugrunde liegt, dass unsere eigene Bildschirmlandschaft, unsere gerätespezifische Interaktion mit den Sozialen Medien als einer bevölkerten Welt auf anderen Bildschirmen erhalten und verbreitet werden sollte. Daher ist der Screenshot eine Technik, mit der man gute (aber auch schlechte) Ausschnitte einer Welt erstellen kann, die sich stets in Aktion und im Wandel befindet.

»Melde dich bei mir, mein Liebling«

Die tiefgreifenden ethischen und ontologischen Herausforderungen sowohl des Screenshots als eines Instruments zur Welterschließung wie auch der Sozialen Medien als erleb- und bezeugbarer Welten, die untrennbar und grundsätzlich mit der physischen Existenz in Raum und Zeit verknüpft sind, treten besonders deutlich in extremen Krisenmomenten oder »Grenzsituationen« zutage – in jenen potenziell lebensentscheidenden Augenblicken, in denen die Bedingungen und Umstände unserer digitalen Existenz »wesentlich erfahrbar sind und unsere Sicherheit erschüttert wird«,[75] ja, in denen sich die Verletzlichkeit des Lebens unerträglich bemerkbar macht.

Die Abbildung # 3 zeigt die Titelseite der Printausgabe von *Yedioth Ahronoth*, einer der auflagenstärksten hebräischen Tageszeitungen Israels, vom Montag, den 9. Januar 2017.

Im Leitartikel geht es um einen Vorfall vom Tag zuvor. Ein palästinensischer Autofahrer war mit seinem Lieferwagen in eine Gruppe von Soldatinnen und Soldaten gefahren, die gerade an einer beliebten Promenade in Jerusalem aus dem Bus stiegen. Dabei wurden vier von ihnen getötet. Statt einer regulären Überschrift wird die gesamte obere Hälfte der Seite durch einen Screenshot vom Smartphone der Mutter einer der getöteten Soldatinnen, Shir Hajaj, eingenommen. Der Screenshot zeigt ihren WhatsApp-Messenger und – wie die Bildunterschrift informiert – »die letzte Nachricht von Shirs Mutter an ihre Tochter«. Die Textzeilen in diesem Screenshot beginnen mit dem Namen der kontaktierten Person, darunter der Name »Shiri«, mit ihrem WhatsApp-Profilbild und der –

#3 Titelseite der Printausgabe von Yedioth Ahronoth vom 9.1.2017

jedem, der diese App benutzt, wohlbekannten – Statusinformation: »Zuletzt gesehen heute um 12:39 Uhr«.[76] Darauf folgen zwei Nachrichten, die zugleich die Hauptüberschrift bilden:

> Shiri, melde dich dringend bei mir 13:47
> Mein Liebling [wörtlich: »Mein Leben«],
> melde dich bei mir 16:46

Hinter beiden Zeilen sind zwei graue Häkchen zu sehen.

Dieser Screenshot ist nichts weniger als das, was Barbie Zelizer ein *about to die*-Bild nannte[77] – ein Foto kurz vor dem Tod. Dabei handelt es sich um ein Genre, das sich traditionell auf die Fotografie bezieht und zwischen dem Foto als Beweismittel – dem »es ist so gewesen« – und dem Foto als Möglichkeitsraum – dem »so könnte es gewesen sein« – pendelt. Der Screenshot ist poetisch im Sinne von Roman Jakobson,[78] da er die materielle Greifbarkeit von Zeichen hervorhebt, jedoch auch im Sinne von Giorgio Agambens[79] Verständnis von *Poesis* als einer Offenbarung und Enthüllung, die unerwartet (und gewaltsam) mit den Bedingungen der Existenz konfrontiert. Die poetische Kraft des Screenshots in *Yedioth Ahronoth* beruht zum Teil auf der tragischen Ironie einer alltäglichen Redewendung. »Mein Leben« – im Hebräischen ein gebräuchlicher Kosename in bestimmten sozialen Gruppen, insbesondere zwischen Eltern und Kindern – bekommt hier eine erschreckend wörtliche Bedeutung – und wird zur Frage: Du bist mein Leben, aber bist du denn auch am Leben? Ein Großteil der poetischen Kraft entsteht jedoch durch die im

Screenshot sichtbaren üblichen Social-Media-Anwendungen und Funktionsweisen, wie beispielsweise die Statusanzeigen – und ihre plötzlich ganz andere Bedeutung. Die Wendung »zuletzt gesehen« sowie der Ausdruck »heute« anstelle eines einfachen Datums beschwören eine gemeinsam erlebte Zeit, nur um sie in den grausamen Abgrund der unwiederbringlichen Vergangenheit zu stoßen.[80]

Vor allem die beiden erkennbaren Häkchen und ihre verräterische graue Farbe zeigen, dass die Nachricht zwar gesendet, jedoch über die App nicht gelesen wurde – sonst wären die Häkchen blau –, weil der Empfänger entweder nicht mehr online oder nicht mehr am Leben ist, sodass diese Zeilen ihren Adressaten nie erreichen werden.[81] Die durch den Ausschnitt des Screenshots aus dem Verlauf der WhatsApp-Oberfläche übernommenen, ganz gewöhnlichen Zeichen sozialer Kommunikation, die normalerweise Auskunft darüber geben, dass das System funktioniert, werden plötzlich zu etwas weitaus Ernsterem. Unerhebliche Details, zufällige Marginalien, die den Hauptinhalt der Nachricht der Mutter begleiten, sowie die beiden Häkchen in der falschen Farbe erzeugen ein bedrohliches Störgeräusch im sonst geräuschlosen Funktionieren des Kommunikationskanals.[82] Die Häkchen sind wie eine Wunde; sie markieren die Oberfläche des Sozialen Netzwerks als einen Ort von Leben und Tod, was den Betrachter wie mit einer scharfen Klinge trifft. Diese Häkchen sind das zufällige Element, das – in den berühmten Worten von Roland Barthes – »wie ein Pfeil aus seinem Zusammenhang hervor[schießt], um mich zu durchbohren«.[83] Sie bilden das *punctum* des Screenshots.[84] Dieser ist in vielerlei Hinsicht ein *hard image*, etwa deshalb, weil er »*mich besticht* (mich aber auch verwundet, trifft)«.[85] Hart ist er aber auch, weil er nicht nur den ständigen Fluss »weicher« digitaler Prozesse, sondern ebenso den Abbruch der Verbindung innerhalb der von ihm dargestellten vermittelten Welt festhält. Er macht die »große Unterbrechung« *(grand interruption)* durch den Tod sichtbar.[86] Der Screenshot ist schließlich auch *hart*, weil er nicht nur die vermittelte Welt vergegenwärtigt, sondern zugleich die Zerstörung ganzer Welten offenbart: etwa jener von Shir und ihrer Mutter.[87]

Zweifellos gibt es biografische Faktoren oder andere Kontexte, die die besondere emotionale Resonanz einzelner Betrachter auf diese Häkchen und diesen Screenshot erklären: die kulturelle Nähe zu den Getöteten, ein weit verbreiteter (wenngleich keineswegs singulärer) israelischer Diskurs, der Soldaten als »unsere Kinder« begreift, oder eine Affinität für die Elternrolle von Shirs Mutter. Menschen, die weniger persönlich betroffen sind oder gar auf der anderen Seite des israelisch-palästinensischen Konflikts stehen, mögen etwas ganz anderes empfinden. Obwohl sich die affektive Intensität dieses speziellen Screenshots nicht verallgemeinern lässt, verleiht ihm seine Funktion als eine Art Dokument sowie als Fotografie in neuer medialer Gestalt welterschließende – und weltzerstörende – Kraft. Digitale Netzwerke und Geräte haben sich verbreitet, und wir haben uns daran gewöhnt, dass sie unser Leben durchdringen und dass die alltäglichen Interaktionen und Körperbewegungen in Echtzeit wahrgenommen werden können. Das führt dazu, dass Symbole wie die Häkchen – auf einem Screenshot ins Bild gefasst – nicht mehr einfach nur Kürzel für die Übertragung von Nachrichten oder die Erfüllung von Aufgaben darstellen: Sie spielen nunmehr die existenzielle Rolle von »Lebensindikatoren« oder sind, um einen passenden Ausdruck aus der Medizin zu verwenden, »Lebenszeichen«.

W. J. T. Mitchell verwendet diesen Terminus, um für eine Berücksichtigung der »vielfachen Formen von Belebtheit oder Vitalität« zu plädieren, »die Bildern zugeschrieben werden [...] und die sie zu ›Lebenszeichen‹ machen«. »Damit meine ich, dass sie nicht bloß als Lebenszeichen *für* Lebewesen fungieren, sondern dass sie vielmehr *als* Lebewesen auftreten.«[88] Die Häkchen in diesem Screenshot sind aber noch in zwei weiteren sich überschneidenden Hinsichten lebendig. Sie sind Zeichen *des Lebens an sich* als einem (fragilen, endlichen) Zustand, der durch technische Infrastrukturen und kulturelle Konventionen gekennzeichnet ist, die unsere permanente Anwesenheit suggerieren. Und sie sind lebendig, wie auch einige unserer Organe lebendig sind: Sie sind notwendig und entscheidend für das Funktionieren eines Organismus. Darüber hinaus stehen die Häkchen für eine allgemeinere Kategorie von Lebenszeichen, zu denen alle multisensorischen Zeichen unserer elektronischen Geräte gehören, die den Verbindungsstatus anzeigen.[89] Wir tragen diese Geräte mit uns herum, sie befinden sich dicht an unserem Körper, häufig in direktem, sinnlich wahrnehmbarem Kontakt mit unserer Kleidung oder Haut.

Stellen Sie sich Shirs Mutter vor, die nicht nur die Häkchen sieht, sondern zudem darauf wartet, dass ihr Smartphone vibriert oder durch einen Signalton meldet, dass eine Nachricht von ihrer Tochter eingegangen ist. Stellen Sie sich vor, wie aufgewühlt, hoffnungsvoll, enttäuscht, zunehmend panisch, voller Verzweiflung sie auf andere Nachrichten reagiert –

sowohl vom Gerät selbst (zum Beispiel wegen einer Terminerinnerung) als auch von anderen Menschen (von denen einige möglicherweise ihre wachsende Sorge teilen) –, die ihre Aufmerksamkeit erregen, während sie auf eine Antwort von Shir wartet. Stellen Sie sich vor, wie sie möglicherweise ein »Phantom-Vibrationssyndrom« entwickelt – die irrtümliche Wahrnehmung einer Vibration, die gar nicht existiert –, während sie immer länger und schließlich endlos auf jenes eine Zeichen wartet, das für sie wirklich lebendig, von lebenswichtiger Bedeutung ist: eine Antwort von Shir.

Die Lebenszeichen unserer Digitalgeräte als nahezu permanenter Begleiter *vergegenwärtigen* andere Menschen intensiver als vielleicht jemals zuvor. Tragischerweise steht die Lebendigkeit dieser Zeichen meist nur dann im Vordergrund, wenn es – wie in diesem Beispiel – zu einem Verbindungsabbruch kommt. Dass der Screenshot diesen Zustand erfasst und bezeugt, beweist, wie eng Soziale Medien und mobile Kommunikationstechnologien mit unserer Existenz verflochten sind. Daher sind sie weit mehr als bloß neue Infrastrukturen für die Verbreitung von Nachrichten oder die Pflege sozialer Beziehungen. In ihnen werden Leben und Tod vermittelt, erlebt, bezeugt und offengelegt. Denn wenn wir, wie Mark Deuze argumentiert, heute »in« den Medien leben und nicht nur mit ihnen, so sterben wir demzufolge auch darin. Wir loggen uns rittlings über dem Grabe ein. Der Tag erglänzt einen Augenblick und dann von neuem die Nacht.[90]

Anmerkungen

1. Richard Lanham 1993.
2. Der Verzicht auf Legenden scheint sich in vielen Nachrichtenredaktionen durchgesetzt zu haben, wenngleich es Ausnahmen gibt. In einem ebenfalls am 31. Mai 2017 in der *New York Times* veröffentlichten Artikel war ein Screenshot von Trumps Tweet beschriftet mit: »An image of President Trump's Twitter account«.
3. Lev Manovich 2013, S. 33–34.
4. Siehe dazu die Betrachtungen von Marshall Berman 1983 und Stephen Kern 1983 sowie die spätere Arbeit von Zygmunt Bauman 2003 zum zusehends »verflüssigten« *(liquid)* Charakters des modernen Gesellschaftslebens.
5. Raymond Williams 1990 [1975].
6. Die offensichtlich unbekümmerte Assoziation von Atomen mit Beständigkeit dürfte unter Physikern ebenfalls gewisse Verwunderung auslösen.
7. Lisa Gitelman 2014.
8. David M. Levy 2001, S. 37.
9. Lev Manovich 2013, S. 33.
10. Michael Buckland 1998.
11. Helena Francke 2005; Niels Windfeld Lund 2010.
12. Michael Buckland 2014, S. 180.
13. Ebd.
14. Suzanne Briet 2006 [1951].
15. Eine detaillierte Beschreibung von Briets Stellung innerhalb des europäischen Diskurses über Dokumentation sowie ihres Antilopen-Beispiels findet sich in Ronald E. Day 2001, Kap. 2, insbes. S. 21–35.
16. Michael Buckland 1998.

17 Michael Buckland 2014, S. 192.
18 Buckland beendet beispielsweise seine Abhandlung über die zeitgenössische »Dokumentalität« mit der allgemeinen Behauptung: »Wir stellen fest, dass ein gemeinsames Merkmal von Dokumenten sowohl im konventionellen als auch im erweiterten Sinne darin besteht, dass sie eine Art Code aufweisen« (Michael Buckland 2014, S. 185). Im Gegensatz dazu steht im Zentrum von Gitelmans Analyse, dass Dokumente historisch immer wieder als eine Gattung von Beweismitteln angesehen wurden. Es sollte hier wiederholt werden, dass der sich verstärkende Zwang zu einer großdimensionierten organisatorischen Koordination in modernen Gesellschaften – insbesondere der Aufstieg von staatlichen und kommerziellen Bürokratien – die soziale und politische Bedeutung von Dokumenten sowie ihre Allgegenwart und zugleich Unsichtbarkeit als einer eigenen Kulturform befördert hat. Bei Matthew S. Hull (2012) findet sich eine nützliche Analyse der Bedeutung von Dokumenten nicht nur als bürokratischen Instrumenten, sondern vor allem auch als Mitteln, die dazu dienen, dass bürokratische Organisationen zusammenhalten, funktionieren und fortbestehen können.
19 Lisa Gitelman 2014, S. 1. Briet schreibt: »Die lateinische Kultur und ihre Erben haben dem Wort ›Dokument‹ von Anfang an die Bedeutung von Belehrung oder Beweis verliehen. [...] Ein zeitgenössischer Bibliograf, der sich um Klarheit bemüht, hat diese kurze Definition vorgeschlagen: ›Ein Dokument ist ein Beweis für eine Tatsache‹« (Suzanne Briet 2006 [1951], S. 9).
20 Seymour Benjamin Chatman 1978, S. 147. Gérard Genette (1982, S. 127–144) wird hauptsächlich genannt, wenn es um die Wiedereinführung der platonischen und aristotelischen

Definitionen von »Diegesis« (erzählende Darstellung, in ihrer einfachsten Form durch die Stimme eines einzelnen Erzählers) und »Mimesis« (nachahmende Darstellung ohne die Stimme des Erzählers) in die moderne Literaturtheorie geht, die üblicherweise herangezogen werden, um die Unterscheidung zwischen narrativen und dramatischen Genres zu untermauern. Dieselben Definitionen und Unterscheidungen finden sich auch im Gegensatz von Zeigen und Sprechen wieder, der im Lauf des 20. Jahrhunderts entwickelt wurde (siehe Gérard Genette 1980, S. 160; Wayne C. Booth 1983, insbes. Kap. 1 (dt. Wayne C. Booth 1974, S. 11 ff.) sowie S. 438, Anm. 16; siehe auch Shlomith Rimmon-Kenan 2002, S. 110). Einige Wissenschaftler, darunter auch Genette selbst, warnen allerdings vor der Lektüre der originalen platonischen und aristotelischen Quellen, da sie eine strenge und (vor)schnelle Unterscheidung zwischen Diegesis und Mimesis als Kategorien der Narration und Darstellung vornehmen.

21 Lisa Gitelman 2014, S. 2.
22 Steve Neale 1990, S. 49.
23 Die Verbindung von Erkennen und Zeigen lässt sich – im Fall des Screenshots, aber auch im Fall von vielen anderen Unterformen des Genres »Dokument« – auf technisch-bürokratische Vorgänge wie das Speichern und Ablegen einerseits und das Verbreiten/Anzeigen andererseits übertragen.
24 Bei Smartphones und Tablets wird deutlich, dass der streng rechteckige Rahmen wichtiger ist als die originalgetreue Wiedergabe des gesamten Displays, da einige Geräte Displays mit abgerundeten Ecken besitzen.
25 Johanna Drucker 2014, S. 71. Drucker benennt drei »grundlegende grafische Prinzipien« visueller Zeichensysteme: »die Strukturierung einer Oberfläche (indem ein Bereich so abgetrennt wird,

dass er von Bedeutung ist), die Unterscheidung von Figur und Hintergrund (als Elemente eines Wechselverhältnisses in einem grafischen Feld) und die Abgrenzung des Bereichs visueller Elemente, die damit als relationales System fungieren (Rahmung oder In-Bezug-Setzen hinsichtlich einer gemeinsamen Referenz)« (ebd.). Während die Rahmung bei Drucker lediglich als Beispiel für das dritte Prinzip erwähnt wird, ist es hier für alle drei relevant.

26 Gunther R. Kress/Theo van Leeuwen 2004, S. 214–218.
27 Die Geschichte des Rahmens als Element und Metapher in der westlichen Bildkultur ist lang und komplex. Bei Anne Friedberg 2006 findet sich eine umfangreiche Darstellung einschließlich digitaler Kontexte; bei Paul Frosh 2011 geht es um die Verbindungen zwischen visuellen Rahmen und der Rahmung als einem Konzept der Kommunikationsforschung.
28 Leon Battista Alberti 2000, S. 225.
29 Derrida argumentiert, dass der Rahmen (den er als Parergon identifiziert, wie Kant scheinbare Bei- oder Nebenwerke der Kunst bezeichnet) nicht nur eine Darstellung ermöglicht, sondern dann die stärkste Wirkung entfaltet, wenn er am wenigsten sichtbar ist: »Es gibt immer eine Form vor einem Hintergrund, aber das Parergon ist eine Form, deren traditionelle Bestimmung es ist, sich nicht abzuheben, sondern zu verschwinden, zu versinken, zu verblassen, in dem Augenblick zu zerfließen, wo es seine größte Energie entfaltet.« (Jacques Derrida 1992, S. 82.)
30 Siehe Yuk Hui 2012 hinsichtlich einer Erörterung über digitale Objekte im Verhältnis zu philosophischen – insbesondere phänomenologischen – Konzeptualisierungen natürlicher und technischer Objekte.
31 Dies bedeutet selbstverständlich nicht, dass die Datei das Dokument ist. Auch wenn es praktisch für mich ist, mir die Datei

dieses Texts als den Text vorzustellen: »Aber es ist der Text in einem sinnvollen und nützlichen Sinne, nur weil und solange ich mit einer technischen Umgebung rechnen kann, die meinen Laptop, Microsoft Word und einen Drucker umfasst, so dass ich auf einem Bildschirm und auf Papier verständliche Zeichen erkennen kann. Ist die Datei unter solchen Umständen wirklich ›das Dokument‹? Oder sollte ich sagen, dass das Dokument aus der Datei und der erforderlichen technischen Umgebung besteht? Oder muss ich auch die erforderlichen wahrnehmbaren Formen einbeziehen?« (David M. Levy 2001, S. 157).

32 Lisa Gitelman 2014, S. 2.
33 Geoffrey Nunberg 1996, S. 110.
34 Ebd., S. 117.
35 Nunbergs Beschreibung der Fragmentierbarkeit von Informationen schwingt auch in einem anderen von Manovich entwickelten Konzept mit. So geht es in seinem früheren Werk *The Language of New Media* (2001) um den fraktalen beziehungsweise modularen Charakter neuer Medienobjekte.
36 David M. Levy 2001, S. 23.
37 Während der Arbeit am vorliegenden Buch wurden sowohl von Snapchat als auch von Instagram Funktionen eingeführt, die den Sender eines privaten Fotos benachrichtigen, wenn der Empfänger einen Screenshot davon anfertigt. Snapchat-Entwickler scheinen also ein technisches Katz-und-Maus-Spiel mit Nutzern zu veranstalten, die mit Hilfe von Screenshots Bilder und Videos speichern wollen, die eigentlich vergänglich sind. Siehe zum Beispiel https://www.techadvisor.co.uk/how-to/social-networks/how-screen-shot-on-snapchat-without-them-knowing-2017-3634217/. Vielen Dank an Tomer Frosh für diesen Hinweis.

38 Jay David Bolter/Richard Grusin 1999.
39 Eine ausführliche und wichtige Erörterung der Remediation findet sich in Sarah Kember/Joanna Zylinska 2012, Kap. 1.
40 Susan Sontag 1980, S. 11.
41 Sontag gehört freilich zu denjenigen, deren Skepsis in den zitierten Passagen durch distanzierende Formulierungen wie »scheint so« und »gilt als etwas« zum Ausdruck kommt.
42 Martha Rosler 1989; Derrick Price 1997.
43 Don Slater 1995.
44 Slater beschreibt, wie drei Formen von Realismus, die seit dem 19. Jahrhundert als epistemische Grundlage der Fotografie fungieren, eine Schnittmenge bilden und sich damit wechselseitig verstärken: 1. Der gegenständliche Realismus betont die (Über-)Erfüllung der Konventionen und Realismus-Standards anderer Kunstgattungen, insbesondere der Malerei, durch die Fotografie. 2. Der ontologische Realismus betont die Notwendigkeit der realen Präsenz des dargestellten Objektes in einem bestimmten Moment vor der Kamera sowie »die Annahme einer einzigartigen und privilegierten Beziehung zwischen Zeichen und Bezeichnetem« (ebd., S. 222) – eine Annahme, die andere Wissenschaftler (und auch ich) mit Hilfe des Konzepts der Indexikalität erörtert haben. 3. Der mechanistische Realismus, der die Erzeugung von Bildern mittels eines mechanisierten, scheinbar unpersönlichen und stark automatisierten Prozesses in den Vordergrund stellt.
45 Cara A. Finnegan 2001, S. 135. Finnegan bezieht sich in ihrer Erörterung des naturalistischen Enthymems auf Slaters oben erwähnte drei Realismen der Fotografie (ebd., S. 142).
46 Damien Smith Pfister/Carly S. Woods 2016, S. 250.
47 André Bazin 1980, S. 242.
48 Michelle Henning 2018 stellt die Beschreibung der Fotografie als

Medium der Unbewegtheit und Unveränderlichkeit in Frage und kritisiert die Dominanz dieser Auffassung in der Fototheorie. Stattdessen charakterisiert sie die Fotografie als Quelle von Bewegtheit, als Möglichkeit, Bilder dadurch freizusetzen, dass sie über unterschiedliche Oberflächen und Kontexte vervielfältigt werden. Wenn Hennings Auffassung richtig ist, bedeutet dies, dass die diskursiv-materielle Remediation von fotografischer Unbewegtheit und deren Übertragung auf eine nicht-fotografische digitale Form wie den Screenshot beachtliche rückwirkende Kraft besitzt. Dass man dem Screenshot eine vermeintliche »fotografische« Unbewegtheit zuweist, verstärkt nämlich die Überzeugung, die prä-digitale Fotografie sei ein Medium der Unveränderlichkeit.

49 Dieses Verständnis der Remediation als eines Mittels zur Übertragung von Erfahrungen, Erwartungen und Praktiken von einem Medium auf ein anderes ist Leah A. Lievrouw zu verdanken: »Menschen beteiligen sich an kommunikativen *Praktiken* oder Aktionen, bei denen zum Teil Geräte zum Einsatz kommen; Praktiken ändern sich in einem laufenden Prozess der Remediation von Interaktion, Ausdruck und kulturellen Werken.« (2014, S. 45).

50 Der Ausdruck *screen cap* ist jedoch nicht ganz synonym mit Screenshot, da sich ersterer häufig auf die Erfassung von Standbildern aus Videos bezieht, während Screenshot nur selten für Videos verwendet wird.

51 Theresa M. Senft 2008.

52 Theresa M. Senft 2015.

53 Ebd., S. 9.

54 Fotografie ganz auf die Erzeugung von referentiellen Bildern einer externen Welt zu reduzieren bedeutet eine starke Vereinfachung.

Abstraktion – die Erzeugung von Bildern, die sich nicht auf physische Objekte oder Szenen beziehen – ist seit ihren Anfängen (seit den frühen Fotogrammen oder »Sonnenbildern« von Henry Fox Talbot) Teil der Fotografie (Lyle Rexer 2013, S. 27). Obwohl die Fotografie hauptsächlich als referentielle Praktik verstanden und verwendet wurde, ist diese Betonung von »nachahmenden Bildern« (Asko Lehmuskallio 2016, S. 245) also nicht die einzige Option für ein Medium, das sich umfassender als Reihe von »Technologien zur Durchführung oder Steuerung der Erzeugung von Bildern auf sensibilisierten Oberflächen mittels Licht« definieren lässt (Patrick Maynard 1997, S. 20) und das ein breites Spektrum möglicher Ergebnisse hervorbringen kann, darunter konventionelle Fotodrucke, Fotogramme, Fotokopien, Röntgenbilder usw. So wenig somit alle Fotos referentiell sind, so sehr scheint dies jedoch auf Screenshots zuzutreffen, obwohl sie gerade nicht auf sensibilisierten Oberflächen mittels Licht erzeugt werden.

55 Francesco Casetti 2013, S. 17.
56 Selbst wenn die Web-Archivierung durch Nutzung kommerzieller Screenshot-Dienste wie Stillio automatisiert stattfindet, werden die Parameter dafür durch menschliche Entscheidungen bestimmt.
57 Stanley Cavell 1979, S. 24.
58 »Der Betrachter weiß nichts über das Off der Bilder ... und dennoch kann er nicht verhindern, sich ein Off vorzustellen, es zu halluzinieren und von der *Form dieser Leere* zu träumen. Das nicht dokumentierte, immaterielle und projizierte Off fasziniert umso mehr. [...] Das ausgeschlossene Off ist [...] für immer durch die Aufnahme, den Ausschnitt ausgeschlossen und dennoch gegenwärtig, nachgerade (hypnotisch) anziehend, es besteht als

Ausgeschlossenes weiter durch die Kraft seiner Abwesenheit, die selbst innerhalb des Rahmens spürbar wird.« (Christian Metz 1985 in Herta Wolf 2003, S. 222–223 [Hervorhebung im Original]).
59 Christian Metz 1985, S. 84.
60 Zum Teil ist es die Gewaltsamkeit dieses Stillstands – eine Gewaltsamkeit, die den Blick des Betrachters ins Off und zum Ort der Abwesenheit lenkt –, was Metz dazu veranlasst, das Foto als Fetisch zu konzeptualisieren.
61 Ingrid Hoelzl/Rémi Marie 2015, S. 40.
62 Ebd.
63 Ebd. [Hervorhebung im Original].
64 Ebd.
65 Ebd., S. 132.
66 Martin Hand 2012.
67 Lev Manovich 2001, S. 94.
68 Sarah Kember/Joanna Zylinska 2012, S. 21.
69 Ebd., S. 82.
70 Ebd., S. 81 [Hervorhebung im Original].
71 Dennoch erfolgt der Screenshot stets von einem bestimmten Gerät und ist somit – abgesehen von öffentlichen Geräten – nahezu immer persönlich. Häufig bietet er auch zufällige oder versehentliche Anhaltspunkte, die etwas über die Identität und das Verhalten des Gerätenutzers preisgeben. Vielen Dank an Caroline Walsh für diesen Hinweis.
72 John Durham Peters 2001, S. 710.
73 Nick Couldry 2004, S. 357.
74 Yuval Noah Harari 2009.
75 Amanda Lagerkvist 2017, S. 98.
76 »Shiri« ist die hebräische Koseform von »Shir«. Das angehängte »i« hat einen innigen und liebevollen Beiklang. Unter Freunden

und Geschwistern ist es ein starker Indikator für fürsorgliche Zuneigung.
77 Barbie Zelizer 2010.
78 Roman Jakobson 1960.
79 Giorgio Agamben 1999.
80 Dieser Screenshot weist zusätzliche Stilmittel grafischer Remediation auf, welche die Assoziation mit der Unveränderlichkeit prä-digitaler Dokumente als physischer Objekte verstärken. Besonders bemerkenswert ist, dass der Screenshot leicht schräg über die Zeitungsseite gesetzt wurde. Das betont seine Ränder, zudem entsteht der Eindruck, er sei physisch ausgeschnitten und auf die gedruckte Zeitungsseite geklebt worden.
81 Hier ist die Semiotik des Zeichens ✓ entscheidend. Zum einen wird das Häkchen bei WhatsApp wie in vielen anderen Kontexten als Marker dafür verwendet, dass eine Aufgabe erledigt wurde (ähnlich wie man gekaufte Artikel auf einem Einkaufszettel abhaken könnte). Das Zeichen scheint bei WhatsApp jedoch nicht mit der Bedeutung von »Zustimmung« oder »Genehmigung« versehen zu sein, wie das etwa beim Korrigieren von Klassenarbeiten der Fall ist. Andererseits aber kann das Häkchen für die Anwesenheit einer Person stehen, etwa wenn nacheinander die Schüler einer Klasse namentlich aufgerufen und auf einer Liste abgehakt werden, wenn sie da sind. Dieser Bezug des ✓ zur Präsenz trägt ebenfalls zur poetischen Aufladung dieses Screenshots als eines eindringlichen Bildes kurz vor dem Tod bei.
82 Rosa Menkman 2011, S. 12.
83 Roland Barthes 2012, S. 35.
84 Siehe Margaret Iversen 1994 zu einer bekannten und klugen Interpretation der *Hellen Kammer* von Roland Barthes sowie seiner Unterscheidung zwischen *studium* und *punctum* – betrachtet

gewissermaßen durch die Linse von Lacans psychischen Dimensionen des Realen, des Symbolischen und des Imaginären.
85 Roland Barthes 2012, S. 36 [Hervorhebung im Original].
86 Amanda Lagerkvist/Yvonne Andersson 2017.
87 »Wer eine einzige Seele zerstört, zerstört die ganze Welt. Und wer eine einzige Seele rettet, rettet die ganze Welt.« (*Jerusalemer Talmud*, Sanhedrin 23a–b).
88 W.J.T. Mitchell 2008, S. 22.
89 Die Auffassung, dass digitale Medien unsere alltäglichen Lebenswelten so sehr durchdringen, dass sie maßgebliche Verbindungen zu anderen herstellen, spielt auch eine wichtige Rolle bei Annette Markhams Vorschlag der Echolotung als einer Metapher für das Erleben und die Konstruktion der digitalen Identität: »Der scheinbar pausenlose Online-Zustand der Konnektivität ist ein Prozess fortwährender Echolotung, wie wir ihn vom Radar her kennen, wobei die Umrisse eines Objekts im Raum durch das stetige Senden von Tonsignalen und das Hören auf die Art des Echos bestimmt werden.« (Annette Markham 2017).
90 Mark Deuze 2011. »Sie gebären rittlings über dem Grabe, der Tag erglänzt einen Augenblick und dann von neuem die Nacht.« Pozzo am Ende des zweiten Akts von Becketts *Warten auf Godot* (Samuel Beckett 1981, S. 195).

Literaturverzeichnis

Agamben, Giorgio: *The Man without Content*, Stanford: Stanford University Press, 1999.

Alberti, Leon Battista: *Das Standbild – Die Malkunst – Grundlagen der Malerei*, hrsg. von Oskar Bätschmann/Christoph Schäublin, Darmstadt: Wissenschaftliche Buchgesellschaft, 2000.

Barthes, Roland: *Die helle Kammer: Bemerkung zur Photographie*, Frankfurt/Main: Suhrkamp, 2012.

Bauman, Zygmunt: *Flüchtige Moderne*, Frankfurt/Main: Suhrkamp, 2003.

Bazin, André: ›The Ontology of the Photographic Image‹, in: Alan Trachtenberg (Hg.): *Classic Essays on Photography*, New Haven: Leete's Island Books, 1980, S. 237–244.

Beckett, Samuel: *Warten auf Godot*, in: ders.: *Dramatische Dichtungen in drei Sprachen*, Frankfurt/Main: Suhrkamp, 1981, S. 6–205.

Berman, Marshall: *All That Is Solid Melts into Air: The Experience of Modernity*, London: Verso, 1983.

Bolter, Jay David/Grusin, Richard: *Remediation: Understanding New Media*, Cambridge, MA: MIT Press, 1999.

Booth, Wayne C.: *The Rhetoric of Fiction*, 2. Aufl., Chicago: University of Chicago Press, 1983 [*Die Rhetorik der Erzählkunst*, Heidelberg: Quelle & Meyer, 1974, 2 Bde.].

Briet, Suzanne: *What is Documentation?* [1951]. English Translation of the Classic French Text, edited and translated by Ronald E. Day, Laurent Martinet and Hermina G. B. Anghelescu, Lanham: Scarecrow Press, 2006.

Buckland, Michael: ›What Is a Digital Document?‹, in: *Document Numérique* 2, Nr. 2 (1998), S. 221–230.

Buckland, Michael: ›Documentality beyond Documents‹, in: *The Monist* 97, Nr. 2 (2014), S. 179–186.

Casetti, Francesco: ›What Is a Screen Nowadays?‹, in: Chris Berry/Janet Harbord/Rachel Moore (Hgg.): *Public Space, Media Space*, London: Palgrave Macmillan, 2013, S. 16–40.

Cavell, Stanley: *The World Viewed. Reflections on the Ontology of Film*, Cambridge, MA: Harvard University Press, 1979.

Chatman, Seymour Benjamin: *Story and Discourse: Narrative Structure in Fiction and Film*, Ithaca: Cornell University Press, 1978.

Couldry, Nick: ›Liveness, 'Reality', and the Mediated Habitus from Television to the Mobile Phone‹, in: *The Communication Review* 7, Nr. 4 (2004), S. 353–361.

Day, Ronald E.: *The Modern Invention of Information: Discourse, History, and Power*, Carbondale/Edwardville: Southern Illinois University Press, 2001.

Derrida, Jacques: *Die Wahrheit in der Malerei*, Wien: Passagen-Verlag, 1992.

Deuze, Mark: ›Media Life‹, in: *Media, Culture & Society* 33, Nr. 1 (2011), S. 137–148.

Drucker, Johanna: *Graphesis: Visual Forms of Knowledge Production*, Cambridge, MA: Harvard University Press, 2014.

Finnegan, Cara A.: ›The Naturalistic Enthymeme and Visual Argument: Photographic Representation in the 'Skull Controversy'‹, in: *Argumentation and Advocacy* 37, Nr. 3 (2001), S. 133–149.

Francke, Helena: ›What's in a Name? Contextualizing the Document Concept‹, in: *Literary and Linguistic Computing* 20, Nr. 1 (2005), S. 61–69

Friedberg, Anne: *The Virtual Window: From Alberti to Microsoft*, Cambridge, MA: MIT Press, 2006.

Frosh, Paul: ›Phatic Morality: Television and Proper Distance‹, in: *International Journal of Cultural Studies* 14, Nr. 4 (2011), S. 383–400.

Genette, Gérard: *Narrative Discourse: An Essay in Method*, Ithaca: Cornell University Press, 1980.

Genette, Gérard: *Figures of Literary Discourse*, New York: Columbia University Press, 1982.

Gitelman, Lisa: *Paper Knowledge: Toward a Media History of Documents*, Durham: Duke University Press, 2014.

Hand, Martin: *Ubiquitous Photography*, Cambridge: Polity Press, 2012.

Harari, Yuval Noah: ›Scholars, Eyewitnesses, and Flesh-Witnesses of War: A Tense Relationship‹, in: *Partial Answers: Journal of Literature and the History of Ideas* 7, Nr. 2 (2009), S. 213–228.

Henning, Michelle: *Photography: The Unfettered Image*, London: Routledge, 2018.

Hoelzl, Ingrid/Marie, Rémi: *Softimage: Towards a New Theory of the Digital Image*, Bristol: Intellect, 2015.

Hui, Yuk: ›What Is a Digital Object?‹, in: *Metaphilosophy* 43, Nr. 4 (2012), S. 380–395.

Hull, Matthew S.: ›Documents and Bureaucracy‹, in: *Annual Review of Anthropology* 41 (2012), S. 251–267.

Iversen, Margaret: ›What Is a Photograph?‹, in: *Art History* 17, Nr. 3 (1994), S. 450–464.

Jakobson, Roman: ›Linguistics and Poetics‹, in: Thomas Albert Sebeok (Hg.): *Style in Language*, Cambridge, MA: MIT Press, 1960, S. 350–377.

Kember, Sarah/Zylinska, Joanna: *Life after New Media: Mediation as a Vital Process*, Cambridge, MA: MIT Press, 2012.

Kern, Stephen: *The Culture of Time and Space 1880–1918*, Cambridge, MA: Harvard University Press, 1983.

Kress, Gunther R./Leeuwen, Theo van: *Reading Images: The Grammar of Visual Design*, London: Routledge, 2004.

Lagerkvist, Amanda: ›Existential Media: Toward a Theorization of Digital Thrownness‹, in: *New Media & Society* 19, Nr. 1 (2017), S. 96–110.

Lagerkvist, Amanda/Andersson, Yvonne: ›The Grand Interruption: Death Online and Mediated Lifelines of Shared Vulnerability‹, in: *Feminist Media Studies* 17, Nr. 4 (2017), S. 550–564.

Lanham, Richard A.: *The Electronic Word: Democracy, Technology, and the Arts*, Chicago: University of Chicago Press, 1993.

Lehmuskallio, Asko: ›The Camera as a Sensor: The Visualization of Everyday Digital Photography as Simulative, Heuristic and Layered Pictures‹, in: Edgar Gómez Cruz/Asko Lehmuskallio (Hgg.): *Digital Photography and Everyday Life: Empirical Studies on Material Visual Practices*, London: Routledge, 2016, S. 243–266.

Levy, David M.: *Scrolling Forward: Making Sense of Documents in the Digital Age*, New York: Arcade Publishing, 2001.

Lievrouw, Leah A.: ›Materiality and Media in Communication and Technology Studies: An Unfinished Project‹, in: Tarleton Gillespie/Pablo J. Boczkowski/Kirsten A. Foot (Hgg.): *Media Technologies: Essays on Communication, Materiality, and Society*, Cambridge, MA: MIT Press, 2014, S. 21–52.

Lund, Niels Windfeld: ›Document, Text and Medium: Concepts, Theories and Disciplines‹, in: *Journal of Documentation* 66, Nr. 5 (2010), S. 734–749.

Manovich, Lev: *The Language of New Media*, Cambridge, MA: MIT Press, 2001.

Manovich, Lev: *Software Takes Command*, New York: Bloomsbury, 2013.

Markham, Annette: ›Echo-Locating the Digital Self‹ (Blog-Beitrag),

26. September 2017, https://annettemarkham.com/2017/09/25844/.

Maynard, Patrick: *The Engine of Visualization: Thinking through Photography*, Ithaca: Cornell University Press, 1997.

Menkman, Rosa: *The Glitch Moment(um)*, Amsterdam: Network Notebooks, Institute of Network Cultures, 2011.

Metz, Christian: ›Photography and Fetish‹, in: *October* 34 (1985), S. 81–90.

Mitchell, W. J. T.: *Das Leben der Bilder. Eine Theorie der visuellen Kultur*, München: C. H. Beck, 2008.

Neale, Steve: ›Questions of Genre‹, in: *Screen* 31, Nr. 1 (1990), S. 45–66.

Nunberg, Geoffrey: ›Farewell to the Information Age‹, in: ders. (Hg.): *The Future of the Book*, Berkeley: University of California Press, 1996, S. 103–136.

Peters, John Durham: ›Witnessing‹, in: *Media, Culture & Society* 23, Nr. 6 (2001), S. 707–724.

Pfister, Damien Smith/Woods, Carly S.: ›The Unnaturalistic Enthymeme: Figuration, Interpretation, and Critique after Digital Mediation‹, in: *Argumentation and Advocacy* 52, Nr. 4 (2016), S. 236–253.

Price, Derrick: ›Surveyors and Surveyed: Photography Out and About‹, in: Liz Wells (Hg.): *Photography: A Critical Introduction*, London: Routledge, 1997, S. 55–102.

Rexer, Lyle: *The Edge of Vision: The Rise of Abstraction in Photography*, New York: Aperture, 2013.

Rimmon-Kenan, Shlomith: *Narrative Fiction: Contemporary Poetics*, 2. Aufl., London: Routledge, 2002.

Rosler, Martha: ›In, Around and Afterthoughts (on Documentary Photography)‹, in: Richard Bolton (Hg.): *The Contest of Meaning:*

Critical Histories of Photography, Cambridge, MA: MIT Press, 1989, S. 303–342.

Senft, Theresa M.: *Camgirls: Celebrity and Community in the Age of Social Networks*, New York: Peter Lang, 2008.

Senft, Theresa M.: ›The Skin of the Selfie‹, in: Alain Bieber (Hg.): *Ego Update: The Future of Digital Identity*, Düsseldorf: NRW Forum, 2015, https://www.academia.edu/15942177/The_Skin_of_the_Selfie_Abridged_.

Slater, Don: ›Photography and Modern Vision: The Spectacle of 'Natural Magic'‹, in: Chris Jenks (Hg.): *Visual Culture*, London: Routledge, 1995, S. 218–237.

Sontag, Susan: *Über Fotografie*, Frankfurt/Main: Fischer Taschenbuch Verlag, 1980.

Williams, Raymond: *Television: Technology and Cultural Form*, London: Routledge, 1990 [EA 1975].

Wolf, Herta (Hg.): *Diskurse der Fotografie*, Frankfurt/Main: Suhrkamp, 2003.

Zelizer, Barbie: *About to Die: How News Images Move the Public*, Oxford: Oxford University Press, 2010.

© privat

Paul Frosh, 1965 in Großbritannien geboren, studierte Englische Literatur an der Cambridge University und promovierte in Kommunikationswissenschaften an der Hebrew University in Jerusalem, wo er seit 2001 am Institut für Kommunikation und Journalismus als Associate Professor tätig ist. Frosh publiziert im Feld der Kommunikations- und Kulturtheorie, zu visuellen Medien (vor allem Fotografie und Fernsehen), Konsumkultur sowie zur Ästhetik digitaler Schnittstellen.

Glossar

Account/Profil

›Account‹ ist die Abkürzung von ›user account‹, im Deutschen auch ›Benutzerkonto‹.

Eigentlich bezeichnet ›Account‹ die Berechtigung zu einem zugangsbeschränkten IT-System. Mit einem Benutzernamen und Kennwort authentifizieren sich Benutzerinnen und Benutzer für den Zugang zu ihrem Account. Oft wird der Begriff aber auch umgangssprachlich synonym zu ›Profil‹ verwendet, dann bezeichnet er den individuellen Auftritt/die persönliche Website von Nutzerinnen und Nutzern innerhalb eines Sozialen Netzwerks.

Affektzeugenschaft

Der Begriff der Affektzeugenschaft beschreibt einen spezifischen Modus, der insbesondere im Kontext von zivilgesellschaftlichen Protesten und politischem Aktionismus artikuliert wird. Gemeint ist ein Bezeugen der eigenen Betroffenheit in – meist amateurhaften – Bildern und Filmaufnahmen, die immer schon in Bezug auf eine Gemeinschaft oder ein Kollektiv hin gedacht ist. In solchen Aufnahmen wird die eigene Betroffenheit zur zentralen Mitteilung. Die vor allem durch das Social Web hervorgebrachte Zirkulation von Bildern (unter anderem in Memes) ist ein entscheidender Part der neuen Bildpraktiken, denn es geht wesentlich um die Wechselseitigkeit von Affizieren und Affiziertwerden, um Gefühle von Gemeinschaftlichkeit und Solidarität.

Algorithmen

Mit Algorithmen werden Abläufe, die mit Computerprogrammen ausgeführt werden, genau geregelt. In die Debatte geraten sind Algorithmen vor allem durch die großen Plattformen der Sozialen Medien, da mit ihnen festgelegt wird, welche Inhalte in welchen Reihenfolgen auf Suchanfragen hin angezeigt werden und was auf Timelines beziehungsweise Feeds überhaupt sichtbar wird. Die Algorithmen sind dabei so komplex, dass sie auf das bisherige Such- und Nutzungsverhalten des einzelnen Users reagieren – mit der Folge, dass das, was angezeigt wird, stark personalisiert ist, damit aber oft auch Erwartungen bestätigt und Einstellungen verfestigt. Der Vorwurf, viele User der Sozialen Medien seien in ›Filter-Bubbles‹ – in einer jeweils homogenen Umgebung – gefangen, ist Folge der Anwendung derart komplexer Algorithmen. Ebenso wird oft die Sorge artikuliert, die Plattformen könnten beliebig manipulieren, was überhaupt sichtbar wird, und damit nicht nur auf die Meinungsbildung im Allgemeinen, sondern auch auf Protestbewegungen oder Wahlen Einfluss nehmen. Entsprechend gibt es verstärkt die Forderung, dass die Plattformen die Algorithmen, mit denen sie agieren, öffentlich machen und zur Diskussion stellen. Nur Transparenz hinsichtlich des Einsatzes von Algorithmen würde den Standards demokratischer Gesellschaften entsprechen.

Bot

Ein Bot ist ein Programm, das nach seiner Aktivierung im Internet automatisch zuvor gegebene Befehle ausführen kann. Dazu gehören allen voran die Programme hinter den Suchmaschinen (›Webcrawler‹): Sie durchforsten unablässig das Internet nach indexierten Inhalten. Auch zu böswilligen Zwecken werden solche ›Roboter‹ vielfach eingesetzt, etwa zum Sammeln von E-Mail-Adressen für personalisierte Werbung.

Bots können auch mit Menschen kommunizieren. ›Chat-Bots‹ werden zum Beispiel eingesetzt, um automatisiert Fragen zu beantworten. Unternehmen nutzen Chat-Bots daher oftmals für ihren Kundendienst.

Auch in den Sozialen Medien kommen ›Social-Bots‹ zunehmend zum Einsatz. Hier werden sie häufig darauf programmiert, Postings zu teilen, zu liken oder zu kommentieren, um etwa Tweets bei Twitter automatisch als Posts bei Facebook zu veröffentlichen. Doch auch Social-Bots werden zu bösartigen Zwecken instrumentalisiert. So können im Zusammenhang mit der gezielten Verbreitung von ›Fake News‹ und vorsätzlicher Manipulation falsche Accounts von Social-Bots genutzt werden, um entsprechende Nachrichten zu erstellen, zu verbreiten und/oder zu kommentieren.

Clickbaiting

Mit Clickbaiting wird medienkritisch die Strategie bezeichnet, Inhalte im Internet mit einem ›Klickköder‹, in der Regel in Form einer reißerischen Überschrift, anzupreisen. Clickbaits dienen dem Zweck, höhere Zugriffszahlen und damit unter anderem mehr Werbeeinnahmen durch Internetwerbung oder eine größere Markenbekanntheit der Zielseite zu erzielen.

Digital Natives

Als ›Digital Natives‹ werden nach 1980 Geborene bezeichnet, die bereits mit digitalen Techniken und Praktiken aufgewachsen sind, für die Internet, E-Mails, Chats oder Computerspiele also von Kindheit an vertraut waren. Im Unterschied zu ›Digital Immigrants‹, die noch in der analogen Welt großgeworden sind, müssen sie nicht umlernen, um sich in der digitalen Welt zurechtzufinden. Andererseits wird ihnen oft ein Mangel an medienkritischem Bewusstsein unterstellt, das für Vertreterinnen und Vertretern der Generationen, die mit Massenmedien wie Fernsehen und Presse sozialisiert wurden, als selbstverständlich gilt.

Feed/Timeline

Der ›Feed‹ ist mittlerweile auf jedem Sozialen Netzwerk die Startseite. Von den dort eingehenden Verlinkungen geht es zu Nachrichtenseiten oder Blogs, Einkaufsangeboten oder Spielen. Bei Facebook nennt man diese Front- oder Startseite ihrer wichtigsten Funktion entsprechend ›Newsfeed‹, bei Twitter heißt sie ›Timeline‹, bei Tumblr ›Dashboard‹, bei fast allen spricht man aber auch einfach nur von ›Feed‹. Bestimmt werden Auswahl und Abfolge der in einem Feed angezeigten Inhalte durch Algorithmen.

Im Newsfeed sammeln sich Kontakte und Interessen, Inhalte von befreundeten Personen, öffentlichen Persönlichkeiten, Zeitungen oder Institutionen, sprich allen, denen man ›folgt‹ – und natürlich sehr viel Werbung. Der Facebook-Newsfeed oder die Twitter-Timeline vermitteln ihren Nutzern das Gefühl, einen Überblick zu erhalten und gleichzeitig etwas ganz Spezielles oder Persönliches zu erfahren. Der Feed ist der wichtigste Austragungsort für das soziale Leben im Internet und der Zugang zum restlichen World Wide Web – ein langer Eingangsflur, von dem aus unzählige Türen abgehen.

Filter

Jede Fotografie-App und -Funktion innerhalb und außerhalb Sozialer Netzwerke bietet ›Filter‹ zur Bildbearbeitung an. Populär wurden Filter vor allem in der Anfangszeit von Instagram, dessen erstes Logo nicht zufällig eine Polaroid-Kamera zitierte. Auch die zu Beginn verfügbaren Filter orientierten sich an der (Farb-)Ästhetik der früheren Instant-Fotografien, ebenso das quadratische Format. Filter sollten deshalb auch nicht vorrangig der Verschönerung von Bildern dienen, sondern der Suggestion von Authentizität. Mit Filtern ließ und lässt sich nahelegen, dass es sich um Momentaufnahmen handelt. Deshalb wird mit jedem Filtereffekt eine gewisse Stimmung ausgedrückt. Die Auswahl des Filters dient somit dazu, die subjektive, gefühlsmäßige Situation näher zu charakterisieren. Dadurch wandelt sich das von Roland Barthes formulierte »Es-ist-so-gewesen« der Fotografie – das sich auf die äußere, sichtbare Wirklichkeit bezieht – zu einer subjektiven und situativen Aussage: »Es-ist-bei-mir-gerade-so«, die sich auf den Gefühlszustand, die innere Wirklichkeit, bezieht. Die vermeintliche Authentizität des Bildes entsteht somit durch den Live-Charakter, den Filter suggerieren.

Follower

Zunächst einmal bezeichnet ›Follower‹ eine Person, die die Nachrichten oder sonstige Postings eines bestimmten Anbieters oder ein spezifisches Thema über Online-Dienste ›verfolgt‹. Allerdings sind Follower neben Likes und Reposts zugleich eine zentrale Währungseinheit in der sog. ›Ökonomie der Aufmerksamkeit‹. Durch Internet und Soziale Medien hat einerseits die Produktion von Informationen und Unterhaltung enorm zugenommen, andererseits ist der Zugang dazu immer weniger beschränkt. Die einzig knappe Ressource bleibt die Aufmerksamkeit der Nutzerinnen und Nutzer. Um Aufmerksamkeit zu generieren, helfen zuvorderst hohe Zahlen an Followern, Likes und Repost, nicht nur, weil dies von Autorität oder Qualität zeugt, sondern auch, weil ein Account oder Posting mit mehr Interaktionen von den Algorithmen der Plattformen bevorzugt wird und entsprechend häufiger in die Feeds der Nutzerinnen und Nutzer gelangt. Im Zusammenhang mit Social-Media-Marketing oder Influencer-Marketing werden sie dadurch auch zur tatsächlichen Währung: Mehr Follower sichern ein höheres Einkommen. Deshalb kommt es häufig auch zum bislang legalen Kauf von Followern bei entsprechenden Webservices. Da es sich beim ›Folgen‹ nicht nur um eine aufmerksamkeitsökonomische und ökonomische, sondern auch um eine soziale Währung handelt, sind käuflich erworbene Follower aber gesellschaftlich nicht akzeptiert, sondern gelten folgerichtig als Täuschungsversuch.

Hashtag

Ein ›Hashtag‹ dient der Markierung bestimmter Inhalte mit dem Ziel der Vernetzung. Er bezeichnet das Doppelkreuz, das vor ein Schlagwort gesetzt wird, unter dem der Inhalt anderen Nutzerinnen und Nutzer angezeigt und mithilfe der Suchfunktion aufgefunden werden kann.

Meistens ordnet ein Hashtag das Geschriebene in einen größeren Zusammenhang ein, wenn er z. B. ein bestimmtes Thema benennt: #Feminismus, #Selfie, #Bergfest. Viele Themen werden mittlerweile innerhalb Sozialer Netzwerke auch über einen oder mehrere Hashtags definiert, der wiederum die Plattform bildet, auf der sich über das jeweilige Thema ausgetauscht wird. Populäre Beispiele sind etwa #JeSuisCharlie, #RefugeesWelcome, #EheFürAlle oder #metoo. Aber nicht nur über tagespolitische Themen tauschen sich Nutzerinnen und Nutzer mithilfe von Hashtags aus, sondern auch verschiedene (Fan-)Communities werden damit markiert.

Besonders auf Instagram haben Hashtags oftmals die Funktion, Inhalte zu legitimieren, oder sie sind dabei behilflich, sie sogar erst zu kreieren: In diesem Sinne wird ein Selfie mit #selfieoftheday verschlagwortet oder ein altes Familienfoto mit #tbt (›Throwbackthursday‹).

Auch eine Ästhetisierung von Hashtags hat längst stattgefunden, dann geht es weniger um Vernetzung und Austausch als vielmehr darum, die eigene Kreativität und Coolness unter Beweis zu stellen.

Influencer/Influencerin

›Influencer/Influencerinnen‹ sind Personen, die aufgrund der hohen Anzahl an Followern in Sozialen Netzwerken über eine so große Reichweite und damit Einfluss verfügen, dass sie selbst als Werbeträgerinnen und Werbeträger und ihre Profile als Orte für Produktplatzierung dienen können. Man spricht dann vom ›Influencer-Marketing‹.

Die Profile der Influencer/Influencerinnen sind in den meisten Fällen eine Plattform für die Inszenierung ihrer Persönlichkeit: ihres Lebens und ihrer individuellen Vorlieben hinsichtlich Ernährung, Mode, Reisen, Wohnen usw.

Entdeckt wurden Influencer/Influencerinnen von Firmen, da sie deren Produkte als Privatpersonen viel authentischer bewerben können. Allerdings steht die gezielte Inszenierung von Glaubwürdigkeit bereits seit längerer Zeit in der Kritik: Es handle sich dabei um gezielte Manipulation.

Sosehr Influencer/Influencerinnen verschiedenen Marken als Botschafter/Botschafterinnen dienen, so dienen umgekehrt die Markenprodukte auch dem Generieren von Inhalten für ihre Profile und erleichtern ihnen den Aufwand der Selbstinszenierung.

IRL

Mit ›IRL‹ wird in den Sozialen Medien die Phrase ›in real life‹ abgekürzt. Schon seit den 1990er Jahren wurde ›IRL‹ in Chatforen benutzt, um ein Gespräch zu beenden beziehungsweise jenseits des Chats fortzusetzen: »Talk to me IRL!«. Seither hat sich die Verwendung von ›IRL‹ – und damit auch dessen Bedeutung – verändert und drückt je nach Internetszene oder Milieu etwas anderes aus. In jedem Fall aber meint ›in real life‹ nicht mehr einfach nur die Offline-Welt, vielmehr wird mit ›real‹ Echtheit, das Authentische im Gegensatz zum bloß Inszenierten und Vermittelten beansprucht. Die Wendung ›IRL‹ signalisiert daher, oft auch ironisch verbrämt, eine medienkritische, zumindest aber eine medienskeptische Einstellung.

Linsen/Masken

Die im September 2015 von Snapchat eingeführten ›Linsen‹ und später auch die von Instagram und anderen Netzwerken adaptierten ›Masken‹ sind Effekte, die auf einer Gesichtserkennung basieren und die dadurch entstandene Transformation in Echtzeit animieren. Außerdem sind sie interaktiv und können durch Handlungen, die von der App angewiesen werden, beeinflusst werden. ›Öffne Deinen Mund‹ ist beispielsweise eine oft verwendete Handlungsanweisung – befolgt man diese, während man etwa eine Hundemaske auf Snapchat trägt, so breitet sich eine riesige Zunge über das Display aus.

Die Grundlage für jede Linse ist das Selfie. Was in Selfies schon angelegt ist, kommt jedoch mit den Linsen erst richtig zum Ausdruck: Sie verleihen dem Gesicht eine Comic-ähnliche Gestalt und bringen es damit ästhetisch in die Nähe von Emoticons. Zudem gibt es ein Set an Charakteren und Emotionen, das zwar variiert – jeden Tag kommen neue Linsen hinzu und ältere verschwinden –, aber insgesamt stets vielfältige Ausdrucksmöglichkeiten bietet. Linsen dienen nicht nur als Verschönerung, sondern im wahrsten Sinne des Wortes als Maske, die ihre Trägerinnen und Trägereinerseits von dem Druck entlastet, immer schön und gestylt auszusehen, und andererseits von der Verpflichtung entbindet, permanent interessante Inhalte veröffentlichen zu müssen. Sich ein Paar Häschenohren aufzusetzen, ist nur ein Gag, nicht so ernst gemeint – aber immerhin hat man mal wieder ›Content‹ kreiert.

Like/Liken

›Like‹ ist die Bezeichnung für einen Button, mit dessen Betätigung Nutzerinnen und Nutzer ausdrücken können, dass ihnen ein Posting gefällt. In den Anfangsjahren hatten die meisten Sozialen Netzwerke noch keinen ›Gefällt mir‹-Button, sondern lediglich die Möglichkeit, einen Beitrag zu kommentieren. Von Facebook wurde das ›Like‹ schließlich Anfang 2009 eingeführt, um emotionale Äußerungen zu bündeln und damit eine schnelle und unmittelbare Interaktion mit der Plattform zu ermöglichen. Mit einem ›Like‹ signalisieren Nutzerinnen und Nutzer seither, dass sie etwas positiv bewerten, oder aber auch nur, dass man etwas wahrgenommen hat. Häufig wird ein ›Like‹ auch als Gegengabe für ein selbst erhaltenes ›Like‹ vergeben – oder soll umgekehrt eine Gegengabe provozieren. Die Nutzung Sozialer Netzwerke kreist wesentlich um das Senden und Empfangen von ›Likes‹. Es hat sich bisweilen sogar eine eigene soziale Logik des Likens etabliert, die auch damit zusammenhängt, dass es auf vielen Plattformen lange keinen ›Dislike‹-Button gab – eine Tatsache, die im Netz viel diskutiert und kritisiert wurde.

Viele ›Likes‹ sind zu einem Statussymbol geworden. Erfolg und Popularität wird wesentlich über ihre Anzahl gemessen.

Livestream

2007 kamen die ersten Livestream-Dienste auf den Markt, die es Nutzerinnen und Nutzer ermöglichen sollten, kostenlos und in Echtzeit ins Internet zu streamen: Ustream, Justin.tv, Livestream und Bambuser. Es folgten YouTube Live 2008, Chatroulette 2009, twitch.tv und YouNow 2011. In den letzten Jahren ging es Schlag auf Schlag: erst Meerkat, dann Periscope und schließlich Facebook-Live. Auf der deutschen Website von YouTube wird die Funktion mit dem Slogan »Go big, go live« beworben. Livestreaming wurde 2015 und 2016 als einer der wichtigsten Social-Media-Trends verhandelt.

Der große Erfolg ist vor allem auf die Verknüpfung mit Facebook und Twitter zurückzuführen, die es den Nutzerinnen und Nutzern ermöglicht, ihre Live-Videos direkt an ein bestehendes Netzwerk anzuschließen und an vorhandene

Freundinnen und Freunde sowie Follower zu adressieren. Zudem fällt er mit der zunehmenden Echtzeit-Kommunikation zusammen, die in den klassischen Sozialen Medien durch die Fokussierung auf Sende-, Empfangs- und Lesezeiten, aber erst recht in Videotelefonaten oder -nachrichten mittels Skype, Facetime oder Snapchat forciert wird.

Meme

1976 wurde der Begriff ›Mem‹ in Anlehnung zu ›Gen‹ von Richard Dawkins eingeführt, um kleine kulturelle Einheiten zu bezeichnen, die durch Nachmachen oder Kopieren von Mensch zu Mensch weitergegeben werden. Anders als ein Gen ist ein Meme demnach keine biologisch vererbte Information, sondern wird über Artefakte gefasst und weitergegeben. Außerhalb des akademischen Diskurses hat sich der Meme-Begriff schließlich auch in Netzdiskursen etabliert: Dort benennt er Inhalte, die sich ähnlich wie ein Witz oder ein Gerücht viral im Internet verbreiten. Memes zeichnen sich dadurch aus, dass sie Parodien, Remixe oder Mashups auslösen, was wiederum die Voraussetzung ihrer Verbreitung darstellt. Häufig sind die Inhalte intertextuell, beziehen sich auf andere Memes oder sonstige Inhalte aus Hoch- sowie Popkultur. Memes können dazu dienen, emotional vereinnahmende, besonders präsente (zum Beispiel aus dem aktuellen Zeitgeschehen) und berühmte Bilder (zum Beispiel aus dem kulturellen Gedächtnis und kunsthistorischen Kanon) zu verarbeiten. Die Entwicklung und Verbreitung überraschender Varianten erlaubt eine Distanzierung und Entlastung.

Rebloggen/Sharen/Teilen

Wie ›Like‹ bezeichnet auch ›Reblog‹, ›Share‹ oder ›Teilen‹ einen Button. Seine Betätigung führt dazu, dass der jeweilige Inhalt auf der persönlichen Timeline erneut veröffentlicht wird und somit einen erweiterten Adressatenkreis erreicht. Damit ist die Funktion des ›Teilens‹ das bedeutendste Werkzeug, um Inhalte in den Sozialen Netzwerken zu verbreiten. Was innerhalb kurzer Zeit von sehr vielen Nutzerinnen und Nutzern geteilt wird, verbreitet sich viral im Social Web. Bei vielgeteilten Bildern oder Videos spricht man dann von ›Memes‹.

Die für die Sozialen Netzwerke konstitutiven Praktiken des Teilens stehen immer wieder deshalb in der Diskussion, weil viele Inhalte urheberrechtlich geschützt sind und daher eigentlich nicht ohne vorherige Genehmigung und eventuelle Vergütung verwendet werden dürfen.

Remediation

Durch technologische Innovationen und Weiterentwicklungen sind auch existierende Medien und damit verbundene kulturelle Praktiken einer permanenten Transformation ausgesetzt. Je schneller sich Technologien entwickeln, desto schneller altern auch die mit ihnen einst entstandenen Medien und Kulturtechniken. Allerdings wird mittlerweile einhellig davon ausgegangen, dass die der Veränderung ausgesetzten Medien nicht auch zwangsläufig verschwinden und durch neue ersetzt werden, vielmehr bestehen sie in modifizierter Form fort. Zwar sind im Internet und in den Sozialen

Medien traditionelle Medien wie Malereien oder Fotografien integriert, doch tragen sie dort ein neues mediales Gewand, bestehen nicht mehr aus Farbe, Leinwand, Papier – sondern aus elektronischen Daten. Werden in diesem neuen medialen Gewand auch damit assoziierte (und zum Teil anachronistisch gewordene) Medientechniken reproduziert, spricht man in Analogie zur ›Reinkarnation‹ von ›Remediation‹: der Neugestaltung eines Mediums in einem anderen Medium, das aber spezifische Konventionen des ersteren übernimmt.

Shitstorm

Von einem Shitstorm spricht man, wenn eine Person oder eine Institution in den Sozialen Medien mit negativer Kritik überhäuft wird, es sich also nicht mehr um vereinzelte Formen von negativer Resonanz handelt, sondern diese schlagartig einsetzt und im Extremfall virale Dimensionen annimmt. Oft entsteht ein Shitstorm nicht aus unkoordinierten Aktionen vieler einzelner User, sondern wird von Trollen gezielt organisiert. Das Ziel eines Shitstorms besteht darin, den Ruf einer Person oder das Image eines Unternehmens dauerhaft zu schädigen oder die Betroffenen mit Beleidigungen und Herabwürdigungen zu zermürben.

Storys

Mittlerweile bieten neben Snapchat (seit 2013) auch Instagram (seit 2016) und Facebook (seit 2017) eine Story-Funktion an.

Eine Story besteht aus aneinandergereihten Bildern und/oder kurzen Videosequenzen in unterschiedlich großem Umfang, die sich nach 24 Stunden von selbst löschen. In den Storys werden Impressionen aus dem eigenen Alltag oder Inhalte von anderen Nutzerinnen und Nutzern geteilt, Produkte beworben, Nachrichten oder Wissen vermittelt, und vieles mehr.

Skippen

Das Skippen ist ein Feature, das Video-Plattformen und Streaming-Dienste ihren Usern anbieten. Dabei ist es möglich, bei einem Film jeweils kurze Abschnitte – zehn oder fünfzehn Sekunden – zu überspringen. Damit ist nicht mehr fest vorgegeben, wie viel Zeit für das Anschauen eines Films benötigt wird; die Zuschauer haben ein Instrument zur Verfügung, um zu entscheiden, ob sie möglichst schnell die Handlung rezipieren oder aber (wie bisher) jede einzelne Einstellung sehen wollen. Das Skippen gehört somit – wie das Rebloggen oder auch das Scrollen – zu den Techniken, die zu einer Ermächtigung der Rezipienten beitragen und deren traditionell eher passive Rolle verändern. In der Folge hat das Skippen auch Einfluss auf die Anlage von Filmen, sollten Regisseure denselben Plot doch so ausgestalten, dass er für unterschiedliche Rezeptionsgeschwindigkeiten gleichermaßen verständlich bleibt.

Trolle

Als Trolle werden Personen bezeichnet, deren Ziel es ist, die

Kommunikation in den Sozialen Netzwerken zu stören. Mit penetranten und unsachlichen Äußerungen beleidigen sie andere Nutzerinnen und Nutzer meistens im Kommentarbereich, um sie zu provozieren. Gelingt die Provokation, stellt das für den Troll einen Trumpf und in seiner Community eine Trophäe dar.

Eine Kritik am Troll dient oftmals auch einer Kritik an der gesamten unkontrollierten, emotionalisierten, widersprüchlichen Kommentarkultur in den Sozialen Medien. So verkörpert der Troll als Fabelwesen der nordischen Mythologie ursprünglich die Naturkräfte, und als solche Naturgewalt wird auch die Dynamik der Netzkommunikation gerne beschrieben, zum Beispiel wenn von ›Shitstorms‹ die Rede ist.

Viralität

Eine exponentielle und meist in kurzer Zeit sich ereignende Verbreitung von Bild-, Ton-, Text- oder Videodateien in einzelnen Sozialen Netzwerken oder auch über diese hinaus bezeichnet man als ›viral‹. Einem Virus gleich vermehren sich Kopien der Dateien; viele einzelne ›Shares‹ lösen Kettenreaktionen aus.

Sosehr es von zufälligen Faktoren wie Ort, Zeit und nicht zuletzt bestimmten Algorithmen abhängt, welches Bild oder Video viral geht, so sehr müssen die jeweiligen Inhalte zugleich eine gewisse Disposition dafür aufweisen. Um oft geteilt zu werden, sollte etwa ein Bild dazu einladen, kommentiert und bestenfalls sogar bearbeitet zu werden und möglichst vielen Kontexten standhalten können.